华章经管

HZBOOKS | Economics Finance Business & Management

华章经典 · 金融投资

炒掉你的股票分析师

证券分析从入门到实战

（原书第2版）

FIRE YOUR STOCK ANALYST!

Analyzing Stocks On Your Own, 2nd Edition

〔美〕哈里·多马什 著　张东旭 韩桃 李美彤 译
HARRY DOMASH

机械工业出版社
China Machine Press

图书在版编目（CIP）数据

炒掉你的股票分析师：证券分析从入门到实战（原书第 2 版）/（美）哈里·多马什
（Harry Domash）著；张东旭，韩桃，李美彤译 . —北京：机械工业出版社，2020.7
（华章经典·金融投资）
书名原文：Fire Your Stock Analyst! : Analyzing Stocks On Your Own

ISBN 978-7-111-66022-4

I. 炒… II. ①哈… ②张… ③韩… ④李… III. 证券投资 - 投资分析 - 基本知识
IV. F830.91

中国版本图书馆 CIP 数据核字（2020）第 120863 号

本书版权登记号：图字 01-2020-1712

Harry Domash. Fire Your Stock Analyst! : Analyzing Stocks On Your Own, 2nd Edition.
ISBN 978-0-13701023-3

炒掉你的股票分析师
证券分析从入门到实战（原书第 2 版）

出版发行：机械工业出版社（北京市西城区百万庄大街 22 号 邮政编码：100037）			
责任编辑：沈 悦		责任校对：李秋荣	
印　　刷：北京瑞德印刷有限公司		版　　次：2020 年 8 月第 1 版第 1 次印刷	
开　　本：170mm×230mm　1/16		印　　张：23.5	
书　　号：ISBN 978-7-111-66022-4		定　　价：79.00 元	
客服电话：（010）88361066　88379833　68326294		投稿热线：（010）88379007	
华章网站：www.hzbook.com		读者信箱：hzjg@hzbook.com	

本书法律顾问：北京大成律师事务所　韩光 / 邹晓东

致我敬爱的妻子诺玛（Norma），感谢她对本书字斟句酌、反复研读

专家致谢

我要感谢以下每一位与我分享他们的时间和见解的专业人士。本书中讲述的策略受到了他们的言论和战术的启发。当你读本书时，你会在每一章中读到他们的见解。我和这些专家的交流时间很长，每次谈话都能写成单独的一章。我在写作时进行了大量精简，所以本书无法涵盖他们的全部思想，而仅是从对话内容中精选出来的一部分。

约翰·白金汉

Al Frank 资产管理公司

加利福尼亚州，拉古纳海滩

约翰·白金汉是 Al Frank 资产管理公司的总裁兼首席投资经理，也是《精明投资者》（*Prudent Speculator*）的编辑。白金汉遵循的是经典投资策略，即收购那些有着长期业绩记录而价值被低估的股票，并持有尽可能长的时间。他认为任何事物都呈现周期性的变化，并将价值投资比作耕作，认为其同样遵循春种秋收的规律。白金汉用公司以往的历史业绩作为预测未来的依据。他更喜欢银行账户里有充足现金、现金流强劲、债务少的公司。他倾向于用价格／销售收入比率来衡量股票价值。

吉姆·查奥斯

Kynikos Associates

纽约

吉姆·查奥斯是有名的做空者，还是 2001 年 1 月第一个揭发安然事件的人。做空者都热衷于基本面分析，查奥斯在其中更是首屈一指。他将大部分精力用于分析资产负债表，而不是利润表。他用资本支出与折旧费用进行比较，以了解一家公司是否在不断充实资产。他认为应收账款或库存增长速度快于销售收入是一个危险信号。查奥斯认为经常发生非经常性费用是管理质量差的表现。

米歇尔·克莱曼

New Amsterdam Partners

纽约

米歇尔·克莱曼创立了私人投资管理公司 New Amsterdam Partners，并负责公司的运营。她对定量分析有着强烈的偏好，喜欢通过研究历史数据得出自己的分析标准。克莱曼认为，许多非经常性费用、应收账款或库存增长速度快于销售收入是危险的信号。她要求自己的候选股有良好的净资产收益率。

吉姆·柯林斯

Insight 投资管理公司

加利福尼亚州，核桃溪市

吉姆·柯林斯经营着 Insight 投资管理公司，并出版了一流的投资通讯

OTC Insight。在初步确定候选股票的时候，柯林斯使用定量筛选的方法对股价状况进行比较，之后从中选出基本面最强劲者。他认为，衡量增长的最佳指标是销售收入，而不是利润。柯林斯关注股价走势图，尤其喜欢从强势转弱势中寻找卖出信号。他还将与公司以往股价相比的高估值视为危险信号。

大卫·爱德华兹

Heron 投资管理公司

纽约

大卫·爱德华兹是 Heron 投资管理公司的总裁兼主要投资经理。作为一名成长型投资者，爱德华兹主要依靠基本面分析，但同时也会将股价走势图作为买入和卖出决策的辅助依据。他注重在不断增长的市场领域中挑选领先的公司，本书中的"分析工具四：行业分析"中许多相关思路就是源自他的观点。爱德华兹喜欢用公司自身的历史比率来确定股票估值，而不是将总体市场或行业作为主要参考。他更青睐经营现金流强劲、净资产收益率高的公司。他认为，要想实现适当的投资多元化，投资组合应至少包括 32 只股票，且任何一个板块的比例都不应超过 25%。爱德华兹遵守严格的卖出机制，本书关于"何时卖出"的内容在很大程度上反映了他的观点。

尼古拉斯·D.格伯

Ameristock 基金

加利福尼亚州，莫拉加市

尼古拉斯·D.格伯是 Ameristock 基金的经理和创始人。格伯是一个偏爱价值型投资的大盘股投资者。格伯向我介绍了两个重要的概念：一个是从股价推断隐含增长率，体现在"分析工具二：估值"；另一个是波特的五力模型，体现在"分析工具五：商业计划分析"。格伯还用净资产收益率来衡量公司的盈利能力，同时要求公司的账面价值以同样比率增长，以进行双重检验。

路易斯·纳韦利耶

Navellier Associates

内华达州，里诺

纳韦利耶创立的公司以他的名字命名，出版几种通讯，管理着一些共同基金，他本人担任总裁。纳韦利耶在选择股票时，首先进行一轮筛选，与市场波动状况进行比较，之后从中选出基本面最为强劲者。纳韦利耶将基本面分析建立在数据库电脑分析的基础上，从而确定当前市场上选择股票的最佳衡量指标。他和我分享了自己最近的研究成果，这对本书中所讲述的策略有很大帮助。

保罗·拉比特

Rabbitt Analytics

加利福尼亚州，拉昆塔

保罗·拉比特是股票分析公司 Rabbitt Analytics 的总裁。他使用计算机数据库对公司进行排名，并将入选的公司列为 Q 级。得分最高的 Q 级公司表现出强劲涨势，近期收益增长高于预期且日益增加。在我走访的专家中，保罗是唯一一位不把净资产收益率（ROE）作为选择标准的专业人士。事实上，最近他已经把 ROE 从标准列表中删除了，因为他发现这一指标没有任何帮助。

彼得·施利曼

Rutabaga 投资管理公司

马萨诸塞州，波士顿

彼得·施利曼创立了私人投资管理公司。作为一名价值型投资经理，施利曼在不显眼的行业中挑选处境艰难、受人冷落的公司。他相信均值回归的理念，并挑选出那些利润率低于正常水平的公司。他将资本回报率作为衡量盈利能力的指标，并寻找资本回报率与资本成本差异最大的公司。施利曼寻找现金流为正的公司，避免买进通过收购实现增长的公司股票。他更喜欢内部人士自掏腰包购买自己公司股票的候选股。施利曼将股票与其历史记录进行比较，以判断其估值是过高还是过低。他更喜欢低预期的股票，这意味着机构投资者对这些股票的持股比例较低，或很少受到分析师关注，推荐买入的人更少。他将应收账款增加、坏账拨备增加、现金流减少及借款增加作为卖出的信号。

苏珊 · 斯科特菲尔德

TCW 投资管理公司

加利福尼亚州，洛杉矶

TCW 伽利略价值机会基金（Galileo Value Opportunities Fund）前投资经理苏珊向我介绍了"从下一轮波谷中看出波峰"的概念。这是价值投资的基础，至少我在写这本书的时候是这样理解的。苏珊以正常年化后的收益为基础，找出那些市盈率处于其历史较低区间的公司。她试图了解公司是否与两年前有所不同，也就是说，问题是否是暂时的。她为买入股票而寻找新的管理层、更高的产能利用率和剥离不良资产等催化剂，更加青睐自由现金流强劲的候选公司。当一家公司的股票价格达到公允价值，或者当应收账款、存货或应付账款大幅增加时，她就会卖出。如果公司竞争对手面临困境，或者有重要的内部人士大量抛售，她也会卖出。

肯尼斯 · 谢伊

彭博

纽约

当我采访肯尼斯 · 谢伊时，她是标准普尔股票研究部的主管。以成长型股票投资为主的谢伊，认为在投资时要针对公司在周期中所处的不同阶段而采用不同的法则。例如，尽管她相信自由现金流的重要性，但她并没有将这一标准应用于快速成长型企业。谢伊认为了解候选公司的商业模式很重要。她认为管理质量是一个重要考量因素，并对通过收购实现增长的公司持谨慎态度。谢伊寻找的标的是利润率较低但在不断改善的公司。她认为，收入增速放缓，以及大量的非经常性支出，都是危险的信号。

南希·滕勒

Fremont 基金

加利福尼亚州，旧金山

当我采访南希时，她是投资顾问公司 Fremont Investment Advisors 的总裁兼首席执行官，也是该公司新时代价值基金（New Era Value Fund）的联席投资经理。尽管她是一名价值型投资经理，但她并不介意借鉴成长型投资经验。例如，她青睐分析师关注的、营运利润率高的股票。南希偏爱的估值比率是价格/销售收入比率，但不是该比率本身，而是其与标准普尔的价格/销售收入比率的比较结果。她用相对价格/销售收入与历史数值进行比较，并将其作为主要的买入或卖出信号。她跟踪公司的资本支出，以确保一家公司的资产不断更新。她说，"当价值型投资者卖出时，他们是卖给了成长型投资者。"尽管这句话是在不经意间说出的，但让我对价值型和成长型风格之间的关系有了深刻的认识。

约翰·C.汤普森

Thompson 投资管理公司

威斯康星州，麦迪逊

当我采访他时，约翰·C.汤普森管理着增长基金 Thompson Plumb Growth Fund。汤普森认为，每家公司都会在有些年份业绩好于其他公司，他寻找的是当前增长率低于历史平均水平的公司。他向我介绍了收益杠杆的概念，也就是说，当一家公司接近盈亏平衡点时，其收入的小幅增长就能带来利润的大幅提高。汤普森寻找没有债务和现金充足的公司。他十分相信自由现金流的作用，但认为现金流和 EBITDA 一样，其中不应包括营运资本支出。汤普森还认为了解一家公司的商业模式非常重要。

撒切尔·S. 汤普森

贡萨加大学

华盛顿，斯波坎

当我采访他时，撒切尔·S. 汤普森是美林证券（Merrill Lynch）的一名专攻商业服务领域的分析师。他认为重要的因素包括收入的可预期程度、每家公司相对于竞争对手的地位、销售收入和利润增长、利润率、现金流与净利润之比及债务状况。汤普森眼中的警告信号包括：业绩意外下滑或指引下调、首席财务官离职、收购带来增长的同时利润率下降、现金流下降的同时应收账款增加。

杰拉尔丁·韦斯

Investment Quality Trends

加利福尼亚州，拉贺亚市

杰拉尔丁·韦斯的投资通讯《投资质量趋势》（*Investment Quality Trends*）已经出版了 30 多年。韦斯的策略依赖于跟踪蓝筹股的股息收益率。我经过研究，证实了她的策略的确能够击败市场。在我们的采访中，韦斯强调了机构强力支持的重要性。如果我没记错的话，她说过"永远别嫌机构持股太多"。

学术研究致谢

这部分是对和本书策略相关的学术研究的简要回顾。自 2002 年以来，我一直在整理这类研究结果，在此期间，许多人发表了得出类似结论的补充研究。我没有发现最近出现过否定以下所述结论的研究成果：

"Earnings Quality and Stock Returns: The Evidence from Accruals," Konan Chan, Louis K. C. Chan, Narasimhan Jegadeesh, and Josef Lakonishok. Working paper, January 2001.

自然增长源于存货和应收账款的增加，同时源自应付账款的减少。研究表明，收益增长伴随着自然增长大幅上升的公司，在高自然增长后 3 年的业绩不如过去 3 年。研究发现，存货的变化是预期未来回报率最重要的自然增长因素。

研究还指出，由于自然增长伴随着现金流的下降，这种自然增长通过比较现金流和收益就能察觉。也就是说，收益增长了，但现金流则不然。

"Value Investing: The Use of Historical Financial Statement Information to Separate Winners from Losers," Joseph D. Piotroski, *Journal of Accounting Research*, Vol. 38, No. 3, Supplement 2000.

约瑟夫发现，用财务报表中的数据进行简单财务状况检验，可有效剔除弱势股，显著地提高价值型投资组合的质量。

"Earnings Surprises, Growth Expectations, and Stock Returns, or Don't Let an Earnings Torpedo Sink Your Portfolio," Douglas J. Skinner and Richard G. Sloan. Working paper, April 2001.

研究发现，成长股对收益未达预期的反应比价值股消极得多。作者认为："股市投资者看中的是令人失望的业绩本身而不是与预期差距的大小。

当利好消息传出时，对成长股的促进大于价值股，但当成长股业绩令人失望时，成长股相较于价值股的跌幅远远超过在有利消息传出时的涨幅。"

"Characteristics of Price Informative Analyst Forecasts," Cristi A. Gleason and Charles M. C. Lee. Working paper, September 23, 2000.

研究表明，分析师调整过预期的股票走势会随着调整内容而变化，但在预期向上调整时，只有在修正后的预期同时高于一致预期的情况下才符合这一规律。研究还发现反过来也会产生同样的效果。也就是说，如果修正后的预期低于市场一致预期，预期下调也会导致股价下跌。研究发现，"相对来讲，修正幅度的大小则不那么重要。"

"Cash Flow Is King: Cognitive Errors by Investors," Todd Houge and Tim Loughran, *Journal of Psychology and Financial Markets*, Vol. 1, No. 3 and No. 4, 2000.

研究表明，现金流高的公司业绩表现明显优于现金流低的公司。

特别致谢

我要感谢标准普尔的 Institutional Market Services 子公司，特别是投资产品部门主任 J. P. 特伦布莱和分析师杰罗姆·布兰切特为我提供了标准普尔 COMPUSTAT 数据库中的历史数据。标准普尔的数据对我的研究非常有帮助。

哈里·多马什最为人所知的是，他的投资指导专栏经常出现在《商业2.0杂志》（*Business 2.0 Magazine*）、《旧金山纪事报》（*San Francisco Chronicle*）等出版物及包括MSN Money和晨星在内的众多网站上。

他创立了专门从事高股息投资的网站——派息侦探网（Dividend Detective.com），还有以分享"如何"投资及其他资源为特色的免费网站——WinningInvesting.com。多马什经常主持基本面分析研讨会，并在拉斯维加斯、旧金山的Money Show投资研讨会和美国个人投资者协会（American Association of Individual Investors）会议上发言。他的著作有《在线投资策略：如何利用互联网分析股票和共同基金》等。

| 引　言 |

"并非所有能够计算出来的东西都有价值，也并非所有有价值的东西都能被计算出来。"

——爱因斯坦

这是一本关于股票分析的书。

本书并不能教人快速致富。因为我没有神奇的公式可以让人迅速地达到这一目的。我写这本书是为了让人们知道在股市里赚钱不能仅仅靠看电视或 CNBC 来实现。这本书是给那些愿意花时间和精力去寻找和研究股票盈利投资策略的人而准备的。

撰写这本书的过程对我来说是一次重大的教育经历。开始的时候，我自以为我对这个课题有些了解。毕竟，我一直在教授这门课并从事这方面的写作，且实际操作也有多年了。

我研读了许多由知名或不知名的专家编写的投资入门书，并对他们教授的方法进行了研究。对于过去如果采纳他们的策略可能会有怎样的结果，我小心翼翼地做了研究。在他们工作的基础上，我总结出自己的策略并进行了检验。

在研究的过程中，我走访了 15 位专业投资经理和市场分析师。在开始写这本书时，我还未见过他们。我找到这些人是因为他们管理着一流的共同基金，且有着领先市场的长期业绩表现。除此之外，我还联系了采用创新策略进行操作的市场分析师或私人投资经理，他们采用的策略是我从其他专业人士那里听过或从这些人自己的著作中得知的。在我联系的人士中，大约有一半欣然表示愿意与我谈谈。

事实上，我可能误导了他们。他们可能以为我写的书像有一类书那样，每章专为一位专家写个小型传记，在他们讲述投资策略的同时介绍他们的童年、工作风格以及办公环境。

但我并没有那么做。我们的交谈只集中在三个方面：①他们如何确定要投资的股票；②如何对这些股票进行分析；③如何确定卖出时机。

以前我访问过一些投资经理，但不是这个层次的人物，情况也与这次不同。那是一次在职的学习经历，在访问第一对夫妇时我就搞得一团糟，问错了问题，但过了一会儿，我终于开窍了。

采访投资经理与读他们的书或听他们讲话截然不同。对新手来说，如果你已读过他们的著作，或听到过对他们策略的描述，就不必把事实再重复一遍了，你可以直接切入细节，问诸如此类的问题：你对高估值股票是如何定义的？如何鉴定良好的经营管理状况？如何确切指出一个行业中实力最强的公司？什么是股票的卖出信号？

这些谈话常常把我引向出乎意料的方向。比如，在尼古拉斯·D. 格伯逐渐把波特五力模型介绍给我之前，我对它还一无所知（大约一周后，当肯尼斯·谢伊提起这件事时，我的反应就像那已经是旧闻一样）。波特五力模型激发了我对商业计划评估策略的灵感，该策略后来成了本书中的"分析工具五"。

其中一些采访把我引向了我一向认为同样有趣的学术研究。我就是这样发现了芝加哥大学商学院（University of Chicago Business School）约瑟夫·彼得罗夫斯基教授的研究成果的。

也许我最大的惊喜在于价值投资方面，而我过去从未认识到这一点。我读过很多通过堆砌数据来证明低市盈率股票的表现优于热门股的图书，但对我来说这一规律从未奏效。在我买进了这些低市盈率的股票之后，其价格继续不断下降。在采访了几位基金经理后，我突然意识到，他们所做的与我读到的有关价值投资的内容几乎没有什么相似之处。他们买的不是低市盈率的股票，而是那些跌了跟头的优秀公司！这两种方法有着天壤之别。

这些市场专家和研究人员与我分享的大量信息，为本书内容打下了基础。但我这个不领情的人却没有分别描述他们每个人的策略。我对这些信息加以提炼并合成了一些分析工具和策略，这本书由此而成。

书里有些什么

我读过很多关于投资的书，书中精彩的思想和策略却让我手足无措。因为它们没有告诉我如何将这些美妙的想法付诸实践。本书描述了按部就班地寻找、研究和评估候选股的实用策略。同样重要的是，它还告诉你该在何时卖出。

我逐步讲解了两种策略，一种适用于成长型投资者，另一种适用于价值型投资者。一些专家指出，这实际上是两种相似的策略。虽然你可以买到价值被低估的成长股，这两种分析过程却截然不同。当价值型投资者卖出时，成长型投资者却在买入。因此，价值型投资者和成长型投资者不太可能同时持有相同的股票。尽管这两种策略不同，但它们都源自同一套分析工具。

本书有何不同之处

这本书不是对传统观点和类似策略的重述。书中所述的方法利用了任何人在互联网上都唾手可得的信息，但却以新的方式加以运用，包括如下内容。

▶ 如何评估一只特定股票的风险

过去，投资者主要依靠历史股价表现来确定持有股票的风险。但最终，股价会随着公司盈利前景的变化而波动。股价走势图可以向你讲述它的历史，分析基本面可以帮助你看到未来。你将发现如何使用这些基本面分析来评估每只特定股票的风险。

▶ 分析师数据解析

最近发生的一些事件表明，你不能依赖分析师的建议在市场上赚钱。但他们的评级和预期中仍有很多值得我们学习的东西。

▶ 股票估值告诉你什么

了解股票估值中隐含的意义，可以让你了解持有股票的回报与风险方面的信息。

▶ 如何确立目标价格

这是专业人士经常做的事情，但从来没有人告诉你该怎么做。

▶ 行业分析

你的候选股是否处于一个值得从事的行业？如果是，你又是否胜券在握？

▶ 商业计划分析

你的候选股是更像沃尔玛还是凯马特呢？分析其商业计划将帮助你找到答案。

▶ 财务状况评估

破产对股东来说是个坏消息，但没人告诉过你如何判断你购买的股票是否面临破产。

▶ 如何利用销售预期

很少有投资者关注分析师的销售预期，甚至不知道他们的预期信息是可获取的。你将了解如何使用它来鉴定哪些公司在公布业绩时可能不达预期。

▶ 盈利能力分析

盈利能力不仅仅指每股收益（EPS）。本书将告诉你如何分辨你的候选股是否在盈利。

▶ 发现会计欺诈

一些高管为达到业绩预期会不择手段。本书将告诉你如何发现他们是否为此在账目上做了手脚。

▶ 卖出时机

你将学到股票具体的卖出规则。当然，这还取决于你是成长型投资者还是价值型投资者。

实例中的注释

许多实例对财务年度截止日期不同的公司年度运营特征做了比较。

为清楚起见，我在比较中使用了最接近的日历年度。例如，如果一个公司的会计年度截止于 2007 年 11 月 30 日，而另一个公司的会计年度截止于 2008 年 1 月 31 日，我会将这两个公司的日历年度都标记为 2007 年。因此，尽管从技术上看显示的数字可能不够准确，但足以说明例子中的观点。

会计捷径

某些会计公式，如资产回报率（ROA），要求确定 1 年中的平均资产总额。但我使用的是年末数字，因为你可以直接从资产负债表上取得数据，而无须进行计算。坚持使用这些捷径能够简化计算，而且不会对结果造成实质影响。

常用网站

以下网站是本书所述分析所必需的基本资源，其中大多数都有参考价值，我在这里列出了它们的网址，以后就不再反复列出了。

除此以外，在个别分析策略中用到的其他网站，我会在提到时列出网址。

Hoover's（www.hoovers.com）：这是个以易于理解的方式描述公司的良好信息源，最重要的是，它会列出公司的 3 个主要竞争对手，而且非常准确。

晨星（www.morningstar.com）：它过去 5 年的年度重述报告为你省去了计算近 12 个月经营现金流的麻烦。这一数据在第 10 章讨论受挫烧钱公司时需要用到。晨星的股票估值报告中列出了过去 12 个月及过去 10 年的市盈率、市销率、市净率及市观率，这是独一无二的。

MSN Money（http://monecentral.msn.com）：我发现的能以对用户友好的形式提供详细财务数据的两大网站之一。MSN Money 的 10 年财务总结报告是第 6 章提到的目标价格策略的核心支柱。

路透社（www.reuters.com/finance/stocks）：一个查看详细财务报表的良好资源。它的比率报告可以让你将一家公司与其所在市场板块、行业及标普 500 指数成分股，进行估值比率、业绩表现等方面的比较。路透社是能够提供股票分析师对多数个股销售收入（收入）等预测数据的两大网站之一（另一个网站是雅虎）。

Smart Money（www.smartmoney.com）：我发现的唯一一个能显示过去15个季度或过去10年财务报表的网站。大多数网站只显示过去5个季度和过去5年的财务报表。只有少数几个网站将税息折旧及摊销前利润（EBITDA）作为单独的项目列在利润表上，Smart Money便是其中之一。EBITDA是衡量财务状况需要用到的一项数据（见第10章）。

雅虎（http://quote.yahoo.com）和路透社，是两个可以提供分析师的销售收入（收入）预测数据的网站。雅虎的关键统计数据报告包含了大部分做快速预审所要用到的数据，本书第1章和第15章对这一分析过程做了详尽讲解。

致　　谢
作者简介
引　　言

第一部分　入门指南

第 1 章　分析过程 / 2

识别候选股 / 2

专注最强的候选股 / 3

快速预审 / 3

详细的分析 / 5

何时卖出 / 9

总结 / 10

第 2 章　评估风险 / 11

组合风险 / 11

风险因素 / 12

在弱市中找到增长强劲的行业 / 16

公司特有风险 / 17

公司特有风险因素 / 20

总结 / 22

第 3 章　筛选 / 23

晨星 / 24

谷歌 / 24

Zacks / 25

Portfolio 123 / 25

谷歌成长股筛选器 / 26

Zacks 成长和动量筛选器 / 29

Portfolio123：陷于困境的价值股的发现者 / 33

Portfolio123：成长股筛选器 / 37

Zacks 的"防弹股" / 40

筛选技巧 / 43

预先设定的筛选 / 43

总结 / 44

第二部分　分析工具

第 4 章　分析工具一：分析师数据解析 / 46

谁是分析师 / 47

分析师的评级 / 48

"卖出"是个禁词 / 49

一致评级 / 50

强烈推荐买入评级的股票一定比卖出评级的股票
　　表现更好吗 / 51

分析师数量 / 55

情绪指数 / 56

分析师预测 / 58

盈利冲击 / 63

销售预测 / 64

业绩指引变动 / 65

研究报告 / 66

总结 / 67

第 5 章　分析工具二：估值 / 68

　　隐含增长率 / 69

　　以合理价格增长 / 73

　　股息 / 77

　　总结 / 77

第 6 章　分析工具三：确立目标价格 / 78

　　计算过程 / 79

　　总结 / 86

第 7 章　分析工具四：行业分析 / 87

　　商业模式 / 87

　　行业增长前景 / 88

　　分析师的预测已经足够好了 / 89

　　将盈利增长转化为销售增长 / 89

　　行业集中度 / 91

　　在一个新兴的分散行业中选出赢家 / 93

　　行业信息 / 97

　　总结 / 97

第 8 章　分析工具五：商业计划分析 / 99

　　介绍 / 100

　　过分渲染的竞争优势 / 109

　　商业计划计分卡 / 110

　　总结 / 111

第 9 章　分析工具六：评估管理质量 / 112

　　重要高管和董事会成员素质 / 112

账目明晰 / 113

收益增长的稳定性 / 115

高管持股情况 / 117

总结 / 117

第 10 章　分析工具七：财务健康状况分析 / 118

财务健康至关重要 / 118

找出面临财务困境的公司 / 119

简化问题 / 120

识别潜在的"烧钱"公司 / 122

财务健康状况详细分析 / 130

债券评级 / 145

用债券价格来识别有风险的债务人 / 148

总结 / 149

第 11 章　分析工具八：盈利能力和成长性分析 / 152

利润从何而来 / 153

分析销售（收入）历史 / 158

利润率分析 / 162

利润率的比较 / 164

高利润率与低利润率 / 169

期间费用分析 / 171

盈利能力比率 / 171

现金流分析 / 178

EBITDA 与经营现金流 / 185

总结 / 186

第 12 章　分析工具九：察觉危险信号 / 187

销售增长趋势 / 189

应收账款和存货 / 192

现金流量表 / 200

关注信号 / 203

总结 / 207

第 13 章　分析工具十：重要股东持股分析 / 209

机构投资者 / 209

内部人士持股状况 / 212

总结 / 215

第 14 章　分析工具十一：股价走势图 / 216

趋势 / 216

移动均线 / 218

价值型投资者 / 218

成长型投资者 / 219

避免在下行时买入 / 220

比较短期和长期移动均线 / 220

风险区域 / 221

图表类型 / 222

成交量 / 223

总结 / 223

第三部分　分析过程

第 15 章　快速预审 / 226

专注最强的候选股 / 226

公司简介 / 227

估值比率 / 231

实际收入 + 实际利润 + 实际增长 = 实际股票 / 234

检查 Buzz / 237

总结 / 238

第 16 章　价值投资过程 / 239

专注最强的候选股 / 239

周期 / 241

常规化 / 242

价值分析过程 / 242

何时卖出 / 263

总结 / 265

第 17 章　成长投资过程 / 266

专注最强的候选股 / 266

成长候选股 / 269

成长分析过程 / 269

何时卖出 / 302

总结 / 304

第 18 章　分析计分卡 / 305

价值股分析计分卡 / 305

成长股分析计分卡 / 311

附录

附录 A　行业信息 / 320

附录 B　经济数据 / 325

附录 C　盈利报告和电话会议 / 327

附录 D　侦破欺诈、诈骗和拉高出货 / 331

附录 E　如何阅读财务报表 / 335

附录 F　术语表 / 343

第一部分

FIRE YOUR STOCK ANALYST!: ANALYZING STOCKS ON YOUR OWN

入 门 指 南

| 第1章 |

分　析　过　程

专家告诉我们，成功的投资依赖于一套严谨的能够发现、研究和分析潜在投资对象的方法论。本章概述了一套这样的方法，后面的章节将给出更多细节。这套方法基于那些跑赢市场的基金经理在实操过程中形成的基本原则。这当然不是唯一的方法，也可能不是最好的方法，但它是一个起点，遵循它会让你成为更好的投资者。掌握了这些策略之后，你就可以按需修改。这套方法包括识别潜在的投资机会，剔除明显的不适者，研究并分析余者，选取有最好前景的机会，以及同等重要的——使用一套清晰的卖出规则。

识别候选股

选股可以像去健身房，和邻居聊天，读本杂志，上网，或者打开电视一样简单，因为在所有这些场合都可能有人支着儿。但是只有当你对自己的分析能力有了信心后，你才会欢迎所有的建议，因为你能够很快地排除坏主意。随着经验的增长，你会了解如何识别优秀的投资机会。你会发现自己越来越多地利用筛选来发现投资机会。筛选是一门通过扫描整个市场来找到满足你需求的股票的技术。

这是一个强大的工具，但要有效地使用它，首先必须了解如何识别最佳候选股，这需要时间的积累。我在第3章中提供了一些筛选的示例来帮助你入门。

你可以应用即将学习的技巧来分析你了解到的所有公司，无论这个公司是你自己筛选的，还是来自朋友、电视股评大师，甚至沃伦·巴菲特的推荐。

专注最强的候选股

我们利用适者生存策略，在分析的每一步中淘汰最弱的候选股。如果你从一大群股票起手，比如10～20只，而不是少数几只，这种策略的效果会最好。研究股票需要时间和精力。一旦你发现了不适合的，就把它们排除在外，这样就可以把精力集中在最强的候选股身上。这很无情，可是浪费时间研究烂股是没有意义的。

快速预审

使用快速预审测试来排除明显的烂股。这些股票在任何类型的投资者眼中都很烂。比如，有些公司的业务有很多炒作的成分，只有很少甚至没有业绩或盈利。也许有些股票不适合你的投资风格。例如，也许它们是有价值的候选股，但你是成长型投资者。以下是快速预审的测试内容。

▶ **公司和行业概览**：了解公司的业务和行业。这可能是你喜欢的领域，也可能是你想避开的。例如，有专家认为在不久的将来原油需求将超过供应，因此将推高所有能源价格。很多人持反对意见。你对这个话题的看法将影响你对深水钻井公司和能源股的总体看法。

▶ **市值**：一家公司的市场价值。这是你买股票需要支付的价格。大型公司的股票叫作大型股，小一些公司的股票被称为中型股、小型股或微型股。市值没有好坏之分，但每种规模都有其对应的风险和回报。一般来说，大公司是更安全的投资，但小公司有更大的增长潜力。可是，这些基本规则也会随着市场状况而变化。你可能认为某个特定范围内的公司规模最适合你，或者相反，你愿意拥抱所有的可能性。无论你怎么决定，在这一步中，剔除不符合你要求的候选股。

▶ **估值比率**：市盈率（P/E）或市销率（P/S）可以告诉你市场如何看待一只股票。高估值反映了强劲的增长预期。因此，这些受欢迎的股票吸引了成长型投资者。相反，价值型投资者寻找估值比率较低的股票，而这些股票是大多数市场参与者（如成长型投资者）不愿意持有的。任何候选股都属于增长型或者价值型中的一类。估值比率能让你快速了解手头的是价值股还是成长股。

▶ **成交量**：每天交易的平均股票数量。成交量小的股票不好，因为价格容易被操纵。此外，共同基金和其他大公司不会购买这种股票。在这一步中，你应该把这些烂股扔掉。

▶ **流通股**：核心高管和董事会成员等公司内部人士手中的公司股票是有买卖限制的。因此，内部人士持有的股票被认为是无法交易的。流通股是除去内部人士持股后的可以交易的股票数量。投资有多少流通股的股票取决于你的投资风格。大公司的流通股通常从几亿股到数十亿股不等。然而，寻找最大增长潜力的投资者往往会选择流通股规模小的股票，通常在 2 500 万股以下。由于股票数量相对较少，当该公司宣布好消息时，股票会供不应求，这时股价会像火箭一样一飞冲天。

▶ **现金流**：公司报表中的营收数字隐含诸多背后的会计决策。现金流是指一家公司在运营中实际流入或流出该公司银行账户的现金。因为现金流基于实际的银行账户余额，所以它是衡量利润的最佳指标。除了增长最快的企业，其他可选的成长型企业应该有正的现金流，即现金正在流入而不是流出。因此在这一步中，成长型投资者应将烧钱的企业排除在外。此外，价值型投资者会从长远考虑从而忽略由短期问题引发的负现金流。

▶ **历史销售和收益增长**：无论你是在寻找非市场焦点的价值候选股还是热门的成长候选股，你最好都选择那些长期销售稳定，有长期利润增长历史的公司。在此步中，你应抛弃不符合此项基本要求的股票。

▶ **查新闻**：如果一家公司的主要产品刚刚被竞争对手淘汰，那就没有必要再浪费时间研究它的股票。这一步需要你了解当前候选公司的相关新闻。如果你在寻找成长股，负面新闻会让它们失去被投资格。而对于价值股来说，负面新闻反映了市场对该股的失望情绪，从而使其成为一个更好的价值候选股。

在这个快速资格预审测试中，你将排除很多烂股。一旦掌握了窍门，你就能在不到 5 分钟的时间内完成每只股票的测试。接下来对剩下的股票进行详细的分析。

详细的分析

本书的第二部分包括第 4 章到第 14 章，描述了 11 种不同的股票分析工具。这些工具对于价值型和投资策略成长型投资策略都适用。第 16 章描述了如何应用这些工具来分析价值候选股。第 17 章应用这些工具来分析成长股。

价值型和成长型两种分析策略都由 11 个步骤组成。每个步骤使用相应的分析工具。例如，第七步包括使用分析工具七来分析候选股的财务状况。

为了获得最佳结果，在分析价值和成长候选股之前，你需要熟悉第二部分中描述的 11 种工具。一旦某个候选股没有通过任一步骤的测试，就将其淘汰。例如，如果第一步失败了，就不要把该候选股带到第二步。

第一步：分析师数据解析

券商和其他公司聘请分析师对股票进行评估和评级。你可以通过分析分析师的买入 / 卖出建议及利润和收入预测来开始你的详细分析。这可以确定市场对你的候选股有多热衷。最有价值的候选股是分析师不喜欢的股票。相反，成长型投资者需要看到一些（但不是太多）市场对候选股的热情。第 4 章描述的信心指数是衡量分析师热情的一个有用工具。

分析师做出的利润增长预测是衡量股票类型的另一个指标。若某股票预期利润强劲增长，则其不会是价值型股票，但会是好的成长型股票。

第二步：估值

估值对于成长型和价值型投资者来说都是一个重要的问题，但原因各不相同。如果你正在寻找成长股，通过检查估值你会知道自己是否来得太晚了。对于价值候选股，估值分析会告诉你它是否值得你承担风险来换取潜在的上涨。

第三步：确立目标价格

价值型投资者通常会设定目标价格来确定买入和卖出点。例如，一只股票可能看起来有吸引力，但比对目标价格后会发现其当前的股价过高，无法提供所需的风险/回报比。如果是这样，价值型投资者可能会等到股票价格下跌后再购买，没有达到要求就不买。一旦买入后，其会将持有的股票在股价达到提前计算好的价格范围时进行卖出。

虽然设定好买入卖出目标价是价值投资策略的关键要素，但成长型投资者采取这种方式进行分析也是大有裨益的。

第四步：行业分析

对于成长型投资者，处于高速发展的市场部门之中的企业是较佳的候选企业。相对地，价值型投资者能在较慢发展的市场部门中找到理想的投资机会。在这一步中，你需要分析待选行业的发展潜力和相关因素。如果你在找成长股，即使挑选出了有吸引力的行业，但如果选择了错误的玩家，则一切还是白费。因此，行业分析也讲述了如何挑选出行业中最强有力的玩家。

第五步：商业计划分析

沃尔玛掌控了零售业，而之前的冠军企业凯马特倒在了路边。两者的区别在于商业模式不同。在这一步中，你要判断你的候选股是更像沃尔玛还是凯马特。

第六步：评估管理质量

许多基金经理认为评估公司管理质量是分析程序中的重要一环。你没有时间去拜访候选公司的厂房及与公司重要高管聊天，你也不需要去这么做。你可以舒舒服服地在家里通过查阅重要高管和董事的相关经验，评估公司财务质量，以及完成其他容易实现的检查，来评估公司管理质量。

第七步：财务健康状况分析

如果你投资的股票宣告破产，你将损失惨重。甚至不需要到破产的地步，就已经能败坏你的兴致了。只要出现公司将破产的谣言，就足以使股价大幅下跌。股票分析师通常并不会在推荐买入股票之前对公司的财务状况进行检查。这也是为什么很多分析师会在房利美（Fannie Mae）、房地美（Freddie Mac）、雷曼兄弟（Lehman Brothers）和其他破产企业出状况前数月仍推荐买入这些股票。

你不一定非得要成为这些受害人。你可以使用在这一步中所描述的策略，去评估任何公众公司的财务健康状况。

第八步：盈利能力和成长性分析

从长期来说，股票价格受公司盈利的影响。在这一步中，你可以通过分析销售和利润的趋势，来判断你的股票收益未来会上涨还是下跌。你还会发现，你的候选股是真的盈利能力很强，还是仅仅表现得能赚钱。

第九步：察觉危险信号

当你买的股票报告了令人失望的财务报告，或者管理层削减了对增长的预期，你会损失惨重。然而，这些灾难通常并不是毫无先兆的。在这一步，你将检查预示未来可能发生令人失望事件的危险信号，这样你能在那些新闻出现之前采取行动。

第十步：重要股东持股分析

虽然可能并不公平，但现实情况就是，共同基金和其他机构投资者比个人投资者能获取更好的信息。因此，在买入股票之前，很有必要了解这些大玩家是如何看待你的股票的。

内部知情人包括公司董事、核心管理人员和大型投资者。核心管理人员和董事持有大量公司股票头寸是件好事，但内部知情人股权太多意味着危险。

在这里，你将对机构的和内部知情人的股权数据进行区分，来判断其是好事还是坏事。

第十一步：股价走势图

虽然与法律相违背，但有些时候，投资者在知道关于公司前景并对股价运行有重要影响的新闻时，会在新闻正式披露之前采取交易行动。当这样的事发生时，股价反应可能是你能获取正在发生什么事情的第一条线索。

在这一步，你将学习股价走势图是否发出了可以买入的信号。

分析计分卡

第18章提供了针对成长型和价值型策略分析候选股的计分卡。你可以打印一些，在分析股票时针对对应的类型填写计分卡。你将惊奇地发现，仅仅是填写计分卡就能提高你的投资回报。

何时卖出

对很多人来说，决定何时卖出比决定何时买入要困难很多。当出了问题时，人们很容易拖延卖出时间，想等等看明天股价是否会涨回来。

建立严格的卖出纪律，是克服卖出拖延症的有效矫正方法。然而，在很多情况下，触发卖出成长股的条件并不适用于价值股。比如说，上市公司盈利预期的下调会触发成长型投资者自动卖出股票，但这并不会使价值型投资者感到慌乱。相反，股价图走势强劲对成长型投资者是好事，但可能会触发价值型投资者卖出股票。

价值型和成长型分析章节都包括特定类型的卖出规则。

总结

采取有计划的方式来寻找、研究、买入和卖出股票，将使你成为一名更好的投资者。现在，你知道我们要前进的方向了，那就继续开始阅读吧。

| 第 2 章 |

评 估 风 险

风险是亏损的可能。比起政府担保的储蓄账户，所有的股票都是有风险的，但有一些股票比其他股票风险更高。然而，投资者在考虑买股票时很少评估内在的风险，但这种评估是有意义的。比如，假设你在考虑两只股票，并且你的分析表明两只股票在接下来的两年里价值都会翻倍，但 A 公司股票的风险是 B 公司的两倍，这样，在两者之间选择谁就显而易见了。

组合风险

你可以购买不同行业的股票来分散化投资并以此减少组合的整体风险。

航空和石油行业提供了一个经典案例。油价上涨会增加石油行业利润，但燃油成本上升会减少航空公司利润，进而影响其股价。相反，当油价下跌时，航空公司受益而石油行业就遭殃了。

对于充分分散化组合风险所需要的股票数量，众说纷纭。一部分人认为 12 只左右的股票即可充分分散风险，而另一部分人觉得需要 40 ~ 50 只股票。总而言之，应尽可能地分散化投资，并且对某一单一行业，如能源、医疗或金融等，配置比例不能超过 25%。

低估值意味着低风险吗

有些学术研究表明，那些低估值的投资组合，如低 P/E 比率的股票组合，比那些高估值的投资组合表现得更好。然而，在那些研究中，只有少数几只强势股表现出众。事实上，组合中的大部分股票都是亏钱的。

以我的经验来看，低估值股票组合表现的好坏是取决于市场条件的。有时成长股表现出众，而在其他市场条件下，价值股表现得更好。无论在什么情况下，你都不能想当然地认为低估值股票比高估值股票风险低。

风险因素

当评估个股时，你的个股风险取决于下面三个问题：

▶ 整体市场风险。

▶ 行业风险。

▶ 个股风险。

我们会检查整体市场风险、行业风险，然后再评估个股的具体风险。

市场风险

即使你是个了不起的选股专家，在熊市或下跌趋势行情中，你也很难赚到钱。然而，在市场表现强劲时，尽管你也许犯了很多错误，却依然可以赚取很多利润。"不要把牛市因素归结为头脑了得"这句话就是这么来的。因此，市场风险是风险评估中的一项重要内容。

当然，预测未来的股市走向，需要知道大体的经济走向，以及利率、通胀率等很多其他的因素。经济学家花费大量的精力试图找到这些问题的答案，但鲜有成果。

如果你想自己预测经济，附录 B 提供了可以帮助你的 14 个网络资源。

除此以外，你也可以评估两个容易决定的因素来了解市场风险。那就是，当前市场是被高估还是低估了，以及市场正在上行还是下行。

市场估值

一些研究表明，市场估值水平和现行利率之间的差异可能是一个好的市场风险指标。它们之间是一种负相关关系。换句话说，较低的现行利率对应较高水平的估值。

大多数分析师用标普 500 指数代表整个市场，他们用标普 500 指数的价格比收益（即 P/E）来测量市场的估值水平。标普 500 指数的 P/E 是成分股按市值加权的平均 P/E。市值加权意味着公司的市值越大，它的 P/E 在计算中的权重越大。

最简单的测量估值水平的方式就是求出标普 500 指数的 P/E 倒数，即收益回报率。例如，如果 P/E 是 20 倍，那么收益回报率就是 5%。然后，再比较收益回报率和当前的利率水平，当前利率水平通常用美国 3 个月国债利率来代替。

一般情况下，市场收益率是高于国债利率的，重要的是两个利率之间的差异。市场收益率接近或低于国债利率（利差很低或为负值）就是一种市场风险比较高的信号。

1984 年以来每年年末的市场收益率、3 个月国债利率，以及两者之间的差异如表 2-1 所示。表中也给出了接下来 1 年的标普 500 指数回报率。

例如，表 2-1 表明 1994 年 12 月市场收益率较短期国库券利率高 1 个百分点，在随后的 12 个月内，标普 500 指数上涨了 34%。

表 2-1 市场收益率、3 个月国债利率、两者之差,以及次年标普 500 指数回报率

年份	市场收益率 (E/P)	3 个月国债利率	两者之差	次年标普 500 指数回报率
2008	5.0%	0.1%	4.9%	
2007	4.5%	3.4%	1.1%	−38%
2006	5.7%	5.0%	0.7%	4%
2005	5.6%	4.1%	1.5%	14%
2004	4.8%	2.2%	2.6%	3%
2003	4.4%	1.0%	3.4%	9%
2002	3.1%	1.2%	1.9%	26%
2001	2.2%	1.7%	0.5%	−23%
2000	3.8%	5.9%	−2.1%	−13%
1999	3.3%	5.3%	−2.0%	−10%
1998	3.1%	4.5%	−1.4%	20%
1997	4.1%	5.4%	−1.3%	27%
1996	5.2%	5.2%	0.0%	31%
1995	5.5%	5.1%	0.4%	20%
1994	6.7%	5.7%	1.0%	34%
1993	4.7%	3.1%	1.6%	−2%
1992	4.4%	3.2%	1.2%	7%
1991	3.8%	4.0%	−0.2%	5%
1990	6.5%	6.6%	−0.1%	26%
1989	6.5%	7.8%	−1.3%	−7%
1988	8.6%	8.4%	0.2%	27%
1987	7.1%	5.9%	1.2%	13%
1986	6.0%	5.8%	0.2%	2%
1985	6.9%	7.3%	−0.4%	15%
1984	10.0%	8.1%	1.9%	26%

　　像大多数市场指标一样,比较市场收益率和国债利率并非总是有效的。很明显的一点就是,负利差比正利差预示着更大的风险。这是可以理解的,因为负利差源于低市场收益率,而低收益率意味着更高的市场估值水平(高 P/E)。

市场方向

　　评估当前的市场走向，对于你选择入场还是观望具有重要参考意义。强劲的上行趋势是你加仓的通行证，而下行趋势则告诫你要小心谨慎。

　　许多投资者参照标普 500 指数来观测市场，最简单的测量市场走势的方法就是比较指数和它的 200 日移动均线（见图 2-1）。如果标普 500 指数在 200 日移动均线之上，市场可能呈上行趋势，反之则呈下行趋势。指数和它移动均线之间的距离反映了趋势的强劲程度。若指数在均线之上或之下很远的位置，那就表明上行或下行趋势很强。如果指数在均线附近徘徊，那就表明市场没有明显趋势或处于盘整状态。

图 2-1　MSN Money 显示的标普 500 指数和 200 日移动均线（当指数在移动均线之上时，表明市场呈上行趋势）

　　标普 500 指数反映了多种不同行业的大盘股走势。在你考虑投资某具体行业板块时，其他指数可能会提供更好的参考。例如，纳斯达克指数反映了科技股的走势，罗素 2000 指数更好地反映了小盘股的表现。

　　很多其他的指数也可以反映中盘股、价值股或成长股，以及个别行业的表现。

StockCharts.com 是找到这些指数的好地方。点击"Market Summary（Free Charts）"（市场总括 – 免费图表）就能看到完整的列表。

避免在下跌趋势行情中买入股票，除非该股票所在行业依然能够在低迷的市场中强劲增长。

在弱市中找到增长强劲的行业

无论在多么低迷的行情中，你总能发现某些行业中的个股走势良好。比如，当我在 2009 年 3 月写这部分的时候，市场处于低迷之中。通用汽车面临破产，主要的几家银行也是摇摇欲坠。然而，与此同时，与金矿、原油及天然气开采和生产行业相关的股票以及新兴市场国家如巴西、中国等的股票，却给投资者带来了大量利润。

我不需要花几个小时去挖掘这些信息。通过利用交易所交易基金（ETF）报告的特点，我找到了比刚刚描述的更多的东西。这些报告可以在晨星和 MSN Money 中免费找到。你可以用这些报告来了解初期市场的主要趋势。

正如你所了解的，ETF 与指数共同基金相似，因为它们都复制预先设定好的股票指数的回报。然而，与共同基金不同的是，ETF 就像股票一样交易。你可以在交易时段的任何时候买卖它们。

近年来，投资者对 ETF 的兴趣大幅上升，ETF 行业对此做出了回应，创建了新的基金，追踪几乎所有可以想到的指数。你可以找到凡是你能想到的所有 ETF，如追踪价值型股票、俄罗斯股市、油价、保险公司、医疗保健类股的 ETF 等。事实上，很难想象一个行业或市场没有一个或多个 ETF。

你可以从晨星和 MSN Money 下载列出所有 ETF 的报告，包括它们的总回报（价格升值加上股息），期限从 1 周（仅 MSN Money）到 5 年不等。

这是最棒的部分。通过点击相应的列标题，你就可以根据提供的回报区间，来对整个列表进行排序。例如，如果点击 4 周收益，你可以看到按照最近 4 周收益从高到低顺序排列的整个 ETF 列表，如图 2-2 所示。

Name	Ticker	Category	Holdings	Morningstar	Last Price*	1-Wk	4-Wks 前
B2B Internet HOLDRs	BHH	Specialty - Technology	holdings		$0.35	-5.66	29.63
iPath DJ AIG Tin TR Sub-Idx ETN	JJT	Specialty - Natural Resources			$29.50	1.11	27.63
iShares MSCI Thailand Invest Mkt Index	THD	Diversified Emerging Markets	holdings		$29.97	2.32	27.05
Market Vectors Indonesia ETF	IDX	Diversified Emerging Markets	holdings		$37.00	-0.98	24.80
ELEMENTS BG Large Cap ETN	BVL	Growth			$7.50	0.00	22.21
Market Vectors Coal ETF	KOL	Specialty - Natural Resources	holdings		$20.24	-11.42	21.49
Claymore/Clear Global Timber Index	CUT	Specialty - Natural Resources	holdings		$13.06	-8.35	20.81
PowerShares Global Wind Energy	PWND	Specialty - Natural Resources	holdings		$13.65	-6.38	20.16
Rydex S&P Smallcap 600 Pure Value	RZV	Small Company	holdings	★★★★★	$20.75	-13.03	19.25
BearLinx Alerian MLP Select Index ETN	BSR	Specialty - Natural Resources			$28.42	4.50	19.23
ELEMENTS BG Small Cap ETN	BSC	Small Company			$7.67	-2.51	19.15
Ultra Silver ProShares	AGQ	Specialty - Precious Metals	holdings		$44.25	0.02	18.82
Global X/InterBolsa FTSE Colombia 20 ETF	GXG	Growth and Income	holdings		$19.43	-0.36	18.69
PowerShares Global Coal	PKOL	Specialty - Natural Resources	holdings		$17.77	-9.32	18.26
iShares MSCI Turkey Invest Mkt Index	TUR	Diversified Emerging Markets	holdings		$33.16	0.73	17.97

图 2-2　MSN Money ETF 部分业绩图表，按照最近 4 周收益排序

你可以很容易地发现市场趋势，无论它们涉及国家、行业、股票类型（增长型大盘股、小盘价值）、大宗商品价格，或其他什么。通过比较短期和长期的回报率，你可以看到哪些细分市场会受到青睐，哪些会受到冷落。

公司特有风险

公司特有风险与公司的经营计划、股票估值、盈利能力、会计实务、增长战略及其他公司特有的因素有关，而与行业或整体市场无关。

下列各节所列的一些风险严重到足以使候选股丧失被进一步考虑的资格，这些风险会在接下来的说明中具体阐述。其他一些风险则没有那么严重，而且就其本身而言，也不会影响该股的入选资格。不过，你最好选择风险因素最少的候选股。

产品分配

在提高产量之前，向供不应求的市场销售产品的公司只能满足每个客户的部分订单。顾客很快就意识到，他们必须订购两三倍于他们真正需要的产品，才能获得足够的产品。他们经常储备存货以确保不会出现短缺。由此，订单率被夸大，导致分析师、投资者和公司管理层高估了需求。

最终产量超过了真正的需求，客户开始收到全部而不是部分订单。因为超额订购，他们发现自己的存货过多，他们开始取消订单。这种情况总是比所有人预期的要快。马泰克生物科学公司（简称马泰克）就是一个很好的例子。

马泰克从一种叫作微藻的微组织中提取和生产营养产品。因为微藻含有某些酸，当添加到婴儿配方奶粉中时，有助于婴儿眼睛和中枢神经系统的发育。这是一件大事。2003 年中，马泰克已授权 9 家婴幼儿配方奶粉制造商在其产品中添加其专利添加剂。马泰克当时的产值为每年 1 亿美元左右，但它无法满足需求，不得不让客户参与分配。这种情况一直持续到 2005 年初，当年产量赶上了需求。2015 年 4 月，马泰克表示，它发现客户以前一直在虚报采购订单，以获得更多的分配。2005 年 7 月之前，马泰克的季度销售同比增长迅猛，但现在已经变成了同比下降 18%。

诉讼

大公司几乎总是被心怀不满的员工或客户起诉，有时会被其他公司就专利或其他问题起诉，有时会被股东起诉，因为他们在股票上赔了钱。这些诉讼是商业成本的一部分，通常不会影响你的分析。然而，有时一家公司会卷入一场可能严重影响其业务前景甚至威胁其生存的诉讼。

40 多家公司因重大诉讼事件而被迫破产。会计和审计巨头安达信因卷入安然丑闻而面临诉讼，被迫退出了该行业。公司并不一定会输掉官司，有时仅仅是重大诉讼的威胁就能引发股价的大幅下跌。

公司必须在季报和年报中披露所有重大诉讼。当然，管理层经常说相关诉讼是没有根据的。但包括公司管理层或股票分析师在内，没有人能够预测诉讼的结果。避免所有面临诉讼的股票，因为诉讼的代价可能是高昂的。

收益修正

当一家公司的审计师或美国证券交易委员会（SEC）发现其先前报告的利润过高时，该公司通常会重新报告利润。任何重大的盈利下调都是一个危险信号，这表明该公司一直在实行激进的会计核算，以提高其报告收益。情况已经发生了变化，被抓到过一次并不意味着管理层会改变其行事风格。规避那些大幅下调盈利的公司，除非它现在已经更换了新的管理层。

前景黯淡的行业

某一市场领域的一家公司业绩令人失望或下调了业绩预期，可能警示着投资者，这一市场的所有公司都面临类似的问题。

2008 年末的青少年服装零售业就是一个很好的例证。9 月 4 日，主要零售商 A&F（Abercrombie & Fitch）发布公告，8 月份同店销售收入（开业至少 1 年的商店销售收入）同比下降 11%，随后该公司股价下跌。消息公布当天，A&F 的股价下跌了 5%，此后又继续下跌。事实上，在消息公布后，该公司股价在接下来的 5 天里下跌了 25%。

不过，分析师将销售业绩下滑归咎于 A&F 的管理层，并建议其收购竞争对手 AEO（American Eagle Outfitters），这家公司也瞄准了青少年服装这一零售市场。AEO 的股价在 A&F 发布公告后出现大幅波动，这给了 AEO 股东足够的时间来摆脱困境，直到 10 月 8 日该公司才承认其销售业绩落后于上年同期。

利率风险

利率的变化，甚至利率变化的前景，通常会对股市产生重大影响。市场普遍认为利率上升利空股市，而这种情况通常引起市场下挫。当利率上升时，对利息敏感的公司，如房地产公司、公用事业公司和所有背负巨额债务的公司，都会受到严重的负面影响。当短期和长期利率之间的息差收窄时，银行和金融业的其他机构将会蒙受损失。

相反，在利率上升的环境下，能源、医疗和科技股的表现往往强于大盘。

利率的变动，无论是实际的还是预期的，只要朝着不利于特定公司所在行业的方向进行，就会增加风险，但这不一定是放弃候选股的充分条件。

公司特有风险因素

下面的部分描述了公司特有的风险因素，这些风险因素将在本书第二部分中进行更详细的讨论。

财务状况

公司倒闭是你所面临的最具灾难性的股票持有风险。当一家公司申请破产时，股东通常会失去他们的全部投资。在没有检查上市公司的财务状况，以确保它不会破产之前，不要考虑购买其股票。第 10 章会告诉你具体怎么做。

商业计划和并购扩张

有些公司比其他公司有更好的投资前景，是因为它们有更好的商业计划。它们可能在竞争不大的市场上销售产品，消费者认为它们的产品更优，它们拥有更好的分销方式，等等。

你不能仅仅因为一家公司是上市公司，以及分析师建议购买它的股票，就认为它有一个可行的商业计划。互联网泡沫的破灭说明，在适当的环境下，几乎没有成功机会的公司仍然可以从"热心"的投资者那里筹集到数十亿美元，这些投资者中既有业余人士，也有专业人士。

在分析商业计划时，公司的增长战略是一个特别重要的考虑因素。大多数公司通过开发新产品、开设新店铺等方式实现增长。然而，当现存市场趋于饱和的时候，一些公司会采取收购策略来保持增长。实施这一策略早期带来的成功会导致公司过度自信，促使其最终进行一次结果低于预期的糟糕的收购，而这将使其股价走弱。公司会为了支付收购费用而发行股票，较低的股价使其用于并购的股份贬值，并进一步放缓增长，这又给股价带来更大的压力。

第 8 章描述了如何评估商业计划，包括如何发现主要通过收购实现增长的公司。第 8 章介绍了一个用于评估商业计划的计分卡，可能的分数范围为 $-11 \sim +11$。分数为负的公司比分数为正的公司风险更大，但分数为负本身并不是不合格因素。

估值

在人们关注的行业中，尽管某些公司的前景很好，但市场往往会哄抬盈利公司的价格，对它们进行不切实际的估值，使其成为高风险投资标的。最终，大多数公司将以反映其长期增长潜力的价格进行交易。你可以使用第 5 章中描述的方法来确定股票当前估值水平所隐含的年度收益增长率。

很少有公司能持续在一段时间内实现每年高达 40% 的利润增速，而且大多数公司都无法达到这一水平。应将隐含收益增速 30% 或更高的股票视为高风险投资标的，但高估值本身并不是不合格因素。

增速回落和会计造假

抓住新兴市场机遇的年轻公司，往往在早年经历爆发式增长。市场预计这一增速将无限持续下去，并据此对该公司股票进行定价。但这些早期的高速增长是不可持续的，当实际增速放缓时，公司管理层有时会采取会计欺诈手段，以维持增长的假象。最终，"纸牌屋"倒塌，收益低于预期，股价暴跌。第 12 章描述了如何发现增速放缓的危险信号，以及经常用于掩盖增速放缓的会计花招。应规避出现任何危险信号的股票。

高预期

未达到预期会导致失望，而市场的反应是打压令人不安的公司股价。期望值越高，失望的可能性越大。高期望等同于高风险。第 4 章描述了如何根据分析师的买入或卖出推荐来计算情绪指数得分。情绪指数值为 9 及以上预示着风险，但高情绪指数得分本身并不是一个不合格因素。

总结

专业人士总是会评估一下购买潜在股票的内在风险，你也应该这样做。在估值过高或处于下跌趋势中的市场和行业中要谨慎投资。你有很多选择，所以在产品分配、诉讼、收益修正、行业前景、财务状况和会计造假等方面，有风险的股票将被取消备选资格。如果存在不那么严重的其他风险因素，股票的吸引力也会随之降低。因此，就风险而言，"少即是多"。

第 3 章

筛　　选

股票筛选是一种程序，通常可以通过访问一些网站来进行。这些网站允许你搜索整个市场，寻找符合你特定需求的股票。筛选是发现候选股的最有效方法，因为你可以定制序列来过滤掉不理想的股票，从而把研究重点放在最值得考虑的候选股上。筛选是一门需要练习才能掌握的艺术。当你初次进行筛选的时候，可能会出现候选股过多或过少的情况。当筛选到适中的数字，比如说 20 只左右时，你又会发现，其中的大多数股票都不是很理想。但最终，你会摸索出一套筛选标准，并靠它选出有研究价值的候选股。

尽管许多金融网站提供筛选程序，但令人意外的是其中很多程序设计得很差，很显然这是由那些从未购买过股票的人设计的。通常，很多筛选参数没有意义。例如，谁想要筛选出去年 EPS 刚好为 3.5 美元的股票呢？在某些情况下，筛选参数根本不起作用。

我找到了 4 种比较可靠且免费的筛选程序，但其中有些程序在使用过程中有些地方需要特殊留意，这些特殊之处是你需要掌握和了解的。为了便于使用，我将 4 个筛选程序的具体案例按照从简到繁的顺序排列如下。

- ▶ 晨星。

- ▶ 谷歌。

- ▶ Zacks。

- ▶ Portfolio123。

晨星

晨星的免费股票筛选器只提供 18 个筛选条件。然而，这个数字具有一定误导性。晨星允许你根据其专有的"股票等级"搜索股票。它将股票评级的 A 级到 F 级，分为成长性、盈利能力和财务健康状况 3 大类。晨星综合评估了诸多独立的基本因素来计算每个等级。因此，可能需要 20 个或 30 个单独的筛选参数来复制你使用这 3 类等级得到的结果。

晨星所独有的是，你可以根据 8 个不同的类别（股票类型）搜索股票，如"distressed"（不景气）、"speculative"（投机增长）和"high yield"（高收益）。此外，你可以选择将搜索定位为 9 种不同的"equity styles"（股票风格）中的一种，如"large value"（高价值）、"mid-growth"（中等增长）和"small core"（细分龙头）。

谷歌

谷歌的股票筛选器提供了按 7 种不同类别划分的 50 多个筛选参数。即便如此，操作起来还是很简单。也就是说，负责设计谷歌筛选程序的极具数学才能的科学家可能并没在股票上投入太多。

例如，价格类别包含"200 日平均价格"等筛选参数，其更常用的叫法是"200 日移动平均价格"。不幸的是，你所能做的就是筛选 200 日移动平均价格在你指定的最小和最大值之间的股票，你不能筛选以高于或低于移动平均价格交易的股票。

抛开这些抱怨不提，谷歌的股票筛选器是晨星极简股票筛选器与功能更强大的 Zacks 投资组合筛选器之间的桥梁。进入网页 Google Finance（http:/finance.google.com），点击 "Get Quotes"（获得报价）按钮旁的 "stock screener"（股票筛选）链接即可使用该筛选器。

Zacks

Zacks Investment Research 是一家专门分析分析师的买入 / 卖出评级和盈利预测的变化如何影响股价的公司。它的普通股筛选器提供了 125 多个筛选参数，其中超过 50 个参数涉及分析师的买入 / 卖出评级和盈利预测。尽管 Zacks 筛选器功能强大，但它的使用对用户来说仍然是相对友好的。在 Zacks 的主页（www.zacks.com）中选择 "stock screen"（股票筛选），然后选择 "Custom Stock Screener"（股票筛选工具）以进入 "Screener"（筛选器）。在此之后，点击一个类别，即可查看该组可用的筛选参数。

Portfolio 123

可以说 Portfolio123（www.portfolio123.com）提供了最强大的免费网页筛选器。也许你需要一些时间来学习如何使用它，但这也是值得的。一旦你明白了这一点，Portfolio123 的筛选器将成为你在股市上最好的朋友。它是唯一一个允许你比较数据值的免费筛选器。例如，你可以搜索债务 / 权益比率低于行业平均水平的股票，或毛利率高于 5 年行业平均水平的股票。与其他筛选器不同的是，你可以保存 Portfolio123 的筛选参数，这是一个重要的功能，让你不必在每次想重新运行筛选程序时都要输入筛选参数。你可以很容易地修改 Portfolio123 现有的筛选参数或添加新的参数。

Portfolio123 提供回测功能，但每月须收取 29 美元或 49 美元的费用，具体取决于你的选择。回测功能让你可以在不花费真金白银去冒险的情况下测试你的选股策略。例如，假设你已经决定，成功的关键是找到 P/E 在 25 ～ 30 倍之间的股票，且这些股票的销售收入在过去 1 年中至少增长了 25%。你可以使用 Portfolio123 的回测功能，通过运行筛选程序，回到过去的某个时间点（如 2 年前），来找到那些符合你选股标准的股票。Portfolio123 会告诉你，如果你 2 年前买了这些股票，你的投资组合会表现如何。

读完这本书后，你可能会设计出自己的筛选器。但是这里有一些示例筛选能帮你入门，并演示筛选程序是如何工作的。

谷歌成长股筛选器

这个筛选器可以寻找现金充裕、无负债、有利可图、价格合理的股票，这些股票受到聪明投资者的青睐。

使用 Google 默认筛选程序，选择 60 个左右可用标准中的 4 个（选择选项）。首先删除市值准则之外的所有准则（单击你要删除的每个准则右侧的"×"）。

公司规模：市值

设定市值最低 10 亿美元。

小公司通常比大公司风险大。通常它们提供的产品种类较少，资产负债表较弱，应对经济衰退的经验也较少。因此，你可以通过避开非常小的

公司来降低风险。大多数投资者用市值来衡量公司规模大小，市值是买下
公司全部股份所需要支付的资金数额。

市值低于 20 亿美元的公司被称为小盘股，而市值高于 80 亿美元的公
司被称为大盘股，中间的是中盘股。我设定的最低市值为 10 亿美元。如果
你想看到更多的股票，试着把你的最小值减少到 5 亿美元，如果你想降低
风险，就把它增加到 50 亿美元。

估值：市销率

设定 P/S 最低 2，最高 7。

P/S 类似 P/E，但 P/S 是将股价与过去 12 个月的每股销售收入进行比
较，而 P/E 是将股价与 EPS 进行比较。

避免选择 P/S 低于 2 的股票，因为这些股票更有可能是价值股而不是
成长股。不利的一面是，设定最低标准排除了经营连锁超市和其他利润率
较低行业的股票。根据计算公式，利润率较低的股票 P/S 也较低。如果你
不想错过这类股票，就把你的最低 P/S 标准改为 1。

P/S 可能高达 10 倍，有时热门成长股的这一数值可能更高。规定最高
P/S 可以规避估值过高的股票。因为我是随意挑选的数字，如果你想选出更
多的股票可以将它增加到 8 或者 9，如果你想少选些股票可以将它调整为 5
或 6。

现金充裕度：流动比率

设定流动比率最低 2.5。

考虑到当前脆弱的信贷市场，出现任何现金短缺的蛛丝马迹都会导致
公司股价下跌。因此，减少这种情况发生在你的股票上是很重要的。使
用流动比率来检查一家公司的现金流状况是我常用的两个选择标准其中

之一。

流动比率将流动资产（如现金、资产、应收账款）与流动负债（如工资支出和应付票据）进行比较。比率为 1 表示流动资产等于流动负债，比率为 2 表示流动资产是流动负债的两倍。将允许的最低流动比率设置为 2.5 可以确保通过筛选的公司有足够的现金。虽然我随意选择了这个数字，但是我没有看到提高最低标准有什么好处，当然我也不会降低它。

通过选择 "Add Criteria"（添加条件）、"Financial Ratios"（财务指标）、"Current Ratio"（流动比率），将流动比率这一条件添加到筛选程序中。

无负债：产权比率

设定产权比率最高 0.1。

除了信用评级最高的公司外，其他所有公司的债务再融资仍然是个问题。你可以通过选择没有长期债务的股票来避免这些问题。要做到这一点，你可以用债务权益比，即长短期债务之和与股东权益（账面值）之比。

虽然你想指定比率为 0，但我一般将最大值设置为 0.1 来规避那些有额外债务的公司，如资产负债表上的租赁负债。

盈利能力：ROE

设定 ROE 最低 20%（过去 12 个月）。

除非你在寻找那些遭受重创的价值股，否则最好的候选者总是那些盈利的公司，而不是赔钱的公司。

ROE 通过将净利润与股东权益（账面价值）进行比较来衡量公司盈利能力。我认识的大多数基金经理都要求至少 15% 的 ROE。然而，在这里，我要求至少 20% 的 ROE，以集中精力于最有利可图的候选股。如果你想筛选出更多的股票，那就试着把你的最低标准下调到 15%。

跟踪资金流向：机构股东

设定机构持股比例最低 40%。

共同基金和养老金计划等机构投资者比个人投资者更容易进入市场。如果它们没有买进，你也不应该持有。机构持股比例是指那些大机构持有的公司股份的百分比。最好的成长股是那些受聪明投资者青睐的股票。对于那些中意的股票，机构持股比例为 40% ～ 95%。

成长规则：5 年收入增长

设定近 5 年年化收入增长最低 10%。

成长型股票，顾名思义，应该是每年至少增长 15% 销售收入和利润的公司，并且越多越好。不过，2008 ～ 2009 年的经济衰退甚至拖累了成长性最好的股票。因为当时环境动荡，收入是一个比利润更稳定的增长指标。从长期的角度，我一般会用 5 年的数据来计算收入增长。通常，你希望看到至少 15% 的平均年化收入增长。但是，考虑到严峻的经济形势，我只要求 10% 的增速。

结果

理想情况下，筛选下来应该有 15 ～ 20 只候选股。如果没有，则按照建议修改参数值，以增加或减少筛选结果。

Zacks 成长和动量筛选器

对冲基金经理等动量投资者寻找的是已经跑赢大盘的成长型股票。但这还不够，标的企业必须是盈利的，而且已经实现了强劲增长。更进一步，动量策略要求在这个已经很热门，而且正在越来越热门的群体中准确地找到有潜力的股票。也就是说，其盈利预期正在上升。

通过选择 Zacks 主页上的 "Screening"（筛选）找到 "Custom Stock Screener"（股票筛选器）。选择一个参数类别，并为要使用的参数填写所需的信息（其他参数默认）。为了帮助你找到筛选参数，我在以下部分的括号中列出了相应的类别名称。

在你指定了筛选参数后，一定要将其添加到筛选器中。没有 "Add"（添加）按钮列出的参数在免费筛选器中不可用。Zacks 在网站顶部显示你选择的搜索条件，并显示有多少股票符合您当前的筛选要求。

规模小，但不太小：市值

设定市值最低 2.5 亿美元（Size & Share Volume ⊖）。

通常情况下，你在小型股中会发现最好的潜在动量，但在这一点上也不要期望太高。因为，非常小的公司不太能够承受住来自不断变化的市场和经济环境的压力。大多数分析师使用市值（最新股价乘以已发行的股票数量）来衡量公司规模。

市值低于 20 亿美元的股票被称为小盘股，市值超过 80 亿美元的是大盘股，而介于两者之间的是中盘股。我将最低市值设定为 2.5 亿美元。

如果你想看到更多的股票，可以试着把这个最低标准减小到 2 亿美元，甚至 1.5 亿美元。如果你想降低风险，就把它提高到 5 亿美元。

跟踪资金流向：机构股东

设定机构持股比例最低 40%（Ownership）。

机构包括共同基金、养老金计划和其他大型投资者。由于支付了巨额交易佣金，机构投资者能够获得我们看不到的内幕信息。因此，如果它们

⊖ 对应 Zacks 筛选器类别，余同。

不持有股票，你也不应该持有。机构持股比例是指大股东持有公司股票的比例。对于看好的成长型股票，它的持股比率为 40%～95%。指定 40% 的最低机构持股比例。

分析师买入 / 卖出评级：经纪商推荐

设定评级最高 3.0（Broker Rating）。

股票分析师发布他们所关注股票的买入 / 卖出建议。Zacks 将分析师的建议整理成强烈推荐买入（1）、买入（2）、持有（3）、卖出（4）和强烈推荐卖出（5）几个类别。它将括号中显示的值分配给每一类。比如，如果所有分析师都强烈推荐卖出这只股票，那么一致的评级将是 5。由于分析师往往很乐观，因此应该避开他们建议卖出（4）的股票。指定持有（3）或更好，等于最大评级为 3。

预期收益增长：长期增长的一致估计

设定每股收益增长最低 15%（EPS Growth）。

分析师还公布了他们跟踪股票的长期（3～5 年）平均年收益增长预期。我的最低标准是 15%。如果你想将选股范围限定在最具增长前景的股票，可以考虑将最低标准提高到 20% 甚至 25%。

盈利能力：ROE

设定 ROE 最低 15%（Return on Equity）。

在任何市场中，你投资盈利公司的股票都会获得较好的业绩。ROE（利润除以权益账面价值）是最广泛使用的用来衡量盈利的指标。对于盈利的公司，ROE 一般为 5%～25%，越高越好。大多数基金经理要求至少 15% 的 ROE，因此规定至少 15% 的当前 ROE。

低负债：产权比率

设定产权比率最高 0.1（Liquidity & Coverage）。

在这个市场上，你最不需要的就是高负债的股票。产权比率是一种流行的债务衡量方法，它将长期债务与权益账面价值进行比较。0 表示没有债务，比率越高，债务越高。指定一个最高 0.1 的产权比率，刚好可以避免"错杀"一些有少量附带债务的公司。

盈利预测趋势：盈利预测变化百分比（4 周）

设定盈利预测变化百分比（4 周）最低 5%（EPS Estimate Revisions）。

Zacks 等公司的研究发现，分析师盈利预期的变化会影响股价。股价往往会在上调盈利预期后上升，反之亦然。此外，一旦盈利预期有所变动，它们往往会朝着同一方向进一步变动。因此，最近盈利预期转为正值的股票比那些没有变化的股票有更好的升值潜力。Zacks 的"盈利预测变化百分比（4 周）"⊖参数是用来追踪当前年度的一致盈利预期在过去 4 周的百分比变化的。

强劲的价格走势：相对价格

设定相对价格最低 1.5（Price & Price Changes）。

与我们熟悉的"低买高卖"原则相反，那些已经跑赢大盘的股票比起其他股票可能会继续表现较好。相反，表现不佳的股票则可能会继续让股东失望。

Zacks 的相对价格变动参数将今年以来每只股票的价格变动与标普 500 指数进行比较，相对价格为 1 意味着一只股票的表现与标普 500 指数持平，

⊖ 原文为"% Change F1 Estimate（4 weeks）"。——译者注

而相对价格为 2 则意味着该股票的涨幅是标普 500 指数的两倍。我的最低标准是 1.5。这意味着通过的股票必须比指数涨幅高出 50%。由于相对价格关注的是今年以来的价格走势，相同的股价在 1 月和 12 月的相对涨幅是不一样的。

Portfolio123：陷于困境的价值股的发现者

通过 Portfolio123 筛选器的独特功能，可以寻找那些过去销售增长和盈利良好，但最近业绩表现不佳的公司。

尽管注册是免费的，但只有 Portfolio123 的会员才能使用筛选器。在注册之后（选择免费会员选项），点击 "Screener"（筛选器），然后点击 "New"（新）设置一个新的筛选器。下面是关于如何使用筛选器的简要介绍。

Portfolio123 把它的每个筛选器称为 "rule"（规则）。例如，如果你想把你的交易限制为每股 10 美元以上的股票，你可以建立你的第一条规则，如下所示：

$$price（价格）> 10 美元$$

如果你对代数术语陌生，">" 的意思是 "大于"，"≥" 表示 "大于或等于"，而 "≤" 表示 "小于或等于"。最后，"×" 表示 "相乘"。

因此，如果你想把你的候选股限制在市值不超过 9 亿美元的股票中，你的规则应该是这样的：

$$Mktcap（市值）< 9 亿美元$$

Portfolio123 在页面底部的规则参考部分列出了它的筛选参数。选股因子，即查看所有可用的个股筛选标准。点击类别名称，如 "Price & Volume"，可以查看这一类别中的可用参数。然后点击特定的因子，如 "Beta"，可以查看 Portfolio123 对该因子的定义。例如，"MktCap" 的定

义是"市值（百万美元）"。双击因子名称，可以将其插入筛选规则。图 3-1
显示了陷于困境的价值股的筛选规则。

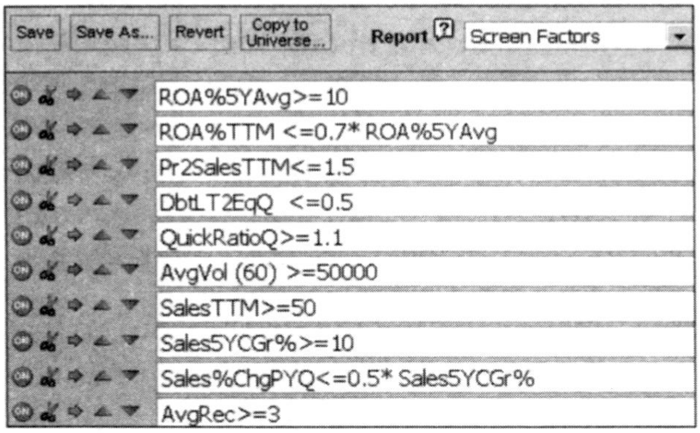

图 3-1 Portfolio123 对陷于困境的价值股的筛选规则

在设置完一个或多个规则之后，点击"Totals"（总计）看看有多少股票
符合筛选要求。

下面的部分描述了寻找处于困境的价值股的筛选设置细节。

强劲的长期盈利能力：5 年平均 ROA

$$ROA\%5YAvg \geqslant 10$$

ROA（净利润除以总资产）是一个盈利能力指标。ROA 越高，公司的
盈利能力越强。所有股票的平均 ROA 为 7 ～ 8。要求 5 年平均 ROA 最小
为 10，可以将候选股限定为长期盈利能力高于平均水平的股票。如果你想
选出盈利能力较强的公司，试着将 ROA 的最低标准提高到 15。

被低估的当前盈利能力：ROA

$$ROA\%TTM \leqslant 0.7 \times ROA\% 5 YAvg$$

这一关系表明,与历史平均水平相比,当前 ROA 处于低迷状态的公司,正是理想的价值投资候选股。

具体来讲,它要求当前(过去 12 个月)的 ROA 必须低于过去 5 年平均 ROA 的 70%。如果你想将股票范围限定在近期盈利能力仅为长期平均水平一半的公司,不妨将 0.7 降至 0.5。

定价:P/S

$$Pr\ 2\ Sales\ TTM \leqslant 1.5$$

P/S 是一个与 P/E 类似的估值比率,只是它将当前股价与过去 12 个月的每股销售收入(而非每股收益)进行了比较。低于 1.5 的 P/S 通常表示股票为价值股,而较高的 P/S 则表示股票为成长股。将通过筛选的股票最高 P/S 设定为 1.5。如果你想把投资范围限制在深度价值股,你可以试着把最高 P/S 设定为 1.0。

拒绝高负债:产权比率

$$DbtLT2EqQ \leqslant 0.5$$

DbtLT2EqQ 比率比较的是长期债务与股东权益(账面价值)。比率为零表示没有债务,比率越高,债务越高。大多数价值候选股都是已经积累了一些债务的老牌公司。将产权比率上限设定为 0.5 可以规避那些负债累累的公司。

充足的现金:速动比率

$$QuickRatioQ \geqslant 1.1$$

速动比率是现金和应收账款总额与流动负债之比。当现金和应收账款等于流动负债时,这一比率为 1.0。如果现金加上应收账款是流动负债的 2 倍,比率将是 2.0。要求最低 1.1 的比率，可以排除面临短期现金流紧张的公司。如果你只想筛选出现金充裕的公司，那就试着把最低标准提高到 2.0。

交易活跃度：上一季度日均成交量

$$AvgVoL（60）\geqslant 50\ 000$$

日均成交量反映了每日交易的股票数量。这一标准将该投资范围限定在过去 60 日里日均成交量在 50 000 股以上的股票。日均成交量必须达到 50 000 股的标准，排除了成交量较小的股票，这些股票容易受到价格操纵和其他问题的影响。

实际销售：12 个月的收入

$$Sales\ TTM \geqslant 50（百万美元）$$

大多数上市公司的年销售收入都超过 1 亿美元。这一标准要求候选股在过去的 12 个月里销售收入至少达到 5 000 万美元，这就排除了那些没有实际销售收入的公司。

长期增长：5 年营收增长

$$Sales5YCGr\% \geqslant 10$$

公司的成长离不开销售的增长。这一标准要求候选股在过去 5 年中必须实现 10% 以上的年均销售增速。这个要求和下一个筛选条件保证了选出来的公司即使目前处于低迷状态，但都有着强劲的销售增长历史。

销售增长缓慢：季度同比收入增长

$$Sales\%ChgPYQ \leqslant 0.5 \times Sales5YCGr\%$$

将股票限定为最近一个季度的销售同比增长低于 5 年平均增长的 50%。这一要求表明，公司的近期销售增长低于长期趋势，但这是有潜力价值候选股的重要标志。

失宠：分析师买入 / 卖出的平均评级

$$AvgRec \geqslant 3$$

路透社等服务机构将每只股票的分析师评级汇总为 5 类，并将括号内的数值，即强烈推荐买入（1）、买入（2）、持有（3）、卖出（4）和强烈推荐卖出（5），赋予每只股票。

最具价值的候选股往往不受包括分析师在内的大多数市场参与者的青睐。这一标准要求分析师的一致评级必须为持有（3）或更糟。如果你想把投资范围限定在最不受欢迎的股票上，就把最低评级值改为 3.5。

Portfolio123：成长股筛选器

你可以通过 Portfolio123 筛选器来寻找已经跑赢大盘的盈利增长强劲的股票。但不要长期买入并持有这类候选股，这些股票只适合在市场表现强劲的时候投资。

不要太小：市值

$$MktCap \geqslant 4（亿美元）$$

在条件相同的情况下，规模较小的公司比规模较大的公司风险更大。市值，也就是你要花多少钱才能买到一家公司的所有股票，是衡量规模的最好方法。一些风险厌恶型投资者要求市值不低于 10 亿～ 20 亿美元。不过，在 5 亿～ 10 亿美元的区间内，仍有许多有望实现增长的公司。这一标准排除了市值低于 4 亿美元的股票。如果你想降低风险，可以把最低标准提高到 10 亿美元。

低负债：产权比率

$$DbtTot2EqQ \leqslant 0.1$$

最好的成长型公司没有或仅有少量负债，而且现金流充裕。产权比率是短期和长期债务总额与股东权益（账面价值）之比。0 表示没有债务，比率越高，债务越多。通常，产权比率高于 0.5 的公司被视为负债率高。这一标准将投资范围限定为产权比率最高 0.1 的公司。如果你想选出更多的股票，就把你的产权比率提高到 0.2。

现金流状况：速动比率

$$QuickRatioQ \geqslant 2$$

速动比率是流动资产（现金加上应收账款）与流动负债之比。速动比率为 1 表示流动现金等于流动负债。这一标准要求速动比率至少为 2，这意味着现金加上应收账款必须是流动负债的 2 倍或以上。

盈利能力：5 年平均 ROA

$$ROA\%5YAvg \geqslant 10$$

无论你是在寻找成长股还是价值股，你总是会选择盈利能力最强的公司。ROA 是净利润与总资产之比。ROA 越高，公司的盈利能力就越强。这一标准要求 ROA 至少高于 10%，这排除了盈利能力低的股票。我之所以用 5 年平均 ROA，是因为最近的经济衰退甚至令通常盈利的公司都陷入了困境。

推荐：分析师买入 / 卖出评级

$$AvgRec \leqslant 2$$

路透社等服务机构将每只股票的分析师评级分为 5 类，并将括号中所示的数值赋给每一只股票：强烈推荐买入（1）、买入（2）、持有（3）、卖出（4）和强烈推荐卖出（5）。

最具成长性的股票受到大多数市场参与者的青睐，而分析师的买入/卖出评级是衡量股票受欢迎程度的最佳指标。这一标准要求通过筛选的股票必须被大多数分析师评为买入（2）或更好。

良好的增长前景：预计长期增长

$$LTGrthRtMean \geqslant 15$$

只要有足够的时间，股价或多或少都会跟随盈利增长。因此，在其他条件相同的情况下，收益增长最强劲的股票通常表现最好。许多分析师预测他们所研究股票的长期（5年）年均收益增长。这一标准要求分析师必须预测通过筛选的股票的年均长期收益增长至少15%。如果你想把你的投资范围限定在最热门的候选股中，可以考虑将最低标准提高到20%。

不太便宜：最近的价格

$$price \geqslant 15$$

低价换手股票通常是因为大多数市场参与者认为其未来会出现问题。不管他们是否正确，便宜的股票比贵的股票风险更大。

出于这个原因，许多成长型股票基金经理规避那些股价跌破15美元的股票。这一筛选要求通过的股票必须符合最低价格标准。

强劲的长期价格走势

$$price \geqslant 1.20 \times SMA（200）$$

真正的成长股股价应该不断攀升。你可以通过比较股票现价和它的移动平均价来判断该股票是处于上涨还是下跌趋势（特定交易日的平均收盘价）。高于移动均线的股票处于上升趋势，低于移动均线的股票处于下降趋势。一只股票高于或低于其移动均线的距离反映了趋势强度。

200 日移动均线对衡量长期趋势很有效。这一标准要求通过筛选的股票的价格必须比它的 200 日移动均线高出至少 20%，表示该股票处于强劲的上升趋势。如果你想选出更多的股票，试着把这个要求降低到 15%，但不要低于这个数字。

强劲的中期价格走势

$$price \geqslant 1.05 \times SMA（50）$$

200 日移动均线的测试确保了通过的股票处于长期上涨趋势。本次测试使用 50 日移动均线来选出中期上涨趋势的股票。

由于 50 日移动均线跟踪股价比 200 日移动均线更近，因此本测试只要求股票交易价比 50 日平均线高出 5%。就趋势强度来说，这相当于较 200 日均线高出 20%。如果你想选出更多的股票，试着把这个标准降低到 1%。

Zacks 的"防弹股"

不管你投资的公司是否真的申请破产，仅仅是谣言就足以把股价推到谷底。本次筛选使用 Zacks 股票筛选器来查找近期不太可能申请破产的股票。

除非它们申请破产是为了避免重大诉讼，否则公司破产只有一个原因：它们已经没有现金了。筛选的目标是，通过制定一套使现金流紧张的公司不可能达到的标准，来规避那些濒临破产的候选股。我把幸存者称为"防弹股"。以下是"防弹股"的一些特征：

- 最高 0.1 产权比率。

- 最小速动比率为 2。

- 经营现金为正。

- 净利润为正。

- 目前的股价至少为每股 5 美元。

- 年销售收入至少为 5000 万美元。

产权比率和速动比率将投资范围限定在现金充裕，且实际上没有债务的公司，至少在它们最后一个会计报告期间结束时是这样的。

从理论上讲，经营现金流为正的要求排除了那些烧钱的公司。但这并不是万无一失的。坚持净利润为正，有助于确保该公司实际上是盈利的。

当大多数市场参与者看到严重的基本面问题时，股票的交易价格通常会低于每股 5 美元。将投资范围限定在交易价格高于这一水平的股票有助于确保公司的基本面看起来还没有严重恶化，从它披露的债务、现金和现金流等可以看出这一点。

5000 万美元的年销售收入要求排除了那些纸面上看起来很好，但在现实中没有实质性业务的公司。

你可以通过点击 Zacks 主页（www.zacks.com）上的"Selecting"（选择）找到股票筛选器。为了帮助你找到这些筛选参数，在下面的部分中，我在括号中列出了相应的类别名称。

产权比率

产权比率 ≤ 0.1（Liquidity & Coverage[⊖]）

⊖　即流动性和覆盖率，为 Zacks 主页上对应英文选项卡，以下不再翻译以便于读者在网站上易于找到对应筛选参数。——译者注

产权比率是用来比较长期债务与股东权益（账面价值）的。0反映公司没有长期债务，比值越大，债务越高。将允许的产权比率最大值设定为0.1，而不是0，可以让长期租赁等有附带债务的公司通过测试。

速动比率

速动比率 ≥ 2.0（Liquidity & Coverage）

速动比率比较的是现金加上应收账款总额相对流动负债的大小。规定最低2.0的速动比率意味着现金加上应收账款必须至少是流动负债的2倍。

经营现金流

现金流量（百万美元）≥ 0.001（Income Statement & Growth）

经营现金流是流入或流出公司银行账户的实际现金。与受无数会计政策影响的业绩报告不同，现金流很难作假。我们只需要现金流入，而不是流出。我们不关心具体数字的大小。

净利润

净利润（百万美元）≥ 0.001（Income Statement & Growth）

理论上，正向的经营现金流要求足以确保通过筛选的股票从现金流的角度上看是盈利的。但你不能低估有动机的会计师的"创造力"。检查净利润是否为正值有助于确保公司盈利。

当前股价

当前股价 ≥ 5（Price & Price Changes）

股票便宜通常是有充分的原因的。根据最新的季度报告，这种筛查有助于排除那些看起来不错，但事实上面临着严重问题的股票。

年销售收入

年销售收入（百万美元）≥ 50（Income Statement & Growth）

Zacks 的年销售收入参数实际上汇总了过去 4 个季度的销售数据。要求公司在过去 12 个月里达到 5000 万美元的销售收入，就会过滤掉那些没有真实业绩的公司。

本次应该能至少筛选出 300 只"防弹股"，但 Zacks 并没有提供直接打印列表的方法。因此，可以使用"export"函数将结果下载到 Excel 电子表格中。

筛选技巧

要想精通筛选之道，你需要一些练习。当你开始进行第一次筛选时，你可能会发现没有任何结果，因为你指定了太多的参数，同时（或者）要求太高了。当这种情况发生时，我们很难找出是哪些搜索参数的设定出了问题。

采用另一种方法会方便得多。那就是在开始时只设定几个参数且要求相对宽松，以便选出较多股票。然后，一个接一个地添加参数并提高要求，直到筛选出适量的候选股，以便进一步研究，如 15 ～ 30 只股票。

在初步研究完成后，你可能会对第一组候选股中的许多股票感到不满意。如果是这样，就修改筛选中设定的参数，将那些不合格的股票淘汰。重复这个过程，直到筛选出数目适中的合格股票。

预先设定的筛选

一些网站提供了现成的或预设的筛选模式。预设筛选的优点是你不需要设计你的筛选参数。你所要做的就是点击并查看结果。预设筛选的缺点是你对筛选策略的质量没有多少信心。

　　然而，也有一个特例。美国个人投资者协会（AAII）网站（www.aaii.com）提供了各种各样的筛选模式并跟踪股票的实时表现。AAII 是一个非营利性组织，主要提供股票和共同基金投资教育。你必须是会员才能访问筛选模式。会员年费是 49 美元，包括每月的投资月刊，这份杂志本身就值这个价钱。这份杂志不吹捧股票。它的内容具有教育性，讲述了知名基金经理遵循的股票和共同基金选择策略。

　　当我访问该网站时，AAII 的网站上有 50 个左右的筛选模式，基于价值股、成长股、成长价值股、小盘股及基于本杰明·格拉·哈姆、约翰·内夫、大卫·德雷曼、杰拉尔丁·韦斯、沃伦·巴菲特等选股策略。AAII 的一个基于约瑟夫·彼得罗夫斯基价值股策略的筛选模式，对我在第 10 章详细描述的财务健康测试启发甚大。

　　AAll 每月会重新运行一下这些筛选模式，所以你可以看到上个月末每种筛选模式选出的排在最前面的股票。AAII 同时还会更新每个筛选模式的表现数据，并每年对所有筛选模式的表现进行一次比较。

总结

　　筛选是挑选候选股的最佳方式。但设计适合你的筛选模式是一个反复试验的过程。然而，就像生活中的许多事情一样，你做得越多，你的结果就越好。

　　无论是基于你的想法还是专家的想法，都要将所有的筛选结果作为有待研究的候选股，而不是将其视为要买进的股票的名单。

第二部分

FIRE YOUR STOCK ANALYST!: ANALYZING STOCKS ON YOUR OWN

分 析 工 具

第 4 章

分析工具一：分析师数据解析

受市场风向驱动，而不是基本面的影响，明天或者下周，你的股票的价格将上下波动。但从长期来看，交易价格通常反映市场对股票收益增长的预期。在其他条件相同的情况下，当收益预期上升时，你赚钱；当收益预期下降时，你亏钱。

谁来设定这些期望呢？股票分析师。

当然，分析师因为给出糟糕的建议而一次又一次地受到抨击。1999 ~ 2000 年，市场处于泡沫时期，他们让我们购买价格高得离谱的科技股。2001 年，在能源交易商安然倒闭前不久，他们敦促我们买进该公司。2007 ~ 2008 年，分析师建议我们买入房利美、美国国际集团（AIG）以及诸多银行股，即使是在信贷市场即将崩溃的时候。

尽管如此，分析师的买入 / 卖出评级和盈利预测仍然影响着大多数投资者对一只股票的预期。

虽然你不太可能仅仅根据分析师的买入 / 卖出评级赚钱，但这些评级中包含了大量信息，而且收益预测可以帮助你做出更好的投资决策，你只需要知道你想要获得什么信息。

本章后面描述的情绪指数可以帮助你确定，你一直关注的股票更像是成长型股票，还是价值型股票。快速浏览一下收益增长预测和最近的收益情况，你会找到很多关于股票价格上涨前景的信息。最后，你可以使用被大多数投资者忽视的收入预测，来衡量一家公司的实际增长前景。

谁是分析师

股票分析师分为两类：买方和卖方。投资银行，包括大多数提供全方位服务的经纪公司，都会雇用卖方分析师撰写它们想投资的个股的研究报告并发布买入/卖出评级和盈利预测。为什么他们被称为卖方分析师？最初，券商的大部分收入来自股票销售佣金，分析师的报告和评级变化鼓励券商的客户进行更多交易，因此出现了卖方分析师一词。如今，投资银行业务在全方位的经纪业务服务收入中占据了绝大份额，但卖方分析师这一名称却被沿用至今。

券商雇用了许多分析师。通常每个人负责某个特定行业，如半导体设备或餐饮等。分析师的研究报告是关于整个行业和行业内特定公司的。分析师发布销售和盈利预测，买入、持有和卖出推荐，并为他们跟踪的公司设定目标价格。每当这些公司发布季度业绩报告、改变指导（预测）或宣布其他重大新闻时，分析师会更新他们对这些公司的评级和预测。

卖方分析师的评级和报告被广泛传播。包括汤森路透社和 Zacks 在内的第三方机构将分析师的意见制成表格，并以分析师对每只跟踪股票的一致评级和预测的形式发布。

共同基金、养老金计划等大型机构投资者会阅读卖方分析师的报告，但许多机构也会聘请自己的分析师。这些买方分析师自己做研究，对公司的前景有自己的看法。但大众从来没有见过买方分析师的研究报告。

此外，许多股票经纪人向客户提供由一两家投行发布的卖方分析师研究报告，如果这些报告对你跟踪股票是有用的，那么就值得一读。

分析师通常会发布一份深入报告，来描述他们刚开始研究的一家公司的商业模式、行业和竞争状况。之后，他们通常会在业绩报告、电话会议或其他重大新闻发布后撰写短篇的更新报告。深度报告和短篇报告都包括分析师的买入／卖出建议（评级），当前和下一季度、当前和下一年度的盈利和销售预测。有时，当改变评级或盈利预测时，分析师也会发布短篇更新报告。

分析师的评级

分析师发布报告的目的是建议客户买进或卖出股票。但事情没有那么简单，许多券商使用不同的术语来表达相同的观点。

例如，如果高盛（Goldman Sachs）认为某只股票将在短期内上涨，它就会将该股票列入其推荐名单。但是美林证券可能将其评级定为"短线买进"，JMP Partners 会说"强劲买入"，FBR（Friedman Billings Ramsey）则将其定为能"跑赢大盘"。要想确定一个具体的评级定义，唯一的方法是参照报告末尾的券商的评级解释。

当你翻阅路透社或 Zacks 编制的评级时，这些术语不是问题。当它们把评级分成 5 类时，它们就会得出所有这些结论：强烈推荐买入、买入、持有、卖出和强烈推荐卖出。

当你查看评级报告时，只有强烈推荐买入评级才意味着分析师建议你买入该股票。如果不是该评级，意味着分析师对该股的前景并不乐观，也不会将其纳入自己的投资组合。

"卖出"是个禁词

卖方分析师像你我一样是真实存在的人，只不过他们恰好有一份收入很高的工作而已。你不能因为他们想保住自己的工作而责怪他们。他们雇主（主要是投资银行）的大部分利润来自帮助客户公司发行股票、收购、融资等业务。收入大概有多少呢？比如说，一家投资银行通过承销一家公司的首次公开发行（IPO），使这家公司上市。当然，承销费是可以协商的，就假定是 7% 吧。因此，如果公司以每股 15 美元的发行价发行 1000 万股股票，投资银行的收入就相当于 1.5 亿美元的 7%，即 1050 万美元。当一家公司收购另一家公司时，两家公司都会聘请投资银行为其交易提供咨询服务，由此产生的费用可能高达数千万美元。

在如此诱人的利益驱动下，投资银行想签下这些报酬丰厚的合同会面临非常激烈的竞争。通常，客户（一家即将上市的新公司）会挑选它认为做得最好的投资银行，这样它能以最高的价格卖出最多的股票。同样重要的是，它能在 IPO 之后保持股价上涨。这一点很重要，因为公司高管拥有大量股票，他们最终会想要卖出这些股票。这就是分析师受到牵连的原因。一位备受尊敬的分析师的强烈推荐买入建议会对该股票的交易价格产生重大影响。

从投资银行的角度来看，大多数上市公司都是潜在客户。这些公司的高管有足够的动机来保持股价上涨。他们可能有着与股价挂钩的奖金计划，如拥有股票期权，或者直接持股。

你可以理解，当分析师的卖出评级打压股价时，他们为何会把这当成针对自己的行为。但他们不只是生气，他们甚至可以将投行业务交给另一家公司来做。分析师清楚地知道这一点。大多数分析师明白，建议卖出 1 只股票没有任何好处。相反，他们说持有、中性，或和市场表现相当。专业人士知道这意味着卖出。

有时，分析师确实想建议卖出，但投资银行不允许分析师给出卖出评级。因此，决定股票评级是持有还是卖出的是分析师雇主的政策，而不是他对股票前景的看法。底线就是应将持有、卖出和强烈推荐卖出评级都理解为建议卖出。

标普分析师是"持有即卖出"规则的例外。标普确实发布了卖出评级，而持有建议的确切含义是：如果你持有它，就不要卖出，但也不要买入。

一致评级

如前所述，路透社和 Zacks 将分析师的买入／卖出评级汇编成每只股票的一致分类数字。他们首先将每个人的评级划分为 5 个类别之一：强烈推荐买入（1）、买入（2）、持有（3）、卖出（4）或强烈推荐卖出（5）。每个类别都有括号内所对应的数值。

编纂人员将每个分析师的评级制成表格并取平均值。例如，如果 3 名分析师都对 1 只股票给出了强烈推荐买入评级，那么该股的总体评级为 3，平均评级（总评级除以评级数量）为 1。这是有道理的，但是你需要注意如何解释这些数字。

例如，对 1 只强烈推荐买入（1）和 1 只持有（3）的股票的普遍评级将是 2，等同于买入，尽管 2 名分析师实际上都没有将该股评级为买入。另一个例子是，如果 2 名分析师认为某只股票的评级应为强烈推荐买入，而另 2 名分析师强烈推荐卖出，则一致评级会是持有。尽管没有 1 名分析师给出这样的建议，但市场的共识评级仍将保持不变。表 4-1 显示了这些评级如何显示在雅虎的分析师评估报告中。

尽管有这些缺点，但以这种方式编制的一致评级，可以让你对以前的评级和当前的评级进行比较，从而了解评级趋势的变化。例如，如果上个月的评级是 2.2（买入），而本月的评级是 1.8，你会发现分析师对这只股票是越来越看好了。

表 4-1　分析师对该股的一致评级为 2.0，相当于买入，尽管跟踪该股的 6 位分析师均未给出买入评级

	当月
强烈推荐买入	3
买入	0
持有	3
卖出	0
强烈推荐卖出	0
一致评级	2.0

以下是我关于一致评级数字的经验法则：

1.0 ～ 1.5：强烈推荐买入。

1.6 ～ 2.4：买入。

2.5 ～ 3.5：持有。

3.6 ～ 5.0：卖出。

强烈推荐买入评级的股票一定比卖出评级的股票表现更好吗

因为分析师整天都在分析股票（至少在理论上），那么在股票市场上赚钱应该和买入评级为强烈推荐买入的股票一样容易。然而，几乎没有证据能支持这一假设，对这一课题的研究尚无定论。一些研究表明，持有评级的股票表现强于强烈推荐买入评级的股票，但其他研究得出了相反的结论。事实上，没有确凿的证据表明强烈推荐买入评级股票的表现强于强烈推荐卖出评级的股票。或许这是因为分析师发出的买入指令远多于卖出指令，而且分析师可能会给出一些非常愚蠢的建议。

你觉得这有点夸张吗？以美国住房抵押贷款公司（American Home Mortgage，AHM）为例，该公司于 2007 年 8 月 6 日申请破产，让它的股东损失惨重。

与 2007 年同期相比，截至 2008 年 1 月 26 日，AHM 的股价跌幅巨大。当时该公司的股价为 34 美元，至少有 5 名股票分析师建议购买房地产投资信托基金（REITs）。

就在前一天，AHM 公布的 12 月当季收益比预期高出 0.03 美元，2007年全年每股收益预估为 5.40 ~ 5.70 美元，远高于分析师此前估计的 4.85美元。

因此，1 月 26 日，德意志银行（Deutsch Bank）将其评级从持有上调至买入，并将目标价上调 2 美元，至每股 34.50 美元。加拿大皇家银行（RBC Capital）重申其增持（买入）评级，并将目标价上调至每股 40 美元。

这一切都是在居民房地产市场即将崩溃的背景下发生的。2007 年 1 月25 日，也就是 AHM 发布其乐观的 12 月份季度报告的同一天，有消息称2006 年二手房销售同比下降 8%，为 1989 年以来的最大年度跌幅。

由于 AHM 的业务是以单户住宅为抵押的抵押贷款，你可能会认为居民房地产市场的健康状况与此有关。

AHM 专门从事一种叫作 Alt-A 的特殊类型的抵押贷款。与向信用不良的借款人发放的次级贷款不同，Alt-A 贷款被认为是向信用良好的借款人发放的贷款。但问题是 Alt-A 借款人不需要记录他们的收入、房屋价值及首付资金来源等。作为 Alt-A 的借款人，你可以说你每个月收入 5 万美元，来作为你申请贷款的条件，却不用出示任何支票存根或纳税申报单来证明这一点。

然而，1 月 31 日，Ryan Beck 将 AHM 的评级从市场表现上调为强于大盘。AHM 当天收盘价为每股 35 美元。

　　值得肯定的是，美国银行（Bank of America）的分析师在 2 月 16 日发布了负面评级展望，并建议出售包括 AHM 在内的多数抵押贷款机构的股票。美国银行的评级简直就是晴空炸雷。

　　仅仅在 5 天后，也就是 2 月 21 日，FBR 对次级抵押贷款机构 NovaStar Financial 令人失望的 12 月份季度业绩进行了点评，并预计 2011 年之前公司的营业收入将很少或根本没有，但重申了它对 AHM 将超越大盘的评级。FBR 表示，AHM 与 NovaStar 的情况不同。尽管有 FBR 的支持，AHM 股价仍下跌了 1.80 美元，至每股 30.80 美元。

　　AHM 的股价继续下滑，并在 2007 年 3 月 5 日之前一直在 25 美元左右波动，当时 AHM 宣布季度股息为每股 1.12 美元。加拿大皇家银行第二天重申了其强于大盘的评级。

　　几天后，3 月 14 日，雷曼兄弟指出，在评估了 AHM 资产负债表后，它认为 AHM 比其他抵押贷款机构更有可能“度过这个充满挑战的环境”。

　　4 月 5 日，当 AHM 的股票还在以每股 25 美元左右的价格易手时，贝尔斯登（Bear stearns），这个故事中为数不多的“英雄”之一，把它的评级从平均表现下调到表现不佳。换句话说：贝尔斯登将 AHM 从持有下调为卖出。

　　仅仅 4 天后，也就是 4 月 9 日，AHM 就以市场状况变化为由，将 3 月份的季度业绩下调了 55%，全年预期收益下调了 25%，并表示下期股利将下降 38%。

　　听到这一消息，德意志银行、FBR 和雷曼兄弟将其评级下调至“持有”“同市场表现相当”和“等权重”，这 3 个词都被翻译成持有。当然，持有的意思是卖出。花旗集团（Citigroup）实际上已将其评级下调至卖出。

　　花旗集团将其目标价下调至每股 19 美元，德意志银行下调至每股 24.50 美元，雷曼兄弟下调至每股 20 美元。

　　令人难以置信的是，2007 年 4 月 11 日，AHM 股价在每股 22 美元左右，AG Edwards 援引 AHM 的安全股息，将其评级从持有上调至买入。

4 月 30 日，随着股价回升至每股 25 美元左右，AHM 宣布 3 月当季 EPS 为 0.54 美元，低于去年同期的 1.02 美元，但高于分析师预期的 0.46 美元。

5 月 1 日，AHM 以每股 23.75 美元的价格公开发行了 400 万股新股。4 月 5 日，花旗集团将 AHM 的目标价定为每股 19 美元。同一天，AG Edwards 以（预期）估值下跌为由，将 AHM 的评级下调至持有。AHM 收于每股 23.15 美元。

6 月 28 日，AHM 表示正在为逾期贷款回购建立额外准备金，可能在 6 月当季出现亏损，并撤回了对 2007 年的业绩指引（预测），AHM 收于每股 20.91 美元。

第二天，6 月 29 日，FBR 承认误判，将 AHM 评级下调至表现不佳，并将其目标价下调至每股 15 美元。标普相信股息是有保障的，虽然它下调对 AHM 的盈利预期，但仍维持其买入评级。AHM 当天收于每股 18.38 美元。

7 月 18 日，当 AHM 以每股 13 美元左右的价格易手时，雷曼兄弟注意到 AHM 可能再次削减股息，重申了其持有评级。

7 月 20 日，加拿大皇家银行仍将 AHM 评级为强于大盘，预计该抵押贷款机构将产生足够的收入，用来支付每股 0.60 美元的季度股息。加拿大皇家银行却将目标价从每股 25 美元下调至每股 20 美元，当日 AHM 收于每股 12.80 美元。

7 月 30 日，AHM 因信贷市场出现前所未有的坏账，决定推迟下期股息支付。JMP 证券、雷曼兄弟和标普将 AHM 的评级下调至卖出，加拿大皇家银行将 AHM 评级从强于大盘下调至行业平均表现。AHM 收于每股 10.47 美元。

7 月 31 日，AHM 承认其手上没有现金了，无力按期还债，也无法融资。AHM 聘请顾问帮助其评估可行的选择方案，其中包括对资产的清算，当日其股价收于每股 1.04 美元。

8 月 1 日，加拿大皇家银行重申了其行业平均表现的评级。

8 月 2 日，AHM 解雇了大部分员工。8 月 3 日，该公司停止接受抵押贷款申请。8 月 6 日，AHM 确认已申请破产保护。

这个故事的寓意是你得靠自己，不能指望分析师帮你做出买卖决策，但也不能完全不顾其意见。你仍然可以从分析师的评级和预测中获得一些重要的信息。

分析师数量

每个跟踪股票的分析师都在为不同的券商或投资银行工作。一家券商可能雇用数千名股票经纪人，而这些经纪人中的每一位可能都拥有几十名（如果不是数百名的话）个人客户。此外，分析师的研究报告还会发给共同基金和其他大买家。因此，每位分析师的报告可能会发送给数万名投资者。仅仅是发布一份分析报告，就会让投资者注意到目标公司的股票，而不管分析师是建议买入还是卖出。

关注一只股票的分析师有多少呢？最知名的大盘股有 20～30 名分析师在跟踪。例如，2009 年初，苹果和谷歌都有 30 名分析师，有 24 名跟踪思科，23 名为微软股票的买入 / 卖出提出意见。

市场感兴趣的小盘股一般有 8～17 名分析师跟踪。例如，据我了解到，闪迪公司（SanDisk）有 16 名分析师在跟踪。那些还没有引起太多关注的公司可能只有 1～3 名分析师关注。

跟踪一只股票的分析师人数是有用的信息，但如何加以解读则取决于你的投资策略。例如，价值型投资者希望成长型投资者放弃股票，认为它们"已死",而成长型投资者占了市场的大部分。在其他条件相同的情况下，分析师会选择行动发生的时点，当 1 只股票进入低谷时，研究该股的分析师数量通常会降低。因此，缺乏分析师报道的股票可能是潜在的价值候选股。

然而，有时分析师持续对一只处境艰难的股票进行评级并不是因为投资者对该股感兴趣。投资银行认为这些身处困境的公司可能不得不通过出售子公司、发行债券和向银行贷款等方式筹集资金，这样就会有大量的咨询费流入它们的腰包，因而其在那些公司最糟糕的日子里持续提供评级。

正因为如此，2009 年 3 月，五三银行（Fifth Third Bancorp）和拉斯维加斯金沙集团（Las Vegas Sands）这样穷困潦倒的公司仍分别有 19 名和 17 名分析师在对其评级。但如果对这些评级细加分析，仍可识别出哪些是失宠于市场的股票。拿拉斯维加斯金沙集团来说，以下是 17 名分析师给出的评级：

强烈推荐买入：1。

买入：1。

持有：11。

卖出：3。

强烈推荐卖出：1。

多数分析师建议卖出该股（持有和卖出），只有 1 名将其列为强烈推荐买入。因此，尽管有 17 名分析师对其进行了评级，但他们对该股却没有多少热情。

情绪指数

分析师的评级对于你了解市场预测大有帮助。比如，如果 17 名分析师中有 16 名而不是仅有 1 名将拉斯维加斯金沙集团列为强烈推荐买入，你可能会对信息做另一番解释了。

　　至少从分析师的角度来看，情绪指数是用来衡量市场对个股的热情和兴奋度的指标。它的前提假设是只有强烈推荐买入才反映分析师对该股票的热情。买入意味着不感兴趣，持有、卖出和强烈推荐卖出都代表着卖出。计算情绪指数的方法是对强烈推荐买入评级加分，对持有和卖出评级减分，并忽略买入。

情绪指数计算

　　▶ 强烈推荐买入：将强烈推荐买入评级的数量加总。

　　▶ 买入：忽略。

　　▶ 持有、卖出和强烈推荐卖出：这类评级 1 个都减去 1 分。

　　例如，如果分析师对 1 只股票的评级是 3 个强烈推荐买入而没有其他评级，得分就是 3。如果是 3 个强烈推荐买入和 3 个买入，得分仍是 3，因为买入不加分。3 个持有的分数为 −3。如果一只股票有 3 个评级为持有，1 个为强烈推荐卖出，则得分为 −4。

　　如果得分为负，就意味着分析师对该股没有丝毫兴趣。得分在 8 或以上意味着分析师对该股兴趣浓厚。

　　举个例子来看该指数是如何实际发挥作用的。瑞士越洋钻探公司（Transocean）是最大的深水石油和天然气勘探服务供应商。2007 年 6 月，原油价格拉升但还未到盈亏平衡点。瑞士越洋钻探公司的股价在每股 105 美元附近。当时有 33 名分析师在跟踪这只股票，其市场知名度非常高。

　　但是，至少从分析师的角度来看，市场对这只股票的热情并不高。15 个强烈推荐买入和 10 个持有或卖出评级，使得瑞士越洋钻探公司的得分仅为 5。正如你接下来将看到的，这个水平已接近成长型股票的最佳得分。

　　然而，2007 年 12 月，原油价格开始攀升，瑞士越洋钻探公司在每股

130～150 美元交易。当时，该公司的信心指数为 11，确实反映出投资者对瑞士越洋钻探公司的强烈热情。该公司的股价在 2007 年 12 月达到高点每股 140 美元，然后在 2008 年 2 月回落至每股 125 美元。此时，它的情绪指数已回落至 5。

之后，原油价格先是飙升，然后暴跌。当时，对于瑞士越洋钻探公司来说，基本面并不重要。它的股价只是跟随原油价格上下波动。

下面介绍应用情绪指数的方法。

- ▶ **价值股**：得分为负的股票显然处于冷宫，但却是你最好的选择。得分在 0～2 反映市场对它热情不高，但也可能成为候选价值股。
- ▶ **成长股**：得分显著低于 0（如 -4）反映强烈的负面情绪，这对成长股来说不是好事。情绪指数为 8 或更高反映高风险，但这并不意味着股价不会涨得更高。

得分在 -2 和 7 之间是可以接受的，但我发现得分较低的成长股（比如 0～4）比得分较高的股票有更大的上涨潜力。

分析师预测

分析师的一致盈利预测是影响股价的最重要因素。一致盈利预测的变化往往会引发股价的大幅波动。你可以在许多金融网站上找到分析师的预测，但是雅虎和路透社的数据比其他网站的都要多，而且两者都将所有信息显示在一个页面上，使访问更加便捷。

盈利增长预测

一致盈利预测：决定一家公司的股票在财报披露日是上涨还是下跌的

盈利预测数据，通常是单个预测的简单算数平均值。

　　比如，如果有 4 名分析师发布了对一家公司的盈利预测。其中 3 名分析师预计 EPS 为 1 美元，最后 1 名分析师预计盈亏平衡，也就是没有盈利。尽管没人预测这家公司 EPS 0.75 美元，但这 4 项预测的平均值却是 0.75 美元。

　　以雅虎为例，它显示了分析师对当前和下一季度、当前和下一年度 EPS 的一致盈利预测（见表 4-2）。雅虎列出了做出预估的分析师人数、最高预测值和最低预测值，以及上年同期 EPS。例如，12 名分析师预测 2009 年第一季度的 EPS 0.28 ～ 0.31 美元。一致预测（平均）为 EPS 0.30 美元。该公司公布的 2008 年第一季度 EPS 为 0.18 美元。

　　　　在通常情况下，收益预估报告中显示的上年同期收益与利润表中的收益并不相符。分析师更喜欢报告预估收益，而不是按一般公认会计原则（GAAP）计算的收益。

表 4-2　分析师盈利和收入预测的例子

	当季： 2009 年 3 月	下一季度： 2009 年 6 月	当年： 2009 年 12 月	下一年度： 2010 年 12 月
盈利预测				
平均值（美元）	0.30	0.30	1.09	1.59
分析师数量（人）	12	12	12	11
预测最低值（美元）	0.28	0.27	1.05	1.42
预测最高值（美元）	0.31	0.38	1.15	1.90
上年同期 EPS（美元）	0.18	0.18	0.66	1.09
收入预测				
平均值（亿美元）	1.76	1.58	6.51	8.59
分析师数量（人）	2	2	11	7
预测最低值（亿美元）	1.76	1.54	5.94	7.35
预测最高值（亿美元）	1.77	1.62	7.74	14
上年同期营业收入（亿美元）	1.24	1.24	4.62	6.51
销售增速（%）	41.9	26.8	40.9	31.9

从收益预测数据中可以收集到很多信息。

预测之差

分析师预估的最高值和最低值，即 0.31 美元和 0.28 美元之间的差异，对当前季度来说是很普遍的。2009 年第二季度和 2 年的最高和最低预测数据差距更大，表明这些预估可能会随着时间的推移而趋于接近。在公告日期临近时出现大幅波动（如 5 美元或更多），预示业绩出乎意料的可能性很大。

EPS 增长

如表 4-2 所示，分析师预计，2009 年该公司 EPS 增长为 65%（1.09 相对于 0.66），下一年同比增长 46%（1.59 相对于 1.09）。

成长型投资者应将注意力集中在与上年同期相比盈利至少增长 15% 的个股上。强劲的增长预期，使其成为具有吸引力的成长候选股。

价值候选股可能会增长预期较低或没有。一致增长预期超过 5% 意味着相对较高的预期，并可能使该股票不符合价值候选股的要求。

EPS 的预测趋势

一致盈利预测的趋势甚至比预测本身更重要。

预测趋势是当前对某一特定时期的预测，如对当前年度的预测，与 1 个月、2 个月或 3 个月前的预测相比。上升的预测趋势告诉你，分析师对这家公司的前景变得越来越乐观，而且其可能会出现超预期的业绩表现。相反，负面的预测趋势意味着收益可能进一步下调，且实际收益可能低于预期。

价值候选股

最佳的价值候选股 EPS 呈持平或下降趋势。上升的预测趋势表明投资者的热情正在上升，这意味着这只股票大概不适合价值型投资者了。

成长候选股

EPS 呈持平或上升趋势的股票是潜在的成长候选股。但成长型投资者应规避 EPS 趋于下降的股票。

如表 4-3 所示，在 2 个季度和 2 个年度中，预期值都要回溯 90 日。特别要注意的是年度数据，因为季度业绩可能由于各种短期因素而波动。0.01美元的变化可忽略不计。

表 4-3　强劲增长候选股的 EPS 趋势报告　　　　　（单位：美元）

	当季： 2009 年 3 月	下一季度： 2009 年 6 月	当年： 2009 年 12 月	下一年度： 2010 年 12 月
当前	0.30	0.30	1.09	1.59
7 日前	0.30	0.28	1.07	1.44
30 日前	0.30	0.28	1.07	1.44
60 日前	0.26	0.27	0.99	1.28
90 日前	0.25	0.24	0.93	1.16

报告显示，分析师始终在不断提高他们的预期，以反映出该股票强劲的增长潜力。但大多数成长型候选股看起来不会这么好。

表 4-4 给出了一个更典型的成长型候选股。对当前年度的盈利预测在接下来的 3 个月中几乎没有变动，而对下一年的 EPS 预测也仅上升了 0.02美元。与表 4-3 相比，EPS 持平的趋势显示投资者对该股的投资热情并不高，但这并不意味着该股不能被视为成长型股票。

表 4-4　适当增长候选股的 EPS 趋势报告　　　　　（单位：美元）

	当季： 2009 年 3 月	下一季度： 2009 年 6 月	当年： 2009 年 12 月	下一年度： 2010 年 12 月
当前	0.23	0.25	1.11	1.34
7 日前	0.23	0.25	1.11	1.34
30 日前	0.22	0.25	1.10	1.30
60 日前	0.22	0.25	1.10	1.30
90 日前	0.23	0.25	1.11	1.32

表 4-5 描述了一个悲观的案例。该股票的盈利预测一直在稳步下降，

在过去的 90 日里，2 年的盈利预测都在大幅下调。负面预测趋势是业绩进一步下滑和盈利负面冲击的警报。

表 4-5　成长型候选股不可接受的 EPS 趋势　　　（单位：美元）

	当季： 2009 年 3 月	下一季度： 2009 年 6 月	当年： 2009 年 12 月	下一年度： 2010 年 12 月
当前	0.15	0.19	0.90	1.25
7 日前	0.15	0.19	0.91	1.25
30 日前	0.11	0.19	0.91	1.25
60 日前	0.24	0.27	1.17	1.37
90 日前	0.25	0.27	1.18	1.42

这些趋势虽然对成长型股票来说是不可接受的，却会引起价值型投资者的注意。

长期收益增速

当然，许多分析师会估计公司的长期（通常为 5 年）收入增速。这些预估值是平均数，许多网站都列出了长期收入增速的一致盈利预期。这些预期长期收益增速是 PEG（P/E 除以长期收益增速）中的 G。这是许多成长型投资者比较青睐的估值方法。尽管它们被广泛使用，但没有人检验分析师对长期收益增速预测的准确性。

例如，我从来没有听说过有人检验过某个分析师长期收益增速预测的可靠性，比如对谷歌过去 5 年的盈利预测和其实际收益进行比较。

然而，长期一致盈利预测是一种衡量预期的有效指标。较高的年均增速预测反映了对该股票较高的预期，反之亦然。

价值投资者应该青睐年增长率不超过 10% 的候选股。然而，成长型投资者应该坚守长期增速在 15% 以上的股票，20% ～ 25% 更好。

盈利冲击

盈利冲击是分析师的一致预测与实际收益之间的差异，当报告收益低于预期时，会带来负面冲击，而当报告收益高于预期时，会带来正面冲击。

盈利冲击的衡量单位是美分，比如可以说 2 美分正面冲击。大多数公司通常都会报告 1 美分或 2 美分的正面冲击，这点数字不算真正的冲击，当然也不会对股价产生太大影响。

在其他条件相同的情况下，任何数额的负面冲击都会导致股价下跌，而且往往是大幅下挫。

4 ～ 5 美分（或更多）的正面冲击通常会推动股价上涨，尽管其幅度不及负面冲击迫使其下跌的幅度大。一个大的正面冲击，比如 10 美分，可以有更明显的效果，令人惊讶的是，冲击的百分比不如冲击的绝对值重要。比如一家公司报告盈利 4.04 美元、预期盈利 4.08 美元，和这家公司报告盈利 0.08 美元、预期盈利 0.12 美元，两者都是 4 美分负面冲击，对股价的影响也都差不多。

尽管股价会立即做出反应，但重大冲击往往会产生更持久的影响。因为它们会迫使分析师重新评估自己的预测。例如，分析师几乎总是在一个巨大的正面冲击之下提高他们的收益预期。

虽然股票价格对与美分而不是百分比有关的冲击大小做出反应，但一些专业人士认为，在正面冲击的情况下，冲击的百分比确实预示着未来的价格走势。也就是说，冲击百分比高的股票在接下来的几个月里比冲击百分比低的股票走势更好。

历史经验

你可以在许多金融网站上看到最近的盈利冲击情况。

表 4-6 显示了你所需要的数据,包括预期收益、实际报告收益,以及两者在过去 4 个季度的差异。

表 4-6 分析盈利冲击历史数据 (单位:美元)

	2008 年 6 月	2008 年 9 月	2008 年 12 月	2009 年 3 月
EPS 预期值	3.23	3.49	3.70	3.51
EPS 实际值	3.25	3.54	3.79	3.57
差异	0.02	0.09	0.09	0.06

数据显示,至少在过去,样本公司一直是有着正面冲击的公司。仅从其盈利冲击的历史情况来看,当该公司公布当前季度业绩时,收益很有可能会再次超出分析师预期。

相反,负面冲击历史预示着可能更多坏消息即将到来。

价值 VS 成长

研究表明,如果出现负面冲击,成长型股票的跌幅要大于价值型股票。这是有道理的,因为根据定义,市场对成长型股票的预期很高,而对价值型股票的预期相对较低。

对于价值股来说,负面冲击不算真正的冲击,因为大多数投资者早就认为这样的公司表现不会太好。相反,成长型投资者预期他们的投资组合会出人意料地上涨,因此负面冲击对他们来说才是真正的冲击。

对正面冲击的研究结果没有一致结论。一些研究表明,在正面冲击的情况下,成长型股票比价值型股票表现更好,而其他研究却得出了相反的结论。

销售预测

尽管有时看起来是这样,但分析师不会凭空做出盈利预测。相反,他们建立了从销售预测开始的详细的盈利模型。他们从销售预测中扣除相应的成本，计算出他们的预期收益。

　　尽管许多金融网站都公布盈利预期，但只有雅虎和路透社两家网站同时公布了营收（销售）预期。销售预期是许多投资者都没有注意到的。

　　一致的销售预期对于成长股的分析尤其重要。没有它们，你就不会知道一家公司最近的盈利增长是不是由不会重复出现的一次大型收购或其他一次性事件推动的。有时，销售增长放缓的预期是曾经强劲的盈利增速即将放缓的第一个征兆。

　　表 4-7 显示了对一家销售增长放缓的公司的预测，正如你在 2008 年第三季度所看到的那样。

表 4-7　收入（销售）预测

	当季： 2008 年 9 月	下一季度： 2008 年 12 月	当年： 2008 年 12 月	下一年度： 2009 年 12 月
平均值（亿美元）	0.87	0.9	3.23	3.64
分析师数量（人）	2	1	1	1
预测最低值（亿美元）	0.87	0.9	3.23	3.64
预测最高值（亿美元）	0.88	0.9	3.23	3.64
上年同期营业收入（亿美元）	0.79	0.81	2.69	3.23
销售增长（%）	11.0	11.5	20.2	12.6

　　2008 年初，该公司销售收入同比增速达到了 25%。这就是为什么在分析师预测今年后两个季度的营收增速仅为 11%～12% 的情况下，当年（2008 年）的增速预测仍为 20%。2009 年的预测显示，分析师预计销售增长不会很快回升。

　　第 11 章和第 12 章详细描述了如何分析销售增长预测。

业绩指引变动

　　在监管规则改变之前，公司高管并没有公开披露他们的销售和盈利预期（指导意见）。相反，他们会私下向一些关系比较好的分析师透露，他们预期会达到、超过或低于公布的预测。这就是"耳语数字"一词的由来。

2000 年 10 月，美国证券交易委员会发布的《公平披露规则》（FD 条例）对此类行为予以明确禁止。现在，管理层必须通过媒体期刊或公开电话会议来发布业绩指引变动。

由于所有分析师都在同一时间得到相同的消息，市场的一致预期会立即发生变动。因此，业绩指引变动对股价的影响与盈利冲击相同。然而，就我所知，没有人像跟踪盈利冲击一样跟踪业绩指引变动。

奇怪的是，即使它们已经不存在了，但仍然可以听到有人谈论"耳语数字"，并且有些网站还在继续跟踪它们。

研究报告

虽然我不建议完全遵循分析师的买入 / 卖出建议，但花时间阅读他们的研究报告是值得的。其中有很多关于公司商业计划、其遇到的问题及分析师对其竞争对手和所处行业发展趋势的看法的重要信息。这些是你要花几天时间才能自己挖掘出来的有价值的信息。此外，有时分析师在报告中披露的信息并不支持他的买入 / 卖出评级。

当你以 10 ～ 75 美元的价格购买分析师的报告时，你很快就会发现这是一大笔支出。然而，许多网络经纪人向客户提供免费的研究报告。我建议你从经纪人提供的服务开始，甚至可以考虑在另一个经纪人那里开立第二个账户，以访问其他的免费报告。

总结

　　根据分析师的买入 / 卖出建议操作，你可能赚不到钱。如果你知道要寻找什么的话，在分析师的评级和盈利预测中蕴含着大量可以赚钱的信息。你还可以使用分析师的建议和预测来帮助你判断一只股票是价值型还是成长型候选股。此外，分析师的研究报告可以帮助你了解一家公司的业务和其在竞争中所处的地位，并常常能揭示出分析师对该公司业务前景的真实看法。

第 5 章

分析工具二：估值

一只股票值多少钱？

如果我们知道答案的话，那么在股市中赚钱将是轻而易举的事。我们所要做的就是买进被低估的股票，然后坐等它们升值到"正确的价格"。当然，这并不容易。除非它们支付巨额股息，否则股票就像棒球卡一样。除了其他投资者愿意支付的价格，它们没有任何价值。

尽管如此，仍有数不清的股票估值方法在被使用着。其中许多模型起源于投资者购买股票的主要目的：分红。最初，这些方法根据股票未来支付股利的现值对股票进行估值，这种做法不无道理。虽然仍有许多投资者购买股票是为了获得现金分红，但这是另一个话题了。对于成长型和价值型投资者而言，资本增值是主要目标，股息虽然受欢迎，但通常不会对估值产生太大影响。

你可能会认为，考虑到这种转变，分析师会找到新的估值方法。有些人确实找到了，但仍有许多人在沿用同样的公式，他们只不过是简单地用预期未来收益或现金流代替股息而已。理论上这很好，但在现实生活中，谁会以按这些方法计算出的价格来购买你的股票呢？

　　没有所谓的"正确价格"，因为决定今天交易价格的贪婪、兴奋、恐惧、期望和热情是无法量化的。你所能做的就是评估当前股价反映的预期是否合理。本章介绍了两种预估方法。

▶ 隐含增长率。

▶ 以合理价格增长（GARP）。

　　第一种方法，即确定股票当前交易价格隐含的收益增长率，尽管这一概念已被很多专业人士采用，但对大多数个人投资者来说仍然很陌生。

　　第二种方法只适用于成长型股票，是个人投资者和专业人士广泛使用的估值方法。不幸的是，GARP 依赖于分析师的预测。这有助于解释为什么在互联网泡沫、太阳能泡沫等时期，很多人都做错了。

　　在读完这一章之后，希望你能在追涨下一只热炒概念股的时候，审视一下它的隐含增长率。然而，隐含增长率只传达了今天的真实情况。你必须计算出目标价格（见第 6 章），找出接下来会发生什么。

隐含增长率

　　本杰明·格雷厄姆有时被人们称为价值投资之父。在关于基本面分析的开创性著作中，他提出了一种简便实用的计算公式，用以估计成长型股票的"内在价值"。《证券分析》是他和大卫·多德合著的一本书，于 1934 年出版。不要被代数公式所吓倒。我把它们包括进来是为了给你留下深刻印象，并证明结果是正确的。最后，你所要做的就是在表 5-1 中查看隐含增长率。格雷厄姆和多德将内在价值定义如下：

$$内在价值 = EPS \times [8.5 + （2 \times 预期的年盈利增长率 \%）]$$

其中，EPS 是最近 12 个月每股收益。

也就是说，格雷厄姆认为一家公司的内在价值是其 EPS 乘以调整因子，调整因子等于 8.5 加上预期的每年盈利增长率的 2 倍。

后来，考虑到股票估值和现行利率水平的负相关关系，格雷厄姆修改了这个公式。即当利率水平较低时，股票倾向于以较高的估值交易，反之亦然（见第 2 章）。格雷厄姆用 AAA（高等级）级公司债券利率代替现行利率水平。当他第一次修改计算公式时，AAA 级公司债券利率在 4.4% 附近，所以，修订版的公式如下：

内在价值 =EPS×（4.4/AAA）×[8.5 +（2× 预期的年盈利增长率 %）]

其中，AAA 为当前 AAA 级公司债到期收益率。

例如，如果一家公司 EPS 为 1 美元，公司债收益率为 5.5%，分析师预期未来 5 年的平均年盈利增长率为 20%，那么其内在价值将是：

内在价值 = 1.00 ×（4.4 /5.5）× [8.5 +（2 × 20）]= 38.80（美元）

基于 2009 年 3 月的公司债券利率 5.5%，内在价值是 38.80 美元。

格雷厄姆的内在价值取决于分析师的长期盈利增长预测，正如第 4 章所指出的，这种预测可能是错误的。因此，虽然内在价值的计算是一个有趣的练习，但它几乎没有实用价值。

然而，格雷厄姆的公式在另一种情况下可能非常有效。如果你用当前的股价代替内在价值，用隐含增长率代替预期增长率，然后做一些代数运算，你会得到：

隐含增长率 = P/E（AAA/8.8）−4.25

隐含增长率，正如我所定义的，是公司为证明其当前 P/E 的合理性所必须实现的长期年均收益增速。

为进一步理解，假设 AAA 级公司债券利率为 8.8%，然后公式将简化为：

隐含增长率 = P/E−4.25

例如，使用简化公式，50 倍的 P/E 意味着 46% 的隐含增长率。

特定 P/E 所对应的隐含增长率，随着公司债利率水平的变化而变化。例如，当利率下降时，市场会支持更高的 P/E。表 5-1 体现了这一变化规律。你可以从中查看与你股票 P/E 相对应的长期年均收益增速。

表 5-1　各 AAA 级公司不同债券利率下的隐含增长率

P/E	5%	6%	7%	8.8%
10	1%	2%	4%	6%
15	2%	6%	8%	11%
20	7%	9%	12%	16%
25	10%	13%	16%	21%
30	13%	16%	19%	26%
35	16%	19%	23%	31%
40	18%	23%	27%	36%
50	24%	30%	35%	46%
60	30%	37%	43%	56%
80	41%	50%	59%	76%
100	53%	68%	75%	96%

正如你所看到的那样，公司债券利率对结果有很大影响。例如，当公司债券利率为 5% 时，50 倍的 P/E 对应 24% 的年均收益增长，但对于 8.8% 的公司债券利率来说，46% 的增长通常是不现实的。

你可以在 www.neatideas.com/aaabonds.htm 上查看当前 AAA 级公司债券利率。

什么是合理的年均收益增速预期？

最好从销售增长开始考虑。因为收益数据可能受到收购、贷款再融资、诉讼等各种各样的非经常性费用的影响。因此，如果你选择的起始年度产生了重大非经常性费用，那么你计算的平均年收益增速将过高；如果期末年度有一次性费用，那么你计算的平均年收益增速将过低。

表 5-2 显示了过去 5 年和过去 10 年一些知名的成长型股票的年均销售收入增长。

表 5-2　年均销售收入增长（截至 2009 年 3 月 16 日）

公司	过去 5 年	过去 10 年
亚马逊	29%	41%
苹果	39%	10%
思科	16%	17%
蔻驰	27%	20%
高知特	50%	47%
易贝	32%	58%
谷歌	72%	—
网飞	38%	100%
星巴克	21%	23%
Urban Outfitters	29%	24%
Zimmer Holdings	17%	17%

根据经验，有着新产品的小公司年均销售收入增长预计为 25% ～ 40%，大公司的年均销售收入增长预计为 15% ～ 25%。新公司的年均收益增速预计高于销售收入增长 2% ～ 5%，而对老牌公司来说，两者基本持平。

你可以在 Financial Forecast Center（www.neatideas.com/aabonds.htm）上查询当前的 AAA 级公司的债券利率。未来的公司债券利率是多少呢？以史为鉴。表 5-3 显示了 20 世纪 20 年代至 21 世纪初的历史数据。你可以得出自己的结论，但我的看法是，除非出现一段失控的通胀时期，否则债券利率很可能在 5% ～ 9% 的区间内徘徊。

表 5-3　历史上 AAA 级公司债券利率

年份	低	高
1920 ～ 1929	4.6%	6.4%
1930 ～ 1939	2.9%	5.2%
1940 ～ 1949	2.5%	3.0%
1950 ～ 1959	2.6%	4.6%
1960 ～ 1969	4.2%	7.7%
1970 ～ 1979	7.1%	10.8%
1980 ～ 1989	8.4%	15.5%
1990 ～ 1994	6.7%	9.6%

（续）

年份	低	高
1995 ～ 1999	6.2%	8.5%
2000 ～ 2004	7.0%	8.0%
2005 ～ 2009	5.0%	6.3%

资料来源：Moody's via the Financial Forecast Center（www.neatideas.com）。

表 5-1 给出了股票的 P/E 所隐含的收益增长率。隐含增长率是否合理可以由你来决定。但运用一些人们已经达成的共识会大有帮助。

例如，假设你正在考虑一只隐含增长率为 5% 的价值候选股。根据你的分析，当其摆脱困境后，该公司将实现 10% ～ 20% 的年均收益增速。因此，在其他条件相同的情况下，由于当前它是按 5% 的增速水平来估值的，那么它就是一只质量较好的候选股。

那么，不管市场最终是以 10% 还是 20% 来定价，你都是能赚钱的。

以合理价格增长

许多成长型投资者不会为股票估值是否精确而操心。相反，他们更喜欢"保持简单"的哲学理念。对他们来说，估值归根结底要基于盈利和盈利增长。

这些投资者寻求价格和预期收益增长率之间的平衡。具体来说，他们希望买进那些以合理价格增长的股票。他们通过比较股票的 P/E 与其预期增长率来确定"合理价格"。

PEG 与公允价值

当 P/E 与预期增长率相等时，该股就是"公允定价"的股票。当 P/E 低于预期增长率时，该股票被"低估"了；当 P/E 高于预期增长率时，该股票被"高估"了。例如，如果一只股票的预期收益每年增长 25%，那么当它的 P/E 达到 25 倍时，它的估值就是相对合理的。

PEG 是股票 P/E 除以预期收益增长率的缩写：

$$PEG =（P/E）/ 预期收益增长率$$

当 P/E 和预期增长率相等时，PEG 为 1。当 P/E 高于预期增长率时（高估），PEG 大于 1。当 P/E 低于预期增长率时，PEG 小于 1（低估）。收益增速高的股票比增速低的股票 P/E 更高是可以理解的。当股票的 P/E 和收益增速相等时，估值合理，但我没有找到任何能够证明这一点的研究或数学公式。

因此，成长型投资者出于务实的角度，根据市场状况调整估值是可以理解的。在强势市场中，投资者认为 PEG 为 2（P/E 是预期增长率的 2 倍）的股票估值是合理的。在弱势市场中，他们认为 PEG 为 1 是合理的。根据市场情况调整估值水平是有意义的。最后，P/E 衡量的是市场对某只股票的热情，在牛市期间，大多数股票的估值水平都比较高。

尽管定义听起来很精确，但并不是所有人都用相同的收益或增长率来计算 P/E。

P/E 中的 E

每个人都同意 P/E 中的 E 是 12 个月的收益，但是具体是哪 12 个月、什么收益，却有所不同。学者和个人投资者经常用过去 4 个季度的收益（过去收益）。然而，大多数分析师和许多基金经理使用的是分析师对当前年度的预期收益（远期收益）。因为我们评估的是预期收益将增长的股票，所以预期收益将高于历史收益。此外，预期收益通常不包括一次性或非经常性费用，它们会减少收益。因此，用远期收益计算的 P/E 通常低于用过去收益计算的 P/E。

记住，这不是什么高难度的事。当你有一定经验以后，你会用自己的方法计算 P/E 和 PEG。

只要你按照一致的规则，用哪个收益来计算 P/E 并不重要。

增长率

增长率（PEG 中的 G）可能是历史长期收益增长率，但大多数投资者使用的是分析师一致盈利预期增长率。同样，这里也有讨论的空间。一些人使用分析师预计的 5 年年均收益增速，但其他人则更喜欢用当前或下一年度的预期增速。

> **预期收益**
>
> 在向美国证券交易委员会提交报告时，公司总是按照一般公认会计原则来计算盈利。
>
> 然而，许多公司在季度报告中强调的是预期收益，而不是 GAAP 收益。预期收益的计算忽略了某些项目，这些项目通常用于报告公司认为不能代表其经营表现的一次性（非经常性）成本。没有具体的标准规定哪些费用应该或不应该包含在预期收益中，这是由报告公司自行决定的。

尽管存在不准确之处，但很多基金经理还是依赖 PEG 来估值，因为它接近于真实的估值水平。在他们看来，这不是多么高深莫测的事情。他们没有将 PEG 精确计算到小数位。如果 P/E 为 20 倍，而预期收益增速为 40%，那么该股就被低估了。如果预期收益增速为 20%，而 P/E 为 50 倍，那该股就被高估了。就是这么简单。

实际收益增速估计

成功的新兴成长公司往往在最初几年实现了强劲的盈利增长。其销售增长迅速,但更重要的是,许多新兴公司已接近盈亏平衡点,毛利润也开始超过固定成本。随着销售收入的增加,毛利润从高点开始下滑到盈亏平衡底线,推动收益以高于销售收入的速度增长。

最终,公司销售增长放缓到所处行业的一般水平。当市场意识到增长正在放缓时,股价通常会受到沉重打击,因为投资者对业绩温和增长股票的估值远低于业绩高速增长股票。公司增长放缓的时间取决于具体情况,但通常比大多数人预期的要早。

一旦一家公司经历了最初的井喷式增长,虽然每季度的盈利增长都是不稳定的,但增速将逐渐放缓并趋向于销售收入的增长率。

这是因为,一家公司只有通过提高利润率才能实现利润增长快于销售增长,而利润率提升的机会随着时间的推移而减少。也就是说,对于最好的公司,你可能会预计年均收益增速比销售收入增长高出10%。这意味着一家运营良好的公司可能只需要20%的销售收入增长就能实现22%左右的年均收益增速。

表5-4显示了一些代表性行业的预期年均销售收入增长。最好的公司从较弱的竞争对手那里夺取市场份额,从而超过了行业平均水平。预测建立在正常的经济状况假设条件下。

表 5-4　在正常经济状况下的行业预期年均销售收入增长

行业		行业	
广告	9%	电子商务	20%
航空航天/国防	16%	教育服务(成人)	16%
农用化学制品	18%	电力公用事业	4%
可替代能源	19%	娱乐	15%
服装	7%	食品加工	9%
银行	5%	食品杂货(超市)	6%
生物技术	35%	健康管理信息系统	18%
药品(非处方)	11%	住宅建筑	11%
药物(处方)	6%	酒店/赌博业	13%

（续）

行业		行业	
家用产品	12%	证券经纪	16%
人寿保险	0%	半导体设备	13%
医疗服务	14%	半导体	8%
网络设备	16%	软件	19%
办公设备	9%	电信设备	10%
餐饮	12%	电信服务	4%
零售	10%	无线网络	15%

股息

本章所述的估值公式不包括因股息所增加的价值。你可以用年度股息除以 AAA 级公司债券利率来计算股息价值。

例如，如果一只股票每年支付股息 1.00 美元 / 股，公司债券利率为 7%，股息所增加的价值为 14.28 美元（1.00/0.07）。这一公式假设股息支付将无限期地保持在同一水平。股息随着时间的推移而增长，将带来更高的估值。

总结

当市场分析师告诉我们买他们看好的股票时，他们往往忽略了当前股价的隐含增长率。但是你可以自己检查他们推荐的合理性。你只需在网上查查当前 AAA 级公司债券利率，然后找到表 5-1 中 P/E 隐含的增长率即可。

| 第 6 章 |

分析工具三：确立目标价格

在购买股票之前，许多专业的基金经理会计算一个目标价格，即如果一切顺利，他们希望卖出的价格。目标价格决定了投资的潜在利润，如果利润没有高到足以补偿相应的风险，他们是不会买入股票的。

计算目标价格与确定股票当前交易价格所隐含的增长预期（如第 5 章所述）并不相同。相反，计算目标价格需要预测股票价格在未来某个时间的交易区间。具体时间取决于你的投资目标和风格。价值投资者通常会分析处于困境的公司。因为他们不知道公司什么时候能摆脱困境，所以他们通常会考虑未来 2 ~ 5 年的时间。成长型投资者通常有更短的时间框架，可能只看未来的 12 ~ 18 个月，一般是到下一个年末（FY）。

目标价格法的好处在于时间跨度并不重要。目标价格的准确性取决于你假设的准确性，而不是时间跨度。一旦你理解了这个过程，你就可以根据自己的需要调整这个时间跨度。

这就是为什么设定目标价格可以帮助你做出更好的投资决策。假设你正在分析 2 只业务相似的股票，并且 2 只股票的交易价格都为每股 30 美元。

在分析了相关因素后，如果一切按计划进行，2 年后 A 股票的价格将在 35 ～ 40 美元，B 股票的价格将在 50 ～ 60 美元。当然，你的分析可能是错误的，或者事情可能不像预期的那样发展。但在假定情况下，很明显买进 B 股票是更好的选择。

目标价的计算并不复杂。先预测公司的目标年度销售，然后用历史价格 / 销售比率来预测目标年度业绩公布后的最高和最低股价即可。

计算过程

你可以按下面的步骤来预测未来几年的目标价格。唯一需要规定的是将目标价格的具体日期定为公司报告本年度业绩的次日。我把那个年度称为目标年度。

制定目标价格包括 5 个步骤：

1）估计目标年度的销售收入。

2）估计目标年度已发行的股数。

3）使用步骤 1 和步骤 2 估计每股目标年销售收入。

4）估计价格 / 销售比率的预期范围。

5）使用步骤 3 和步骤 4 计算出预期目标价格范围。

为什么使用 P/S 而不是 P/E 呢？首先，销售增长比盈利增长更容易预测。此外如果你看看历史数据，就会发现 P/S 比 P/E 更稳定，因此也更容易预测。

为了演示这个过程，我将计算 2 个完全不同行业的股票的目标价格：杂货零售商 Whole Foods 和电影租赁公司网飞。

Whole Foods 的财年于 9 月结束，我将把 2011 年作为其目标财年。因此，我将估计 Whole Foods 公布 2011 财年业绩后，即大概在 2011 年 11 月时，该公司的目标价格。

网飞的财年于 12 月结束，我将使用 2011 年作为其目标财年。同样，我将估计在网飞公布 2011 年业绩后，即大概在 2012 年 2 月初时，该公司的目标价格。

你可以在 MSN Money 的 10 年关键比率报告和 10 年财务报表报告中找到计算所需的数据。如果你先为要分析的每只股票打印这两份报告，那么这个过程将更快。

第一步：从销售开始

首先要估计每家公司的目标年度销售收入。"Financial Statements 10 Year Summary"显示了每家公司过去 10 年的年度销售收入。与那些预测销售收入同比增长的分析师不同，我发现用实际美元金额而不是百分比来分析销售收入增长更有用。

表 6-1 显示了 Whole Foods 历史年销售收入及同比增长情况。

表 6-1　Whole Foods 历史年销售收入及同比增长情况（单位：百万美元）

年份	收入	同比增长
2003	3149	
2004	3865	716
2005	4701	836
2006	5607	906
2007	6592	985
2008	7594	1002

从 5 年前到 2008 年这段时间，Whole Foods 的销售收入增长幅度大概在 7.16 亿美元到 10.02 亿美元不等，并且它的美元价值每年都在增长。然而，Whole Foods 2008 年的增长数据中包括了一笔可能不会再次发生的重大收购。综合考虑，我估计未来的增长幅度可能与 2007 年和 2008 年之间的增幅相近，即大概为 9.5 亿美元。

表 6-2 显示了 Whole Foods 的历史和预期年销售收入及增长情况。按销售收入每年增长 9.5 亿美元计算，该公司 2010 目标年度的预期销售收入为 94.94 亿美元。

表 6-2　Whole Foods 的历史和预期年销售收入及增长情况 （单位：百万美元）

年份	收入	同比增长
2003	3149	
2004	3865	716
2005	4701	836
2006	5607	906
2007	6592	985
2008	7594	1002
2009	8544（预期）	950（预期）
2010	9494（预期）	950（预期）

表 6-3 显示了网飞的历史和预期年销售收入及增长情况。

表 6-3　网飞的历史和预期年销售收入及增长情况 （单位：百万美元）

年份	收入	同比增长
2003	270	
2004	501	231
2005	682	181
2006	997	315
2007	1205	208
2008	1365	160
2009	1549（预期）	184（预期）
2010	1733（预期）	184（预期）

网飞的同比销售增长幅度大小不一，但似乎呈现出了一定的下降趋势。我把它 2007 年和 2008 年的数字取平均值，并预计未来 2 年的年同比增长幅度大概为 1.84 亿美元。因此，2010 年网飞的营业收入预计为 17.33 亿美元。

我在销售收入估计中假定最近的销售增长趋势仍将继续下去。但显然，情况并非总是如此。如果你有更好的估计，那就调整你的目标年销售收入。

第二步：已发行股票

接下来，我将估计每家公司在目标年度结束时的总流通股。

我再次以历史为参考。许多公司不断增加流通股，因为它们发行股票是为了筹集现金、进行收购或为员工股票期权分配股票。

表 6-4 显示了 Whole Foods 的历史流通股。这些数据来自 MSN Money 10 年关键比率报告。

表 6-4　Whole Foods 的历史流通股　（单位：百万美元）

年份	发行股份数	同比增长
2003	120.1	
2004	124.8	4.7
2005	135.9	11.1
2006	139.6	3.7
2007	139.2	−0.4
2008	140.3	1.1

Whole Foods 早些时候是一家经常发行新股的公司，但其近年来有所收敛。我将其 2006 年和 2008 年的数据取了均值，并预计在接下来的 2 年里，该公司每年发行 150 万股新股。表 6-5 显示了相关数据。如表 6-5 所示，我预计在 2010 年该公司将有 1.433 亿流通股。

表 6-5　Whole Foods 历史及预期未来流通股（单位：百万美元）

年份	发行股份数	同比增长
2003	120.1	
2004	124.8	4.7
2005	135.9	11.1
2006	139.6	3.7
2007	139.2	−0.4
2008	140.3	1.1
2009	141.8（预期）	1.5（预期）
2010	143.3（预期）	1.5（预期）

表 6-6 显示了网飞的历史流通股。

表 6-6　网飞的历史流通股　（单位：百万美元）

年份	发行股份数	同比增长
2003	50.8	
2004	52.7	1.9
2005	54.8	2.1
2006	68.6	13.8
2007	64.9	−3.7
2008	58.9	−6.0

早些年网飞也是一家经常发行新股的公司，但其于 2007 年开始回购股票。我坚信，网飞将延续这一趋势，在未来 2 年里每年回购 400 万股。表 6-7 显示了在考虑这些估计值后网飞的流通股的情况。

表 6-7　网飞的历史及预期未来流通股　（单位：百万美元）

年份	发行股份数	同比增长
2003	50.8	
2004	52.7	1.9
2005	54.8	2.1
2006	68.6	13.8
2007	64.9	−3.7
2008	58.9	−6.0
2009	54.9（预期）	−4.0（预期）
2010	50.9（预期）	−4.0（预期）

通过回购，我估计网飞的流通股数量将在 2010 年底前跌至 5090 万股。

第三步：每股销售收入

正如 EPS 是年利润除以已发行股票的数量一样，每股销售收入是年销售收入除以已发行股票的数量。

在第一步中，我估计 Whole Foods 的目标年销售收入为 94.94 亿美元。在第二步中，我估计其目标年流通股为 1.433 亿股。

用目标年销售收入除以已发行股数，Whole Foods 的目标年每股销售收入预计为 66.25 美元。

用预计的网飞 17.33 亿美元目标年销售收入除以 5090 万股流通股，可以得到该公司目标年每股销售收入 34.05 美元。

第四步：P/S

一些专家建议通过比较估值比率来判断公司在所处行业的相对优势。例如，如果 A 公司 P/E 为 20 倍，而 B 公司的 P/E 为 35 倍，则 A 公司将是更好的买入标的。但这种方法往往是行不通的。

相互竞争的公司经常以不同的估值进行交易，因为其中一家公司更受投资者欢迎。例如，芯片制造商英特尔的估值通常高于竞争对手 AMD（Advanced Micro Devices）。

我发现，一只股票的历史表现是它未来可能交易区间的最佳指标。

MSN 的关键比率报告显示了过去 10 年每只股票的历史平均 P/S。你最好关注最近 5 年的估值水平。

我们无法预测某只股票在报告其目标年销售收入时的准确 P/S，也无法预测该比率在其他任何时间的具体数值。我们能做的最大努力就是确定它的正常交易范围，就其 P/S 而言，假设它将在目标日期的某个范围内交易。表 6-8 显示了 Whole Foods 近 5 年的平均 P/S。

表 6-8　Whole Foods 近 5 年的平均 P/S

年份	平均 P/S
2004	1.5
2005	1.9
2006	1.5
2007	1.1
2008	0.4

2008 年，Whole Foods 的 P/S 远低于往年。这可能是因为其收购竞争对手 Wild Oats Market 涉及的法律问题，也可能是因为经济疲软，或者两者

兼而有之。在任何情况下，最好忽略那些远超股票正常交易范围的数字。

因此，忽略 2008 年的比率，我预计 Whole Foods 的 P/S 目标范围是 1.1 ～ 1.5。

表 6-9 显示了网飞的平均 P/S。

表 6-9　网飞的平均 P/S

年份	平均 P/S
2004	1.6
2005	2.6
2006	1.8
2007	1.5
2008	1.4

第五步：计算目标价格范围

如果进行代数运算，你就会发现股价、P/S 和每股销售收入的关系是：

$$股价 = 每股销售收入 \times P/S$$

换句话说，你可以通过将目标年每股销售收入乘以目标年最高 P/S 和最低 P/S 来计算目标价格范围。

对于 Whole Foods，我估计该公司每股销售收入为 66.25 美元，其最低 P/S 和最高 P/S 分别为 1.1 倍和 1.5 倍。因此，对于 Whole Foods 来说：

$$2011 年最低目标价格 = 66.25 \times 1.1 = 72.88（美元）$$

$$2011 年最高目标价格 = 66.25 \times 1.5 = 99.38（美元）$$

考虑到我们做的所有假设，把目标价格精确到几分钱是很愚蠢的。因此，当 Whole Foods 公布 2011 年业绩时，我预计它的交易价格将位于 73 ～ 99 美元。

对于网飞，我预计它的每股销售收入为 34.05 美元，而它的最低 P/S 和最高 P/S 分别为 1.4 和 2.6 倍。因此：

$$2011 年最低目标价格 = 34.05 \times 1.4 = 47.67（美元）$$

2011 年最高目标价格 = 34.05 × 2.6 = 88.53（美元）

当我在做此分析时，Whole Foods 的交易价格位于 15 美元 / 股附近，而网飞的交易价格位于 39 美元 / 股附近。

总结

你希望目标价格和你的估计一样，但是所有预测目标价格的人都会面临同样的问题。即使是公司的高管也无法准确预测未来一两年的销量，错误是不可避免的。因此，每当有新的数据可用时，及时检查你的假设是很重要的。

即使存在着不可避免的问题，但计算目标价格能让你挖掘出候选股的上涨潜力，从而帮助你做出更好的选择。

第 7 章

分析工具四：行业分析

前三个分析工具涉及的是一些抽象的数字，如与公司商业模式无关的盈利预测、P/E 等。假定这类指标的数值是一样的，那么无论你是在分析口香糖制造商、无线电天线制造商、太阳能电池制造商还是无线通信芯片制造商，你的分析结论都是相同的。

现在是时候了解你的候选股的主营业务、所处行业和竞争对手了。

商业模式

首先，了解一下这家公司是做什么的，它销售什么产品或服务。如果你在谈论沃尔玛，这是显而易见的，但有多少投资者知道 F5 Networks 或 Zimmer Holdings 提供什么产品或服务？

简单地说，从晨星的报告着手是一个很好的开始。想了解更多详情，请查看 MSN Money Company 的报告。想了解更多细节，请访问雅虎的报告。如果你还想了解更多信息，路透社的《公司概况报告》深入剖析了各类公司的主要产品和服务。在这个阶段，它提供的信息可能比你想知道的更多，但是稍后你还是会需要这些。

除了免费的快报外，晨星还提供了一份由其分析师所撰写的长篇报告。这些报告涉及许多股票，但并不覆盖所有股票。报告提供了分析师对该公司商业计划和竞争地位的看法。你必须是付费订阅用户才能查看分析师的评论。这些评论值得一读，通常它们能帮你从更好角度来审视公司的运营情况。

行业增长前景

一旦了解了一家公司的业务范围，你的下一步就是研究它所处行业的增长前景。

为什么？如果你是成长型投资者，你想要的就是成长型股票，而成长型行业是找到这些公司的最佳地点。如果该行业没有增长，公司将不得不通过削减成本、从竞争对手手中夺取市场份额或收购其他行业参与者等方式来实现盈利增长。许多公司已经成功地实践了这些策略，但它们天生比处于成长型行业中的公司的风险更大。

在一个快速增长的市场中，竞争没有那么激烈，因为所有竞争者都有大量的业务。随着行业的成熟和增长的放缓，企业将注意力转向提高市场份额。它们通常会打价格战，从而导致利润率被侵蚀和盈利下降。

相较于成长型投资者，价值型投资者虽然对低增速的包容度很高，但仍须关注其候选股的增长前景。即使对价值型投资者来说，持有在日渐衰落的行业中挣扎生存的公司的股票并实现盈利也是很困难的。

行业的增长意味着销售的增长，但很难预测行业的销售增长。不过，分析师的一致预期盈利增长对大多数行业来说还是可用的参考。因此，我们从分析师的行业盈利增长预测开始，然后将盈利增长与销售增长数据相结合。

分析师的预测已经足够好了

当很少有人相信分析师的买入／卖出评级时，你为什么还要依赖他们的预测呢？

首先，大多数分析师努力为他们所研究的公司提供准确的盈利增长预测。Zacks 和路透社通过整合对行业个股的预测，编制了行业增长预测。由于行业增长预测是许多个人预测的平均，因此可能比个股增长预测更准确。

此外，预测长期增长说起来容易做起来难。尽管他们的预测有缺陷，但分析师的预测可能和其他人一样。此外，你需要大概的数字，而不是精确的估计。总之，分析师的增长预测足以满足我们的需求。

MSN 的盈利预测报告是一个寻找行业盈利增长预测的好地方。你可以通过选择盈利预期，然后选择盈利增长率来找到这些报告。它们显示了行业和个股过去 5 年的历史增长情况，以及当前、下一年度和未来 5 年增长的一致预期。

将盈利增长转化为销售增长

一旦有了行业预测，你就可以把长期盈利增长数据转换成销售增长。平均来看，长期行业盈利增长通常比销售增长高出 10%～15%。此外，分析师的长期预估通常较高，可能也高达 10%～15%。

综合考虑这两个因素，将长期盈利预期折现 25%（比如将 20% 的盈利增长转化为 15% 的销售增长）是估计行业销售增长的合理经验法则。当然，这个方法包含了各种假设，但是每个人的预测都是如此。实际上，这都是猜测，但结果和其他人采用的方法相比并没有多大区别。

表 7-1 列出了评估行业增长率预测的建议准则。10%～14% 的增长区间是许多价值型投资者的最爱。因为对他们来说，14%～15% 已经很高了，

期望更高的增速是不现实的。温和增长型行业适合成长型投资者，但前提是他们能够挑选出行业中的佼佼者。

表 7-1 行业增长率预测的建议准则

预期行业年销售增长	价值型	成长型
衰退行业（低于3%）	不好	不好
缓慢增长（3%～8%）	好	不好
温和增长（9%～14%）	最好	一般
快速增长（15%～24%）	好	最好
超级增长（25%及以上）	差	好

成长型投资者通常对增长速度的要求比价值型投资者高。最好的增长前景出现在每年至少增长 15% 的行业。

应该以怀疑的眼光看待行业的高增长预测，因为分析师有时会过于乐观。尤其是当一个行业正在经历过热增长时，比如 2008 年的替代能源行业，情况更是如此。

行业和部门术语

顺便谈一下行业和部门这两个术语。

从技术上讲，部门指一个主要的业务类别，如科技等，而行业是该部门的一个子集，如半导体。然而，人们把这些术语的使用弄混了。例如，有人可能会将 Panera Bread 描述为餐饮业的快餐部。这些术语并不重要，到最后，只要你能理解 Panera Bread 是一家高档休闲餐厅就可以了。

以下是许多分析师认为长期增长前景最好的 10 个行业。

▶ 成人教育。

▶ 可替代能源。

▶ 生物科技。

▶ 消费金融。

▶ IT 服务和咨询。

▶ 医疗仪器及设备。

▶ 矿业：贵金属。

▶ 油气开采。

▶ 零售：互联网。

▶ 安保系统及服务。

以下是被认为长期增长前景最差的 10 个行业。

▶ 广告。

▶ 汽车和货车制造业。

▶ 家具和设备。

▶ 家装产品。

▶ 保险。

▶ 商业印刷服务。

▶ 出版。

▶ 户外娱乐产品。

▶ 休闲车。

▶ 烟草。

行业集中度

集中度是指一个行业中主要竞争者的数量。从投资的角度来看，最好的是几乎垄断的行业，也就是高度集中的行业。

在只有两三家主要竞争者的高度集中行业中，龙头企业的利润率通常高于处于分散市场中的企业。这些公司更重视提高利润率，而不是通过降价获得市场份额。炼油商和手机服务提供商是高度集中行业的代表公司。

在许多竞争者争夺市场份额的分散市场中，经常会发生价格战。其结果就是利润率不断下滑。举例来说，服装行业中有数十家公司争夺市场份额，其净利润率在正常时期约为6%，相较之下，标普500指数成分股公司的平均利润率能达到11%。

新兴的高增长行业在开始时是分散的，随着时间的推移，优胜者脱颖而出，逐渐形成了集中的局面。一个分散的市场是好是坏，取决于这个行业的成熟度和增长率。表7-2列出了一些适用于成长型投资者的指导方针。

表7-2　适用于成长型投资者的指导方针：行业分散（集中）度与增长率的关系

预期行业年销售增长	分散	集中
衰退行业（低于3%）	不好	不好
缓慢增长（3%～9%）	不好	可以
温和增长（10%～14%）	一般	好
快速增长（15%～20%）	好	最好
超级增长（20%及以上）	最好	最好

成长型投资者通常会在一个集中的高增长行业中挑选出实力最强的公司。20世纪90年代初和90年代中期的微软和英特尔就是最好的例子。然而，若能从一个仍然分散的新兴行业中选出最终的赢家，获利将尤为丰厚，因为这些胜出者通常是股市利润的最大获益者。下面是一些案例。

▶ 谷歌的1200亿美元市值是雅虎的5倍多，后者市值仅为210亿美元。

▶ 英特尔的850亿美元的市值不仅令排名第二的德州仪器的230亿美元的市值相形见绌，还超过了所有通用芯片制造商的市值之和。

▶ 沃尔玛的 1950 亿美元的市值同样远超排名第二的塔吉特的 300 亿美元和排名第三的好事多的 200 亿美元。沃尔玛的市值超过了其他所有杂货连锁店的市值总和。

▶ 在软件行业中，微软的 1800 亿美元市值几乎是仅次于它的甲骨文的 2 倍，该公司市值为 950 亿美元。

在一个新兴的分散行业中选出赢家

想选出最终的赢家首先要确定有哪些参与者。

雅虎是用于识别每个行业中主要公司的好工具。选择某个行业，然后向下滚动到该行业中市值最高的公司名单。

你可以通过雅虎上的新闻标题来查找其他竞争者。例如，如果你想查和塔吉特相关的头条新闻，雅虎还会显示和塔吉特主要竞争对手相关的标题。

SEC 要求公司在年度报告中陈述竞争情况（但季度报告不用）。大多数公司在描述主要竞争和次要竞争对手时都做得相当完整，但它们通常不会说哪个是哪个。有关竞争情况的讨论在一个标题为"竞争"的部分中。年度报告很长，建议使用浏览器的查找功能（在 PC 系统上点击 Ctrl+F，在 Mac 系统上按 Cmd+F）来搜索"Competition"，而不须滚动整个报告。

路透社经常把年度报告中有关竞争的讨论几乎一字不差地复制到公司简介的最后一段，所以请先查看一下那里，因为这样更快捷。此外，Hoovers 在其免费的公司概览中显示了公司前 3 名竞争对手的主要情况。

不幸的是，这些工具都不能列出公司所有主要的竞争对手。所以，如果想仔细地研究候选股，你需要审阅刚刚提到的所有工具。

确定最强的竞争对手

如何在一个蒸蒸日上的行业中选出最终的赢家？这里有 4 个需要综合考虑的因素。

► 收入是指公司 1 年的销售总额。显然，销售收入最高的公司是市场的领头羊，至少在所衡量的那年是这样。

► 收入增长率是指上市公司报告年度与上一年度相比的收入增长。收入增长最快的公司通过抢占其他同行的利益来获得更多的市场份额。

► 营业利润率衡量的是盈利能力，不包括利息支出、所得税和投资收入。在其他条件相同的情况下，一个行业中盈利能力最强的公司最终会拥有更多的现金来投资新产品的开发。

► SG&A 通常被称为期间费用。SG&A（销售费用、一般费用和管理费用）包括除研发（R&D）和生产公司产品或服务的直接成本之外的所有费用。SG&A 占销售的百分比可以衡量公司的经营效率，百分比越低，公司的效率越高。

数据库软件行业

下面是使用上述 4 个因素来分析数据库软件行业在 20 世纪 90 年代中期情况的例子。当时甲骨文公司是市场的龙头，但为了控制整个年轻的新兴行业，仍须面临来自赛贝斯和英孚美的竞争。

故事从 1993 年说起，当时甲骨文还在与赛贝斯和英孚美打得不可开交。表 7-3 总结了这几家公司 1993 ～ 1997 年的上述 4 项表现。1993 年底，赛贝斯获得了 83% 的年销售收入增长，击败英孚美夺取了亚军的位置。当时，英孚美是这 3 家公司中增长最慢的，但它的营业利润率最高，这表明它并没有不惜一切代价追求销售收入增长。然而，甲骨文是其中运营效率最高的运营商，SG&A 仅占销售收入的 44%，英孚美为 48%，赛贝斯为 51%。从数据来看，赛贝斯似乎在 1993 年为了获得市场份额而牺牲了利润。

表 7-3　数据库软件行业主要表现指标

	收入 （百万美元）	收入增长率 （%）	营业利润率 （%）	SG&A 占销售的百分比 （%）
1993 年				
甲骨文	2001	33	21	44
赛贝斯	484	83	16	51
英孚美	353	24	24	48
1994 年				
甲骨文	2967	48	22	43
赛贝斯	825	70	16	49
英孚美	470	33	20	51
1995 年				
甲骨文	4223	42	21	42
赛贝斯	957	16	2	57
英孚美	633	35	10	56
1996 年				
甲骨文	5684	35	22	40
赛贝斯	1011	6	−7	59
英孚美	735	16	−8	66
1997 年				
甲骨文	7144	26	17	38
赛贝斯	904	−11	5	59
英孚美	664	−10	−54	76

　　1994 年，赛贝斯再次扩大了市场份额，销售收入增长了 70%。但该公司再一次为获取市场占有率而牺牲了收益，赛贝斯的营业利润率排名最低。数据表明，随着成本的增加和营业利润率的下降，英孚美为在市场中保有一席之地而苦苦挣扎。

1995 年，甲骨文主导了整个市场，获得了更多的市场份额，而赛贝斯和英孚美显然在削减利润，试图重塑竞争力，但这是徒劳的。

最终，1997 年，赛贝斯出现了收入下降，而英孚美高层被查出伪造账目，垮了下来。从那时起，赛贝斯和英孚美就只能甘拜下风了。

搜索引擎之战：谷歌 VS 雅虎

下面举例说明，上述 4 个分析因素能如何帮助你了解谷歌是比雅虎更好的选择。21 世纪初期，两家公司为争夺搜索引擎霸主地位展开了激烈的竞争。

雅虎是一家手动更新目录并对商业清单收费的公司，在 1998 年底谷歌出现之前雅虎一直是行业领头羊。搜索结果更好的谷歌立即开始从雅虎和其他搜索引擎手中夺取市场份额。

2000 年，谷歌开始销售由搜索关键词触发的广告，但它直到 2004 年才上市。2003 年，雅虎更新了有广告支持的搜索引擎，类似于谷歌。

表 7-4 显示了使用上述 4 个基本因素来分析谷歌和雅虎并确定数据库软件行业最强竞争者的主要情况。该表从 2003 年开始，当时两家公司的收入大致相当。

表 7-4　谷歌和雅虎的四个基本因素

	收入 （百万美元）	收入增长率 （%）	营业利润率 （%）	SG&A 占销售的百分比 （%）
2003 年				
雅虎	1 625	71	18.2	42.3
谷歌	1 466	234	23	12
2004 年				
雅虎	3 574	120	19	29
谷歌	3 189	118	20	15
2005 年				
雅虎	5 258	47	21	26

（续）

	收入 （百万美元）	收入增长率 （%）	营业利润率 （%）	SG&A 占销售的百分比 （%）
谷歌	6 139	93	33	14
2006 年				
雅虎	6 426	22	15	29
谷歌	10 605	73	34	15
2007 年				
雅虎	6 969	9	10	32
谷歌	16 594	57	31	17
2008 年				
雅虎	7 209	3	0	32
谷歌	21 796	31	25	17

正如你所看得到的，两者甚至没有旗鼓相当的时候。谷歌一直是增长速度更快，以营业利润率衡量的利润率更高和以 SG&A 占销售的百分比衡量的运营效率更高的公司。

行业信息

最后一步是了解当前行业的趋势和面临的问题。你可以通过阅读行业杂志网站上的新闻和深度报道来做这件事。

你很难找到一个没有被行业杂志所覆盖的行业。附录 A 列出了不同行业的行业杂志网站。如果你在那里找不到你想了解的行业，试试在网上搜索行业名称和关键词“贸易杂志”。你也可以使用谷歌直接搜索与候选股相关的新闻报道。试着搜索公司名称，加上“被告”“衰退”“问题”“假货”和“摇摇欲坠”等词语。

总结

成长型投资者应尽量从快速增长的行业中选出投资标的。要在一个仍然处于分散状态的新兴行业中找到最终的赢家，从而获取最大的利润，你只需要关注 4 个指标——收入、收入增长率、营业利润率及 SG&A 占销售的百分比，这些指标能助你选出最终的赢家。

阅读行业贸易杂志，密切关注行业动态，可以让你跟上行业发展的步伐。确保你不会忽略某个重要的公司，或者某个可能会改变候选股和整个行业发展前景的重要事件。

第 8 章

分析工具五：商业计划分析

如果你正在考虑收购一家当地公司，比如一家自行车店，你会完全根据出售方的去年盈利和今年盈利预期来做出决定吗？

我想肯定不会。相反，你可能想知道商店在哪里进货、进货价格，以及竞争对手是否支付了同样的进价。

你会查看该公司是否有其他可作为替代的供应来源，以防某家重要供应商停业或决定开设自己的网点而停止供货。你也想知道一些其客户的情况，如这些客户主要是个人消费者，还是有一两家自行车快递服务商在上年的消费中占了很大比重。

事实上，如果要收购一家自行车店，大多数人都会探讨这些问题。然而，投资者在分析股票时往往会忽视这至关重要的一步。

一些新兴互联网公司就是极好的证明。它们从数百万业余和专业投资者那里筹集了数亿美元资金。许多公司的商业计划荒谬，根本不可能取得成功。至少有一家网络零售商在计划时就准备以成本价或低于成本的价格销售产品，而且实际上也确实这样做了。

在本章中，你将学习如何分析候选公司商业模式的优缺点，其中涉及的很多概念都源于哈佛商学院（Harvard Business School）教授迈克尔·波特的思想。波特被许多人视为竞争分析的大师。

介绍

没有什么比巨额利润更能吸引竞争者了。但不管市场在一开始看起来有多强劲，新参与者不受阻碍地加入、争夺市场份额，终将导致需求过剩和利润率下降。这就是为什么你在分析时要考虑一家公司的竞争优势或市场壁垒。

进入壁垒阻碍了新参与者进入市场。没有足够的进入壁垒，公司的长期利润就会面临问题，因为新的竞争者很容易进入这一市场。

市场壁垒有多种形式。下文描述的就是一些比较常见的市场壁垒。当分析潜在的候选公司时，你还会发现更多。一家公司建立的壁垒构成了其竞争对手进入市场的风险因素。除了市场壁垒，每家公司的商业模式还体现了多种其他风险因素。

为了简化分析，我将类似的市场壁垒和风险因素合并为单一的评级因素。大多数因素可视情况划分为有利因素或不利因素。

用本章末所提供的商业计划计分卡来评估每个候选公司的商业模式。将你评为有利因素、不利因素和不适用此公司的因素分别计为 1、−1 和 0 分。

品牌标识

比起小品牌或普通品牌，许多消费者会为耐克的鞋子、索尼的电视或者 iPod 等支付更高的价格。这些产品获得了更高的品牌认知度，且在消费者心中，它们品质超群。强烈的品牌认同感往往使公司能够卖出更高的价格，赢得更高的利润率。

惠普的名字就是电脑打印机的代名词。惠普在高质量产品方面享有很高的声誉。这些因素加在一起就等同于强大的品牌认同感，它解释了为什么惠普的打印机销量比利盟高出 5 倍，尽管利盟的产品可能同样出色或优于惠普。

再来看一下欧克利和 Sunglass Hut 的例子。欧克利生产名牌太阳镜，Sunglass Hut 是美国最大的太阳镜销售连锁店。

2001 年初，Sunglass Hut 是欧克利最大的客户，其所购买的产品占欧克利销售收入的 19%。2001 年中，意大利公司陆逊梯卡集团收购了 Sunglass Hut。这给欧克利带来了麻烦，因为陆逊梯卡集团已经拥有了另一个品牌雷朋。陆逊梯卡集团在收购了 Sunglass Hut 后不久就不再购买欧克利的产品了。

但 Sunglass Hut 的顾客想要的是欧克利，而不是雷朋。12 月中旬，该连锁店再次向欧克利进货，从而说明了欧克利品牌的实力。

强大的品牌标识赋予了其所有者一定的竞争优势，对新参与者则构成了壁垒。给拥有强大品牌标识的公司加 1 分，给面临拥有高品牌认知竞争对手的公司减 1 分。

以下是根据多种信息来源整理而成的知名品牌名单。

谷歌	丰田
可口可乐	迪士尼
微软	麦当劳
IBM	奔驰
通用电气	惠普
英特尔	吉列
诺基亚	美国运通

其他进入壁垒

在分析候选股时，你还会发现其他市场壁垒。给享有主要市场壁垒优势的公司加 1 分，给面临额外壁垒的公司减 1 分。但在这一项里，最多只加减 1 分。

分销模式

20 世纪 90 年代初，个人电脑生产商康柏和戴尔在争夺市场领导地位。虽然这两家公司提供了类似的产品，但它们制定了不同的分销策略。

康柏坚持传统的模式，即向分销商销售产品，再由分销商出售给零售店和系统制造商。该公司设计了标准产品样式并大量制造，在收到订单前先将产品储存起来。制造在线订货系统、储存货物、通过分销商和零售商销售，这个过程中的每一步都增加了成本。

相比之下，戴尔没有经销商、分销商或堆满组装电脑的仓库。戴尔允许客户选择特定的功能，然后按照买家的具体要求来生产电脑。毫无疑问，戴尔的成本更高，因为它面对的是成千上万的个人客户，而不是几家分销商。但总的来说，它是成本最低的生产商，因为它不需要支付仓储费用，也没有中间商从中获利。戴尔独特的分销系统使其超越了康柏一度遥遥领先的市场地位。

最终，康柏陷入了困境，被惠普所收购，但故事并没有到此结束。

20 世纪前 10 年中期，随着科技的发展，消费者纷纷从台式电脑转向笔记本电脑。这一转变使戴尔的分销策略从优势变成了劣势。

笔记本电脑，无论是什么品牌，都是在中国的工厂大规模生产的。特定模型的配置是固定的，不能进行定制。此外，个人消费者成了最重要的细分市场，而之前大公司才是主要的消费群体。这对戴尔来说是一件坏事，因为许多消费者更喜欢在零售店购买笔记本电脑，在那里他们可以看到实物并试用。

总的来说，消费者转向笔记本电脑和群体结构的变化使戴尔的直接分销战略处于劣势，竞争优势被大大削弱，该公司不得不开始向零售商销售个人电脑。

你可能永远也不会找到一个与戴尔和康柏完全相同的例子，但对于那些在订单处理、生产技术、市场营销等方面具有类似运营优势的公司要特别留意。给拥有这种运营优势的公司加 1 分，给面临拥有分销模式优势的竞争对手的公司减 1 分。

分销渠道

如果想成立一个新的摇滚乐队，你可以把你的视频发布到 YouTube 上，如果幸运的话，你还可以建立一个庞大的粉丝群，甚至在网上出售你的唱片。

要新开设洗衣清洁剂业务，情形就大不相同了。清洁剂主要在超市销售，而超市货架的空间非常宝贵，如果不将现有产品拿下货架，就没有地方摆放新产品。宝洁之类的公司安排了大批销售人员，以确保这种情况不会发生。

手机也是一样。大多数消费者从美国电话电报公司或威瑞森等无线运营商那里购买手机。所以，如果你想把一款新手机推向市场，你的销售渠道只能局限于几个少数的分销商。

封锁的分销渠道是一个强大的进入壁垒。给拥有分销渠道优势的公司加 1 分，给面临此类竞争的公司减 1 分。

产品使用寿命、产品价格

像汽车、家庭娱乐系统、电脑和洗衣机这样的耐用产品都可自由决定是否购买。然而，食品、保健产品、香烟和办公用品很快就会用完，必须经常补充库存。例如，美国银行在 2008 年和 2009 年削减开支以维持运营时，是不太可能不买订书钉的。销售易耗产品的公司具有商业计划优势。

这一原则并不适用于消费品。卡伯特微电子在半导体生产过程中用到的泥浆像牙膏一样容易消耗。因此，尽管半导体行业起起落落，截至 2008 年，卡伯特微电子的销售收入还是在过去的 10 年里年均增长了 21%。相比之下，行业领先的芯片制造商英特尔同期的年平均增长率仅为 4%。

同样，产品便宜的公司比产品昂贵的公司更有优势，尤其是在经济疲软时期。例如，当经济困难时，消费者会推迟买车或买新房，但他们仍然购买早餐麦片。给那些生产易耗品或产品价格较低的公司加 1 分，给销售可选消费品的公司减 1 分。

供应状况、供应商数量

大多数公司都有多个供应商可供选择，这些供应商都渴望提供你所需的服务和产品。但有时你会遇到的公司，可能并不是这样。

例如，2005 年 3 月，营养油供应商马泰克生物表示，其唯一供应商的一家工厂出现了问题，将导致 4 月的销售收入比此前预期低 26%，此后该公司股价遭受了重创。

在其他情况下，公司可能有多个供应商，却面临全行业的关键部件短缺。这种情况发生在 2006 年，当时由于索尼的问题引发了电池短缺，笔记本电脑制造商的利润因此而大幅下滑。2007 年，当 LCD 面板再次出现短缺时又发生了类似的情况。同年，太阳能电池板制造商也遇到了类似的问题，当时它们无法获得足够的多晶硅材料。

如果公司面临供应紧张或市场单一，或只依赖一两个供应商，要减 1 分。

收入流的可预期程度

如果你对一家公司可能的销售收入心中有数，那么预测这家公司未来的收益就容易得多。那些拥有长期合同或稳定客户基础的公司的收入流是可以预期的。典型对象包括保健机构、信用卡处理商、电话和有线电视公司及公用事业公司。具有可预测收入流的公司在年度收入、现金流和收益方面的波动相对较小。

相反，媒体、服装、体育用品、耐用品（如炉具）、游戏、半导体、计算机、软件和照相机的制造商都有无法预测的收入流。因此，它们的收益同样不可预测。

给具有可预测收入流的公司加 1 分，给不具有可预测收入流的公司减1 分。

客户数量

少数客户贡献大多数销售收入的公司很容易受到客户增长率变化和客户战略变化的影响。被竞争对手夺去一个客户就会严重影响公司的业绩。

此外，重要客户议价能力强，会挤压供应商的利润。有线电视、飞机和汽车行业的供应商就属于这一类。

给拥有数千家客户的公司加 1 分，拥有几百家客户的公司不加分。如果公司的客户数少于 10 个且它们贡献了公司 50% 以上的收入，则减 1 分。

产品周期

产品周期是指一个产品在被新的产品取代之前在市场上存在的时间。产品周期较短的公司（包括女装公司、汽车公司和大多数科技制造商）比产品周期较长的公司（如糖果公司）的风险更高。产品周期短的公司必须不断开发新的产品，并要承担现有产品被新产品所取代的风险。

给产品周期长的公司加 1 分，给高科技公司和其他短周期产品生产商减 1 分。

产品 / 市场的多样化

只提供单一产品的公司比提供多种产品的公司风险更大，因为几乎任何产品的销售都可能因为无法预见的事情而意外中断。

同样，那些业务单一的公司，如汽车、建筑和能源公司，在其行业陷入低迷时也会遭殃。

生产多种产品、服务于多种市场的公司比那些不那么多样化的公司更能抵御灾难和经济衰退的影响。

给那些产品和市场多样化的公司加 1 分，给那些产品和市场单一的公司减 1 分。

通过收购实现增长

起初，大多数公司都依靠内生增长。它们的增长来自销售更多的产品或开设新的店铺。最终，随着供大于求或新的竞争者出现，增长放缓下来。当这种情况发生时，管理层必须想方设法维持增长率，否则就会累及公司及股价。

这时，大多数公司会开发新的产品或进入其他的市场，还有些公司通过收购策略以保持增长。

通过收购实现增长是一种吸引人的策略。收购一家已经建立起来并占有一定市场份额的公司，可以为收购者节省熟悉业务和开发产品的时间及费用。这个过程相对便宜，因为收购方经常用新发行的股份来支付收购对价。

这一策略在早期大获成功，通过收购公司能够保持强劲的增长速度，维持市场的乐观情绪和自身股价的上涨。后者很重要，因为该公司的股票是收购所支付的对价。

然而，最终，这个数字变得太大了。考虑一下下面这种情况。一家年销售收入为 1 亿美元的公司，通过收购一家年销售收入为 2500 万美元的公司，可以实现 25% 的销售收入增长。然而，一旦达到 2 亿美元的销售收入，它必须收购年销售收入 5000 万美元的公司才能保持同样的增长速度。使问题更加复杂的是，公司实现的销售收入越高，可供收购的标的公司就越少。

这样下去，迟早会出问题的。也许收购方支付了过多的费用，也许被收购的公司没有达到业绩预期，或者预期的成本削减协同效应没有实现。或许，企业文化之间的隔阂会让被收购公司的核心员工因感到不满而拂袖离去。

不管是什么原因，收购方都无法持续实现预期收益增长，最终导致其股价大跌。较低的股价导致收购资金缩水，进一步导致公司增长放缓，对股价造成更大的压力。实际上，收购方就功亏一篑了。

频繁收购的公司

在进行收购时，收购方通常会为目标公司支付超过账面价值的费用。收购价格与账面价值之间的差额，体现在收购方资产负债表上，该差额要么被记入商誉，要么被记入无形资产。对于从未做过任何收购交易的公司来说，商誉和无形资产的总额接近于零。

因此，你可以通过比较一个公司的商誉和无形资产在总资产中的占比来衡量它的收购历史。为了便于说明，将商誉加无形资产除以总资产的比率称为 GI/A 比率。比率越高，说明公司的收购欲望越强。

连锁药店沃尔格林和 CVS 公司就是一个很好的例子，这两家公司都是增长相对较快的公司。沃尔格林几乎完全依赖于内生增长，而 CVS 公司则主要依赖于通过收购的方式提高销售收入。

根据它们 2008 年 12 月的资产负债表，沃尔格林的 GI/A 比率为 5%，而 CVS 公司的为 59%。

表 8-1 显示了采取频繁收购策略公司的 GI/A 比率。为了进行比较，表 8-2 显示了主要依靠内生增长的公司的 GI/A 比率。

表 8-1 采取频繁收购策略公司的 GI/A 比率（商誉加无形资产除以总资产）（截至 2008 年 12 月）

公司	GI/A	公司	GI/A
CACI International	62%	Laboratory Corp. of America	64%
CVS 公司	59%	Medtronic	45%
易贝	50%	甲骨文	56%
Expedia	74%	宝洁	65%
Express Scripts	64%	迪士尼	48%
Fortune Brands	56%	WD-40	53%
J M Smucker	52%	Weight Watchers	76%
L-3 Communications	58%	Zimmer Holidays	50%

表 8-2 内生增长型公司的 GI/A 比率（商誉加无形资产除以总资产）（截至 2008 年 12 月）

公司	GI/A	公司	GI/A
苹果	1%	Harley Davidson	2%
3B 家居	0%	家得宝	3%
Bob Evans Farms	4%	科尔士百货	2%
邦吉	2%	Microchip Technology	2%
CARBO Ceramics	1%	Pegasystems	4%
卡特彼勒	4%	PetSmart	2%
哥伦比亚运动服装	3%	Seacor Holdings	2%
康菲	3%	XTO Energy	4%
Digital Globe	1%		

正如你所看到的，连续收购和内生增长型公司的该比例差异巨大。根据经验，内生增长型公司的比率通常低于 5%。15% 或更高的比率表明，该

公司的业绩增长至少是部分依赖于收购实现的。

给 GI/A 比率低于 5% 的公司加 1 分，给 GI/A 比率高于 15% 的公司减 1 分。

过分渲染的竞争优势

有些所谓的竞争优势听起来不错，在实践中却并未发挥多大作用。除非你是该领域的专家，否则以下两大优势，你最好予以忽略。

专利

制药行业有效地利用了专利作为其进入壁垒。然而，该行业更多的是一个特例。例如，电信公司每年提交成百上千的专利文件，但竞争对手层出不穷。你很难想象有哪个科技公司能把专利变成有效的进入壁垒。

很少有投资者能用专业知识判断出专利的价值是否足够作为进入壁垒。即使在制药行业，也很难评估一项专利的价值。一种新药可能听起来令人惊叹，但竞争对手可能即将拿出更好的疗法。

除非你是该领域的专家或专利律师，否则不要把专利看作进入市场的重大壁垒。

专利技术 / 生产过程

从理论上讲，一家公司优越的生产工艺或设备可能是一个有效的进入壁垒。但在实践中，这些优势常常达不到预期的效果。

例如，再拿惠普与利盟来说。与惠普相比，利盟拥有激光打印机生产成本优势，因为该公司自己制造发动装置（打印机的核心部件），而惠普从佳能手中购买。但不知为什么，利盟的这种优势从未起过多大作用。惠普仍在该行业中占据着主导地位，利盟未能获得很大的市场份额。

　　每一个 CEO，只要有机会，都会告诉你为什么其公司的产品在技术上更先进。这是他们的工作。许多市场分析人士把这种教条当作真理来重复。像对待专利一样，除非你是专家，否则你最好还是对那些被吹捧的技术优势持怀疑态度。

商业计划计分卡

　　正如前面所讨论的，对公司具有显著优势的每个因素奖励 1 分，对于不利因素减去 1 分。如果这项内容与公司无关，则得分为零。请见第 15 章和第 16 章，以进一步了解每种战略的相关细节。

商业计划计分卡

品牌标识

其他进入壁垒

分销模式

分销渠道

产品使用寿命、产品价格

供应状况、供应商数量

收入流的可预期程度

客户数量

产品周期

产品 / 市场多样化

通过收购实现增长

频繁收购的公司		
总分		

总结

专业的基金经理通常会在投资前评估该公司的商业计划，你也应该这样做。科技行业候选公司的得分通常低于其他行业，因为许多公司没有强大的品牌优势，以将它们与该领域中的其他公司区分开来。大多数公司产品价格高昂，生命周期短，且其中有许多是依靠收购来实现增长的。

第 9 章

分析工具六：评估管理质量

许多专业的基金经理认为管理质量是他们在分析时的一个重要考虑因素。他们经常拜访上市公司，花上一两天时间与管理层沟通交流，以确定公司关键管理层行为是否与股东利益最大化一致。对个人投资者来说，访问公司并与管理层会面是不切实际的。但我们能用切实可行的办法来完成这项工作。

重要高管和董事会成员素质

首先看一下公司主要人物的简历。路透社的高管和董事报告提供了主要高管的简历。

其次，寻找有相关经验的管理人员。至少有些人应该是在该行业有多年经验的资深人士。假设你在招聘，根据他们的工作经验你会雇用他们吗？注意一下这些关键高管从事一项工作的时间长短。管理层的频繁变动是出现危机的警报。

再看看董事会的成员构成。最理想的董事会构成，其成员大多是同一领域成功企业的首席执行官，而不是顾问和风险投资家。

在互联网泡沫的全盛时期，许多热门的初创企业由投资银行家而不是经验丰富的经理人运营。下面是一个极端的例子。

Webvan 是一家网络杂货零售商，提供送货上门服务。它于 1999 年 11 月上市，但不到 2 年就申请了破产。该公司的首席执行官之前曾是一名管理顾问；负责企业运营和财务的高级副总裁是一名律师，之前在美林证券工作；负责采购的副总裁来自通用电气。董事会里没有一个人有卖杂货的经验。

不幸的是，如今事情并没有太大的改变。你仍然会发现，许多公司的董事会中充斥着私募股权投资者和股票经纪人、律师和顾问。

账目明晰

许多市场专业人士认为，账目明晰是公司管理良好的标志。对他们来说，重复出现一次性、非经常性支出和特殊项目支出是存在账务问题的信号。

一些公司高管喜欢非经常性支出，因为他们在公布预期收益时不需要计算这些费用。因此可以认为，非经常性支出金额越多，报告的预期收益就越高。

如果使用得当，预期收益并没有什么问题。这些用途可能包括将最近收购过来的公司合并报表，这样看起来就好像它们一直是一家公司一样，或者扣除所得税返还及法律费用等一次性事件的影响。

当经理只是为了提高预期收益而不恰当地反复使用它们时，问题就出现了。不幸的是，分析人员常常会接受管理层对于正常收益的定义，而从不对此提出质疑。

非经常性费用很容易发现。路透社和 MSN Money 都在每家公司利润表的单独一行列出了非经常性项目。两者都将此类支出列为非经常性费用/收入。

原始数据本身没有多大意义,因此最好将利润表中的非经常性支出与销售收入进行对比。

你可以用非经常性支出除以销售收入,将计算结果以百分比显示。例如,如果一家公司的销售收入是 1000 美元,而非经常性支出是 100 美元(100/1000),那么这个比例将是 10%。

表 9-1 列出了抽样调查公司的非经常性支出与销售收入的百分比关系。我从 MSN Money 提供的上市公司利润表里面摘选出了这些数据,其利润表将几个单独的项目合并成特殊项目。如果你使用 MSN Money 提供的财务报表,需要把非经常性费用加到特殊项目中,然后再除以销售收入。

表 9-1　非经常性费用和特殊项目支出与销售收入的百分比关系

公司	2008 年	2007 年	2006 年	2005 年	2004 年
Adobe Systems	1%	0%	1%	9%	0%
Alleghany	68%	41%	39%	69%	58%
American Water Works	32%	23%	11%	18%	37%
Applied Materials	1%	0%	2%	0%	2%
Avalonbay Communities	42%	17%	17%	37%	29%
Boston Scientific	34%	14%	53%	17%	2%
卡特彼勒	0%	0%	0%	0%	0%
谷歌	5%	0%	0%	0%	5%
MDC Holdings	20%	25%	2%	0%	0%
迪士尼	0%	0%	0%	0%	0%

注:表中所示均按照最接近日历年度的财务年度计算,数据来自 MSN Money 提供的上市公司利润表。考虑在内的费用包括非经常性费用和特殊项目支出。

如果你想了解更多细节,可以使用提供的利润表。这样的话,你需要在计算中考虑所有与非经常性、重组、研发、特殊项目、会计变更和非持续运营等相关的费用。

　　评价管理质量是一项主观性工作。大多数公司常常真的会产生一些非经常性支出，如败诉导致的相关支出、关闭工厂、注销毫无价值的专利等。技巧在于，如何将这些公司与那些不断用非经常性支出来提高预期收益的公司区分开来。

　　公司过去几年非经常性支出的模式比任何一年的数字都重要。你可以简单地目测一下结果或平均过去 5 年的比率来做到这一点。5 年平均比率大幅高于 4% 的公司具有非经常性费用滥用的嫌疑。

　　从历史的角度来看，表 9-2 显示了 2002 年初这些公司与此前相同的要素信息。

表 9-2　2002 年初一次性、非经常性和特殊项目支出占销售收入的百分比

公司	2001 年	2000 年	1999 年	1998 年	1997 年
3B 家居	0	0	0	0	0
思科	9%	7%	4%	7%	8%
联合电脑	—	-4%	13%	23%	0
戴尔	2%	1%	1%	0	0
英特尔	1%	0	1%	1%	0
郎讯	57%	3v	-8%	4%	5%
微软	0	1%	0	0	2%
泰科	45%	15%	7%	15%	12%

注：表中所示均按照最接近日历年度的财务年度计算，数据来自路透社提供的上市公司利润表。
　　考虑在内的费用包括非经常性、重组、研发、特殊项目支出、会计变更和非持续性运营支出。

　　泰科的首席执行官丹尼斯·科兹洛夫斯基和首席财务官马克·斯沃茨被判重大盗窃罪（grand larceny）。朗讯曾考虑过申请破产，但最终与阿尔卡特合并了。

收益增长的稳定性

　　查看公司的历史收益模式也可以帮助你评估管理质量。每家公司

都有不景气的时候，但总体而言，有稳健经理人的公司收益增长相对
稳定。

相反，一些公司过山车般的过往业绩，会让你对其高层的管理能力产
生怀疑。

MSN Money 和路透社的财务摘要报告都列出公司最近 3 年的 EPS，其
格式便于我们直观地评估收益增长的稳定性。它们在一列中显示出每年的
季度收益，以便于比较每年同一季度（如第一季度）的数据，从而消除季
节性差异。这对于快速浏览来说是好事，但你真的需要至少 4 年，最好 5
年的数据来分析公司盈利增长的稳定性。Earnings.com 是一个很好的资源，
通过它你可以查看大约过去 5 年的季度 EPS 数据。但缺点是 Earnings.com
以列表形式显示 EPS 数据，因此你必须自己建立表格。

表 9-3 显示了一个具有持续盈利历史的公司的 EPS 和季度业绩。要排
除季节性因素，就一定要将收益与上年同期相比，而不是与前一季度相比。
但要求也不能过于苛刻。因为，即便是管理良好的公司，偶尔也会出现业
绩不佳的时候。

表 9-3　EPS 和季度业绩：持续的盈利历史反映了高质量的管理能力

（单位：美元）

	2008 年	2007 年	2006 年	2005 年	2004 年
第一季度	0.32	0.24	0.14	0.12	0.09
第二季度	0.38	0.29	0.26	0.20	0.14
第三季度	0.35	0.30	0.26	0.35	0.35
第四季度	0.67	0.53	0.40	0.35	0.29
总计	1.72	1.36	1.06	1.02	0.87

表 9-4 显示了一个历史盈利不稳定的公司的 EPS 和季度业绩，使人对
其管理质量产生怀疑。

表 9-4　EPS 和季度业绩：不稳定的盈利增长　　（单位：美元）

	2008 年	2007 年	2006 年	2005 年	2004 年
第一季度	−0.27	0.09	−0.04	0.07	0.05
第二季度	0.15	0.14	0.02	0.14	0.08
第三季度	−0.20	0.12	−0.17	0.11	0.14
第四季度	−0.05	−0.05	0.01	0.35	0.31
总计	−0.37	0.30	−0.18	0.67	0.58

高管持股情况

让人放心的情况是，关键管理层，尤其是 CEO 和 CFO，拥有公司的大量股份。怎样才算大量股份因公司规模而不同，但对 CEO 来说应该达到数百万股，CFO 应该有数十万股。如果主要高管只持有几千股，并在行使股票期权后立即卖出股份，就会让人感到忐忑不安了。

雅虎的内部人士报告是一个很好的资源，你可以在那里看到内部人士持有多少股份。路透社的高管和董事报告显示了每个内部人士持有的股票期权。关键高管持股比例低本身并不是一个不能买入的因素，但它应该与其他管理质量因素综合考虑。

总结

管理质量可能是决定公司成败的最重要因素。查看公司关键人物的资历是检查管理者任职资格的好方法。分析账目是否明晰，可以了解到公司管理层是否属于保守型，是考虑公司和股东的长远利益，还是违背原则博取短期收益。分析收益增长稳定性和关键高管持股情况可以让我们对管理质量有更为深入的了解。

第 10 章

分析工具七：财务健康状况分析

选择财务健康的股票对投资成功来说至关重要。这章主要讲述的是怎么来实现这一目标。

财务健康至关重要

造成股价每日涨跌的因素有很多。但从长期来看，导致大多数股票下跌的因素只有 2 个。

▶ 盈利增长预期的下降。

▶ 市场认为该公司现金不足，可能会申请破产。

大多数分析师和个人投资者都专注于前者，对后者并不太关心。

要证明这一点，只需要看看房利美、房地美或美国国际集团的例子就可以了。2008 年，为防止这 3 家公司申请破产，美国政府出手接管了它们。

然而，尽管出现了很多警告信号和股价暴跌的情况，但在这些公司股价崩溃前不久，仍有许多分析师建议买入这些股票。

一家公司不需要申请破产就能让你损失惨重，只要它接近破产边缘，其股价就会跌得一塌糊涂。

考虑到这些后果，你可能认为分析师在做出买入或卖出建议时一定已经考虑了上市公司的财务健康状况。但很多时候实际情况并非如此，所以你只能依靠自己的判断。

幸运的是，进行分析所需的信息是现成的。此外，完成这项工作不一定非要债券分析师来做才行。你只需要判断一家公司是否有破产的可能，而不需要判断它的债券评级是 AAA 还是 AA。这个过程很简单，任何人都能做到。本章描述了两种不同的评估财务状况的方法，具体用哪种方法取决于目标公司的负债水平高低。

低负债的公司相对容易分析，高负债的公司在分析时需要用到计算器，所以花的时间相对较多。因此，如果你不喜欢和数字打交道，可以考虑将你的候选股限制为低负债的股票。这应该不是多大的问题——你会找到很多符合要求的股票。

如果你不想做这两种分析中的任何一种，我们将在本章后面提供两种其他检查方法：查看公司当前的债券评级，或者分析债券分析师是否在债券价格的评估中考虑了破产风险，如果是的话就表明公司存在违约风险。

找出面临财务困境的公司

面临破产的公司通常能归入以下三种情况之一。

受挫烧钱公司：一些新成立的公司从未达到持续盈利的阶段。它们可能没有或只有很少的长期债务，因为它们最初是通过 IPO 和后续股票发行获取资金的。现在它们现金短缺，且无法进一步筹措资金。

债务负担过重的公司：这些公司通常都是规模较大的成熟企业，过去它们通过举债来提高生产能力。当意外情况发生时，它们无法产生足够的现金来偿还债务。

有偿付能力且（或）盈利的公司：有些成熟的公司提交破产申请是为了避免诉讼，如和石棉相关的索赔。

简化问题

你可以使用受挫烧钱公司法（Busted Cash Burner）来分析低负债的公司，这比分析高负债公司所需的详细财务健康测试法（Detailed Fiscal Fitness Exam）要简单得多。因此，首先要做的就是确定你所分析的股票是属于低负债还是高负债类型。

衡量债务

衡量债务的最好方法是什么？我建议使用财务杠杆率，通常简称为杠杆或杠杆率。不管你怎么称呼它，其公式是总资产除以股东权益。用资产来衡量债务的概念听起来可能有些落后，但它确实有效。下面将解释其有效的原因是什么。

如果你转换一下计算公式，你会发现财务杠杆也等于 1+ TL/SE，其中 TL 是总负债，SE 是股东权益。也就是说，财务杠杆是总负债除以股东权益再加 1。这就相当于将负债与资产进行比较。

使用财务杠杆而不是 TL/SE 的优势在于，你不需要进行计算。MSN Money、晨星、福布斯还有一些其他的公司都提供了这一计算结果，并将其列在它们的财务比率报告中。

财务杠杆等于 1 表示公司没有负债，该比率越高，表示公司负债水平越高。多数股票的杠杆率中值在 2.5 左右。然而，银行和其他金融机构

的比率更高，通常在 5 ～ 15 之间。对它们来说，借来的现金就是它们的
存货。

财务杠杆率是比常见的债务 / 权益比率更好的债务衡量指标。债务 / 权
益比率只计算长期债务，而总负债 / 权益（D/E）比率既包括短期债务也包
括长期债务。你可能认为总 D/E 比率能覆盖所有的负债了，但其实并非如
此。一些公司将某些债务项目列在不按 D/E 比率计算的类别中。相比之下，
财务杠杆率把所有东西都考虑在内了。

表 10-1 列出了房利美、房地美和美国国际集团截至 2008 年 6 月 30 日
的财务杠杆率，那之后不久它们就都倒闭了。

表 10-1　财务杠杆率

公司	杠杆率
房利美	21.5
房地美	66.9
美国国际集团	13.4

表 10-2 列出了 2009 年第一季度申请破产的 11 家上市公司的财务杠杆
率。这些比率是从每家公司申请破产前的最后一期财务报告中找到的。

表 10-2　2009 年初申请破产的 11 家上市公司的财务杠杆率

公司	杠杆率
BearingPoint	权益为负
Fleetwood Enterprises	13.9
Magna Entertainment	4.3
Milacron	权益为负
Nortel Networks	权益为负
Pacific Energy Resources	权益为负
Smurfit-Stone Container	权益为负
Tarragon	权益为负
Tronox	4.3
Trump Entertainment Resorts	2 649
Young Broadcasting	权益为负

权益为负是指负债超过资产。也就是说，该公司已经资不抵债了。然而，这并不一定意味着它是一家即将破产的公司。这取决于它能否产生足够的现金来付息，甚至是还清债务。

利用杠杆率来决定你是用受挫烧钱公司法还是用详细财务健康测试法。表 10-3 给出了财务杠杆率决定财务健康分析的方法准则。

表 10-3　财务杠杆率决定财务健康分析的方法准则

杠杆率	建议的分析方法
负值	详细财务健康测试法
低于 2.5	受挫烧钱公司法
2.5 及以上	详细财务健康测试法

识别潜在的"烧钱"公司

决定一家公司是不是潜在的受挫烧钱公司需要比较其经营现金流和营运资本。下面解释这些术语的具体含义。

经营现金流

经营现金流是指在一定时期内，由于公司的主要经营活动而流入或流出公司银行账户的现金。经营现金流不包括因增加或偿还债务、购买资本设备、发行股票等而产生的现金流。

分析经营现金流比分析盈利更好，因为一家公司可能报告正的收益，却仍在烧钱（现金在流出，而不是流入）。下面描述 3 种可能发生的情况。

案例 # 1

假设 A 公司报告了一笔关于客户 B 的 1000 美元销售收入。A 公司在交货后确认了 1000 美元收入，但直到季末客户 B 还没有付款。

按照规定，A 公司将 1000 美元作为销售收入入账，扣除产品成本和其他费用的差额，比如 200 美元作为净利润入账。由于尚未收到 B 公司的任何现金，A 公司将未付的 1000 美元增加到应收账款科目中。

因此，A 公司在利润表上显示了 1000 美元的销售收入和 200 美元的利润，却没有从客户那里得到任何现金。事实上，A 公司实际支出了 800 美元现金。因此，它的经营现金流为 -800 美元。

案例 # 2

让我们对假设做一下修改，假设客户 B 的确在结算日前付了款。但是为了得到更理想的价格，A 公司订购了足够的原料来生产两种产品（价值 600 美元）。因此，A 公司的库存中多了价值 300 美元的原料。假设 A 公司用现金购买了这些原料，那么它的银行存款将减少 100 美元（售出产品的 200 美元净利润减去 300 美元存货）。所以，虽然它的净利润为 200 美元，但经营现金流却减少了 100 美元。

案例 # 3

最后，假设客户 B 在季度末之前付款，但 A 公司必须花费 2000 美元购买一台新的机器来生产产品。A 公司的经营现金流是 200 美元，但在支付了 2000 美元的资本支出后，实际上，这笔交易使公司现金流减少了 1800 美元。自由现金流量是经营现金流减去资本支出（厂房和设备）的会计术语。在这个例子中，公司 A 的自由现金流是 -1800 美元。

由于资本支出通常是一项可选支出，我们使用经营现金流来分析潜在的受挫烧钱公司。

营运资本

检查现金流只能说明一半的问题。你还必须判断公司是否有足够的现金来经营业务。因此，我们将检查营运资本，营运资本等于流动资产减去流动负债。在会计术语中，"流动"指的是本质上为短期（少于1年）的资产和负债。

流动资产

流动资产包括现金、存货和应收账款，不包括建筑物、资本设备和专利等非流动资产。

现金包括银行里的现金和可以随时转换成现金的短期投资。库存包括准备发货给客户的成品、原材料和半成品（在制品）。应收账款指客户对已装运但尚未付款的货物所欠的款项。

流动负债

流动负债包括未缴税款、应付账款、短期债务及公司在未来12个月内必须偿还的其他负债。

流动资产和流动负债比较

营运资本就是流动资产减去流动负债，也就是可用来经营企业的现金。当流动资产超过流动负债时，营运资本为正，反之，营运资本为负。

流动比率是表达同样含义的另一术语。流动比率是流动资产除以流动负债。当流动资产大于流动负债时，流动比率大于1，反之，流动比率小于1。

受挫烧钱公司分析

你可以使用各种金融网站提供的资产负债表和现金流数据进行分析。晨星将数据整理成了一种易于使用的格式。尤其重要的是，晨星展示了过去12个月（TTM）的经营现金流，这是分析所需要的数据。

利用晨星名叫"5-Yr Restated"的财务报告（见图 10-1），你应该不会花费超过一两分钟的时间来完成整个受挫烧钱公司的分析。晨星的资产负债表明细列出了现金和其他流动资产。通过将这两项相加来计算流动资产，然后从流动资产中减去流动负债，计算营运资本。用晨星上的术语表示如下：

营运资本＝现金＋其他流动资产－流动负债

Cash Flow $Mil				
Fiscal year-end: 1				TTM = Trailing 12 Months
	2007	**2008**	**2009**	**TTM**
Operating Cash Flow	3,969	3,949	1,894	1,894
- Capital Spending	896	831	440	440
= Free Cash Flow	3,073	3,118	1,454	1,454

Balance Sheet			
Assets	**$Mil**	**Liabilities and Equity**	**$Mil**
Cash	8,352.0	Current Liabilities	14,859.0
Other Current Assets	11,799.0	Long-Term Liabilities	7,370.0
Long-Term Assets	6,349.0	Shareholders' Equity	4,271.0
Total	**26,500.0**	**Total**	**26,500.0**

图 10-1　截至 2009 年 3 月，晨星显示的戴尔现金流和资产负债表明细

其次，估计本年度的经营现金流。晨星列出了公司过去 3 年和过去 12 个月的经营现金流。通常，过去 12 个月的数据是一个很好的估计值。

然而，如果历史现金流每年都不一致，你可能需要修改本年度现金流的预期值。例如，假设过去 12 个月现金流是 30，但是最近 3 年的数字分别是 −50、50 和 −20。在如此不一致的情况下，过去 12 个月的数据就值得质疑了。这时你不得不运用自己的判断力。而在这种情况下，我猜测当年的经营现金流大概率为 0。

根据营运资本和预期经营现金流情况，公司可分为以下 4 种类型。

▶ 经营现金流为正且营运资本为正。

▶ 经营现金流为正且营运资本为负。

▶ 经营现金流为负且营运资本为正。

▶ 经营现金流为负且营运资本为负。

经营现金流为正且营运资本为正

这是最好的结果。如果你要求所有的股票符合这一标准一定不会错。这些公司已经有足够的营运资本来偿还债务,而且它们还在不断地增加现金储备。

软件巨头微软 2009 年 3 月的财务报表(见图 10-2)说明了这一点。该公司的资产负债表上有 72.85 亿美元现金,另有 334.39 亿美元其他流动资产,减去 238.23 亿美元的流动负债,微软的营运资本为 169.01 亿美元。此外,微软在过去 12 个月里产生的经营现金流为 192.81 亿美元。将近 12 个月的现金流与过去 3 年的进行比较,可以发现过去 12 个月的数字是合理的。

Cash Flow $Mil
Fiscal year-end: 6

	2006	2007	2008	TTM = Trailing 12 Months TTM
Operating Cash Flow	14,404	17,796	21,612	19,281
- Capital Spending	1,578	2,264	3,182	3,470
= Free Cash Flow	12,826	15,532	18,430	15,811

Balance Sheet

Assets	$Mil	Liabilities and Equity	$Mil
Cash	7,285.0	Current Liabilities	23,823.0
Other Current Assets	33,439.0	Long-Term Liabilities	8,087.0
Long-Term Assets	28,129.0	Shareholders' Equity	36,943.0
Total	68,853.0	Total	68,853.0

图 10-2 晨星的微软 "5-Yr Restated" 报告

或许因为一些其他原因买入微软的股票可能不是明智之举,但从财务健康的角度来看,微软似乎是赢家。

表 10-4 列出了 15 家稳定正现金流的公司,它们拥有充裕的营运资本,几乎没有负债。

表 10-4　15 家稳定正现金流的公司（截至 2009 年 5 月 15 日）

公司	流动比率	2008 年经营现金流 （百万美元）	2007 年经营现金流 （百万美元）
Bankrate	5.3	43	78
卡伯特电子	11.3	71	65
CoStar Group	7.7	41	52
Cree	8.9	103	111
Dorchester Minerals	21.7	83	58
Gentex	9.3	121	149
Hittite Microwave	14.6	60	53
Intersil	5.4	204	232
Intrepid Potash	6.2	158	39
马泰克生物	6.3	107	46
MKS Instruments	7.7	90	119
Neutral Tandem	10.4	35	24
Pioneer Southwest Energy Partners	15.9	101	72
Simpson Manufacturing	8.4	16	36
Techne	14.9	16	8

经营现金流为正且营运资本为负

这些公司以前是受挫烧钱公司，后来转危为安了，并且现在产生了额外的现金流。然而，就营运资本而言，它们仍处于不足状态。要通过这一考验，当前的现金流必须足以覆盖营运资本赤字。

安全软件制造商赛门铁克是一个很好的例子（见图 10-3）。截至 2008 年 12 月 31 日，赛门铁克的资产负债表显示，其流动资产为 29.43 亿美元，而流动负债为 34.71 亿美元。因此，就营运资本而言，其赤字额为 5.28 亿美元。

不过，该公司公布的过去 12 个月经营现金流为 17.38 亿美元。假设它继续以这个速度产生现金流，就可以在 6 个月内消除赤字。要通过这一考验，其预计年经营现金流量应至少等于营运资本赤字。

Cash Flow $Mil				
Fiscal year-end: 3				TTM = Trailing 12 Months
	2006	**2007**	**2008**	**TTM**
Operating Cash Flow	1,537	1,666	1,819	1,738
- Capital Spending	267	420	274	280
= Free Cash Flow	1,270	1,246	1,545	1,458

Balance Sheet			
Assets	**$Mil**	**Liabilities and Equity**	**$Mil**
Cash	1,449.0	Current Liabilities	3,470.8
Other Current Assets	1,494.0	Long-Term Liabilities	3,180.5
Long-Term Assets	7,899.0	Shareholders' Equity	4,190.7
Total	**10,842.1**	**Total**	**10,842.1**

图 10-3　晨星的赛门铁克 "5-Yr Restated" 报告

经营现金流为负且营运资本为正

你遇到的大多数受挫烧钱公司都会有正的营运资本。在这种情况下，以目前的现金消耗率，你需要估计公司在现金耗尽之前，能继续经营多久。

处理这个问题的最佳方法是将过去 12 个月的经营现金流转换为每月的烧钱量（除以 12），然后比较烧钱量与营运资本。例如，如果一家公司每月消耗 1000 万美元，并且拥有 1 亿美元的流动资本，那么它就有 10 个月的现金供给。

多少钱才够呢？根据经验，如果一家公司有足够的现金可以至少维持 2 年，那么它可能有很好的生存机会。如果公司的商业计划很有前景，它很可能会吸引到更多的资本，或者，更好的是，在这段时间内，现金流转为正值。

相反，营运资本不足 12 个月的公司就很危险，除非它们能在短时间内筹集到额外资金。

为了说明这一点，以医疗设备制造商阿比奥梅德（见图 10-4）为例。截至 2008 年第四季度的 12 月末，阿比奥梅德的销售收入为 2500 万美元，约为每月 200 万美元。然而，阿比奥梅德的流动资产为 9700 万美元，而流动负债为 1400 万美元，因此其营运资本为 8300 万美元，以目前的消耗率计算，足以维持约 3.5 年。时间这么长，阿比奥梅德可以在资金耗尽之前将新产品投放到市场。

Cash Flow $Mil				
Fiscal year-end: 3				TTM = Trailing 12 Months
	2006	**2007**	**2008**	**TTM**
Operating Cash Flow	-9	-20	-29	-25
- Capital Spending	3	2	4	3
= Free Cash Flow	-12	-22	-33	-29

Balance Sheet			
Assets	**$Mil**	**Liabilities and Equity**	**$Mil**
Cash	3.0	Current Liabilities	13.6
Other Current Assets	94.0	Long-Term Liabilities	2.2
Long-Term Assets	46.0	Shareholders' Equity	126.3
Total	**142.1**	**Total**	**142.1**

图 10-4　晨星的阿比奥梅德 "5-Yr Restated" 报告

经营现金流为负且营运资本为负

处于这种状况的公司几乎无可救药了。在通常情况下，你不会找到很多处于这种困境的公司。然而，2008 ～ 2009 年，这类公司层出不穷。

Racetrack 的所有者 Magna 就是这样一个例子。

根据 Magna 2008 年 9 月的报告，该公司在前四个季度亏损了 6300 万美元（见图 10-5），导致其营运资本赤字为 1.96 亿美元。Magna 从未回避报告 2008 年 12 月的业绩。2009 年 3 月，该公司申请了破产。

Cash Flow $Mil				
Fiscal year-end: 12				TTM = Trailing 12 Months
	2005	**2006**	**2007**	**TTM**
Operating Cash Flow	-57	-64	-62	-63
- Capital Spending	---	---	80	48
= Free Cash Flow	---	---	-141	-111

Balance Sheet			
Assets	**$Mil**	**Liabilities and Equity**	**$Mil**
Cash	21.0	Current Liabilities	420.1
Other Current Assets	203.0	Long-Term Liabilities	471.0
Long-Term Assets	939.0	Shareholders' Equity	272.7
Total	**1,163.7**	**Total**	**1,163.7**

图 10-5　晨星的 Magna "5-Yr Restated" 报告

简单分析就足够了

简单分析假设过去 12 个月的现金流消耗量未来仍将持续，并且每家公司的营运资本将及时地完全转换成现金用以支付营运费用。

在实际中，一家濒临破产的公司将想尽办法降低现金消耗量。另一方面，并不是所有的营运资本都将转化为现金，也不是所有的存货都将出售，亦不是所有的应收账款都能收回。最后，假设误差将相互抵消，而用于分析的估计值也足够接近了。

有些公司将生存下来

并非所有的受挫烧钱公司都会申请破产。一些公司能找到额外的融资，还有些将会被收购。

你可以做更多的研究来确定可能的幸存者。首先查看每家公司的新闻，已经找到融资途径的公司会在新闻稿中宣布。

如果你在新闻上找不到任何关于该公司的消息，你可以通过查看每家公司的 SEC 报告来继续研究。但首先你应该确定，将时间花在这样的公司上是否比分析一家状况良好的公司更划算。

财务健康状况详细分析

20 世纪 90 年代初进行的一项具有里程碑意义的研究显示，价值型股票的表现优于成长型股票。后来，芝加哥大学商学院的会计学教授约瑟夫·彼得罗夫斯基重新审视了这个结论。

他发现，价值型股票组合表现优异的主要原因是几只表现强劲的股票拉高了组合的回报率。事实上，更多股票的表现是低于而不是高于市场表现的。

"依赖少数公司的强劲表现，同时容忍大多数不断恶化的公司表现不佳。"彼得罗夫斯基对这样的策略表示质疑。比如，假设 100 只股票中有 5 只表现优异。而你若只买 10 只或 15 只股票，挑选到这些表现优异股票中的一只的机会有多大呢？

彼得罗夫斯基推断，由于价值型股票出现差错，很多投资组合价值降低，陷于财务困境，步履艰难。彼得罗夫斯基想知道是否可以通过剔除表现较差的股票提高价值投资组合的总体表现。为了找到答案，他设计了一个简单的 9 步测试，使用财务报表中的指标来评估公司的财务实力。

在测试的每一步中都提出一个问题，如果公司通过，就给 1 分。例如，这家公司去年赚钱了吗？如果是，就给 1 分，如果不是，就给 0 分。经营现金流也是一样，如果去年是正值，则为 1 分，如果不是，则为 0 分。剩下的 7 个问题有关业绩指标，如 ROA、毛利率、资产周转率、营运资本等。

每个问题值 1 分，所以总分为 0～9 分。

彼得罗夫斯基认为得分低于 5 分的公司财务状况不佳，得分在 5 分及以上的公司财务状况良好。他比较了两种情况，一种投资组合中只有财务实力强劲的公司，另一种组合中全是价值型股票。他发现，前者比后者的年回报率高 7.5%。最重要的是，他发现财务状况不佳（得分较低）的公司因业绩等相关原因退市的可能性是财务实力强劲的公司的 5 倍。

你可以用彼得罗夫斯基的方法来寻找价值候选股。美国个人投资者协会在其网站上介绍了基于该方法的股票筛选法。然而，在经过一些修改之后，彼得罗夫斯基的评分系统可以用来评估所有高负债公司的财务状况，而不仅仅局限于身处困境的价值型股票。

我在各种股票上测试了彼得罗夫斯基的评分方法，包括价值型和成长型股票，并进一步研究了处于财务困境公司的普遍影响因素。基于这些研究，我设计了一套修改版的方法，一般负债和高负债的公司都可以使用。然而，当遇到负债非常低的公司时，它就会失效，并且有时会给财务状况良好但最近报告现金流和盈利为负的公司打出错误的分数。

因此，这套财务健康状况检查方法只能用于高负债公司（财务杠杆率为 2.5 或更高）。

我在介绍这套新方法的同时，将解释我对彼得罗夫斯基原始方法所做出的修改。

衡量财务健康状况

彼得罗夫斯基的评分方法由 9 个测试组成，每个测试值 0 分或 1 分。我修改了他原来的一些测试，并添加了两个新测试。其中一个新测试的得分可以是 −1 分、0 分或 1 分，另一个新测试的得分可以是 0 分或 1 分。所以可能的总分数范围是 −1 ~ 11 分。

彼得罗夫斯基将他的 9 步测试分为 3 类：盈利能力、债务和资本，以及运营效率。所有的测试都衡量该公司在过去 12 个月内的表现——即最近 4 个季度或者上一年。使用年度数据计算分数相对容易，但最近 4 个季度的数据可能更符合实际。

彼得罗夫斯基的许多测试包括比较测试周期期初和期末的比率。例如，期间 ROA 是否有所增加？我并未计算期初和期末的比率，而是走了些捷径，比如，要弄清 ROA 是否真的有所增加，我会比较净利润和总资产各自增加的百分比。从数学上来看，两种方法是一致的，但我的方法计算起来更加简单。

我将净利润的百分比增长与总资产的百分比增长进行比较。它在数学上与比较比率无关，但更容易计算。

在计算分数时，一定要测量 12 个月内的收入、利润和现金流。对于资产负债表上的项目，如资产和债务，总是比较 12 个月内开始和结束时的数据。

下面的部分详细描述了彼得罗夫斯基最初的 9 步测试及我新加的 2 项。

盈利能力

当然，利润是财务实力的关键。没有盈利，大多数公司最终都会倒闭。本部分描述了 4 个盈利能力测试，本质上与彼得罗夫斯基的测试相同。前 2 个测试用来判断公司的净利润和经营现金流是否会形成盈利，后 2 个测试用来衡量报告期公司的利润质量。

1）**净利润**：净利润是公司的税后利润，是衡量公司财务状况的重要因素。如果净利润为正，就加 1 分。

2）**经营现金流**：报告期的净利润容易受到会计政策变更的影响。相比之下，经营现金流衡量的是实际现金利润。如果经营现金流为正，就加 1 分。

3）**ROA**：用来衡量管理层将可用资源转化为利润的效率。彼得罗夫斯基希望 ROA 每年能有所增长，而我要求净利润增速超过资产总额增速。如果能符合这一要求，就加 1 分。

4）**收入质量**：经营现金流常常高于净利润，因为折旧和其他非现金项目要从利润中扣除，而不是从现金流中扣除。如果净利润超过经营现金流，非现金会计项目可能会使利润虚高。如果经营现金流超过净利润，就加 1 分。

债务和资本

一家公司是在债务中越陷越深，还是在努力摆脱困境？测试 5 和测试 6 将为债务水平下降的公司加分。如果债务水平下降了，那么下降的原因是业务盈利，还是公司通过发行更多的股票融资了呢？测试 7 将惩罚那些发行股票进一步融资的公司。作为副产品，该测试还惩罚了那些通过收购而不是内生方式实现增长的公司。

　　5）**总负债比总资产**：总负债与总资产之比衡量的是公司的债务负担。对于实力强大的公司来说，债务增加不一定是个问题，但由于彼得罗夫斯基研究的主要是陷入财务困境的公司，他希望看到公司债务水平的下降。我用总负债来代替彼得罗夫斯基所要求的长期债务，因为总负债衡量债务的效果更好。如果总资产的年增长百分比超过总负债的年增长百分比，则加 1 分。

　　6）**营运资本**：即流动资产减去流动负债。彼得罗夫斯基认为，营运资本的增长预示着资产负债表的走强。然而，财务健康的公司没有理由让营运资本增加至所需水平以上。我修改了彼得罗夫斯基的要求，只惩罚营运资本缩水的公司。

　　流动比率（流动资产除以流动负债）是衡量营运资本的另一指标。当流动资产等于流动负债时，该比率为 1，当营运资本增加时，该比率上升。如果最新的流动比率与去年同期持平或高于去年同期，加 1 分。

　　7）**已发行股份**：彼得罗夫斯基认为公司发行股票是为了融资或进行收购，因此会惩罚那些增加已发行股份数量的公司。然而，即使公司没有发行股票用于收购或筹集现金，员工股票期权作为一种常规事项，也会增加已发行股份的数量。股票期权通常会使已发行股份数量每年小幅增长不超过 2%。我修改了彼得罗夫斯基的测试，如果已发行股份数量增加未超过 2%，就加 1 分。

运营效率（生产力）

　　实际上，这两项测试是在给该公司的运作"把脉"。毛利率的上升及资产周转率的改善均表明，该公司的竞争地位和生产能力都在改善。

8）**毛利率**：无论公司的财务状况如何，毛利率下降（毛利润除以销售收入）预示着竞争地位的恶化和其他经营问题的出现。彼得罗夫斯基奖励毛利率增长的公司，我也赞同这项要求。如果毛利率（过去 12 个月）高于去年同期，则加 1 分。

9）**资产周转率**：资产周转率是收入除以总资产，是衡量生产率的指标。彼得罗夫斯基给资产周转率增长的公司加分。我则主要将销售增长和资产增长进行比较，如果销售收入的增长速度超过资产的增长速度，则加 1 分。

新增测试：当前的财务实力

彼得罗夫斯基衡量了预测公司财务状况变化趋势（变好或变差）的因素，但他并没有区分开发展强劲的公司和那些濒临破产的公司。对两者进行区分有助于识别出最有可能起死回生的股票，而这也正是他的目标。然而，如果将彼得罗夫斯基的策略应用于评估所有股票则需要考虑企业的财务现状。如果扣除那些负债较高却能产生足够现金流用以偿还债务的公司的分，则会适得其反。为实现这一点，我增加下面两项检验。

10）**总负债 / 息税折旧及摊销前利润（EBITDA）**：EBITDA 是一个放贷机构青睐的衡量指标，它指的是扣除利息、税收、折旧及摊销前的利润。信贷分析师认为，EBITDA 是衡量偿债能力的最佳指标。债权人通常要求借款人维持特定的债务总额 /EBITDA 比率（通常为 7 或 8）。如果债务人没能维持这一必要比率，则债权人有权提前收回贷款。

信贷分析师也常使用这一比率来衡量公司的信用质量。他们将那些比率低于 5 的公司视为可以投资的，并给予这些公司以最低的利率借款的资格。分析师和贷款机构对这一比率的依赖性，让我觉得它比任何其他单一因素都更为重要，因此我对它给予了更多权重。此外，我用债务总额替换了彼得罗夫斯基的借款总额，因为债务总额是一个更加全面的度量债务大小的指标。债务总额/EBITDA 比率不超过 5 的公司可加 1 分。若比率达到 6 或 7，则得 0 分。若比率为 8 或以上，则减 1 分。

11）**经营现金流/总负债**：该测试奖励那些能够产生足够现金流来偿还债务的公司（现金流至少占总负债的 25%）。只要这种状况持续下去，这些公司就几乎不存在资不抵债的危险。如果该比率小于 4，则加 1 分。

将单个测试结果相加来确定最终的分数。

及格分数

在彼得罗夫斯基最初的 9 步测试中，5 分即为及格分。我做的改变对他的合格线并没有什么影响。我发现，以破产前最近年度财务报表中的数据来看，以破产告终的公司的得分基本上为 1 ~ 4。

设计这一计分体系是为找出那些面临破产威胁的公司。很显然的是，并非所有得分低的公司都会陷入财务困境，但是我分析过的所有陷入困境的公司得分都很低。

彼得罗夫斯基的测试显示，得分越高越好。例如，得分为 7 的公司在未来的表现比得分为 6 的公司更好，以此类推。然而，彼得罗夫斯基的价值型股票观点并不能涵盖所有的股票，我尚未发现有任何迹象表明 10 分的股票比 6 分的股票表现更好。

表 10-5 列出了在 2009 年前 3 个月申请破产的 14 家规模最大的公司的得分。日期栏显示了财务报表数据的日期。例如，12/2008 意味着我分析的是截至 2008 年 12 月 31 日的 12 个月的财务数据。

表 10-6 列出了 14 家知名公司的得分。

表 10-5　2009 年初申请破产的 14 家规模最大的公司的得分

公司	日期	分数
BearingPoint	09/2008	3
Charter Communications	12/2008	4
Fleetwood Enterprises	04/2008	3
General Growth Properties	12/2008	3
Magna	09/2008	1
Milacron	09/2008	2
Nortel Networks	12/2008	1
Smurfit-Stone Container	12/2008	3
Spansion	09/2008	1
Spectrum Brands	09/2008	2
Tarragon	09/2008	3
Tronox	09/2008	2
Trump Entertainment Resorts	12/2008	2
Young Broadcasting	09/2008	1

表 10-6　14 家知名公司的得分

公司	日期	分数
亚马逊	12/2008	7
苹果	09/2008	8
思科	07/2008	9
易贝	12/2008	8
美孚	12/2008	7
谷歌	12/2008	10
H&R 布洛克	04/2008	5
财捷	07/2008	7
网飞	12/2008	8
PALM	05/2008	2
来爱德	11/2008	2
西蒙地产	12/2008	5
星巴克	12/2008	8
联合航空	12/2008	0

在上面列出的股票中，只有 PALM、来爱德和联合航空的得分低到足够成为破产候选人。网飞的得分高于美孚的事实表明，一旦公司的得分达

到 6 分左右，分数不一定越高越好。需要注意的是，这些测试仅仅衡量公司的财务实力，而非其商业前景或股票升值预期。

计算财务健康状况得分

计算 EBITDA 可能很耗时。因此，如果可能的话，你可以直接利用财务报表，上面已经计算并列出了 EBITDA 的具体数值。此外，你还需要知道每只股票的已发行股份数量。

Smart Money（www.smartmoney.com）、福布斯（www.forbes.com）、MarketWatch（www.marketwatch.com）和 CNN Money（money.cnn.com）都在利润表上列出了 EBITDA，并在资产负债表上列出了流通股数量。

本章的最后列出了一张公司财务健康状况表。当你分析一家公司时，可以复制并使用这张表来记录分数。这个过程看起来很艰巨，但多做几次之后，你应该能够在 10 分钟内计算出一家公司的得分。

财务健康状况表分为两部分。上半部分用于收集数据并进行必要的计算，下半部分用于记录分数。

计算百分比

财务健康状况工作表涉及两种类型的百分比计算：简单的百分比和年度同比。

简单的百分比，通过用一个数除以另一个数来计算。例如，毛利率是毛利润除以销售收入。如果毛利润是 10，销售收入是 25，那么毛利率就是 10/25 = 0.40（40%）。

用最新数据除以去年同期值，并从该结果中减 1，可以计算出百分比增长率。例如，如果最近的值是 10，而 1 年前的值是 7，则：

$$百分比增长率 = （10/7）-1 = 1.43 - 1 = 0.43（43\%）$$

我们的计算以百万为单位，只保留一位小数。

下面的部分展示了如何使用亚马逊 2008 年底的财务数据来计算其财务健康状况得分。图 10-6 为 Smart Money 提供的亚马逊利润表的部分内容，它提供了我们所需要的财务数据。

Income Statement (Non-Cumulative)					Print Current View
	Fiscal Year Ending 2008	Fiscal Year Ending 2007	Fiscal Year Ending 2006	Fiscal Year Ending 2005	Fiscal Year Ending 2004
Revenues	19,166,000	14,835,000	10,711,000	8,490,000	6,921,124
Cost of Revenues	14,609,000	11,447,000	8,230,000	6,330,000	5,243,403
Gross Income	**4,557,000**	**3,388,000**	**2,481,000**	**2,160,000**	**1,677,721**
Selling, General & Admin. Expenses	2,395,000	1,880,000	1,405,000	1,156,000	918,341
Research & Development	1,033,000	818,000	662,000	451,000	251,195
Ebitda	**1,129,000**	**690,000**	**414,000**	**553,000**	**503,185**
Depreciation & Amortization	287,000	35,000	25,000	121,000	75,724
Operating Income	**842,000**	**655,000**	**389,000**	**432,000**	**432,461**
Interest Expense	71,000	77,000	78,000	92,000	107,227
Income Taxes/(Credit)	247,000	184,000	187,000	95,000	-232,581
Minority Interest	0	0	0	0	0
Other Income	47,000	-8,000	7,000	44,000	2,439
Net Income From Continuing Operations	**645,000**	**476,000**	**190,000**	**333,000**	**588,451**
Net Income From Discontinued Operations	**0**	**0**	**0**	**0**	**0**
Net Income From Total Operations	**645,000**	**476,000**	**190,000**	**333,000**	**588,451**
Other Gains/(Losses)	0	0	0	26,000	0
Total Net Income	**645,000**	**476,000**	**190,000**	**359,000**	**588,451**

图 10-6　Smart Money 提供的亚马逊利润表的部分内容（Smart Money 将
　　　　　EBITDA 列为单独一项，省去了计算的麻烦）

汇集和计算

表格内容的排序方式便于你从利润表、资产负债表和现金流量表中顺次收集所需数据。本章末尾有财务健康状况表的示例。以亚马逊为例，下面几节将该表分解为单独的部分进行讲解。

利润表

财务健康状况表的利润表部分列出了以下内容。

a）销售收入增长：TTM 销售收入 ＿＿＿/1 年前 TTM 销售收入 ＿＿＿ ＝ ＿＿＿ %

b）TTM 毛利率：毛利润 ＿＿＿ / 销售收入 ＿＿＿ ＝ ＿＿＿ %

c）1 年前同期毛利率：1 年前同期毛利润 ＿＿＿/1 年前销售收入 ＿＿＿ ＝ ＿＿＿ %

d）TTM EBITDA：＿＿＿

e）净利润增长率：TTM 净利润 ＿＿＿/1 年前同期净利润 ＿＿＿ ＝ ＿＿＿ %

a）记录最新和 1 年前的销售收入，并计算增长百分比。对于亚马逊来说，销售收入为 191.66 亿美元（最新）和 148.35 亿美元（1 年前同期），同比增长 29.2%。

$$销售收入增长 = TTM 销售收入 /1 年前 TTM 销售收入 -1$$
$$= 19\,166/14\,835 - 1 = 29.2\%$$

b）记录最新毛利润（Smart Money 上显示的毛利润）和销售收入。对亚马逊来说，毛利润为 45.57 亿美元，销售收入为 191.66 亿美元。

$$TTM 毛利率 = 毛利润 / 销售收入 = 45.57/1\,191.66 = 23.8\%$$

c）使用 1 年前同期数据重复步骤 b。

$$1 年前同期毛利率 = 1 年前同期毛利润 / 销售收入 = 33.88/ 148.35 = 22.8\%$$

d）从利润表中摘录 EBITDA 数字。

$$TTM\ EBITDA = 11.29（亿美元）$$

e）记录最新和 1 年前同期的净利润，并计算增长百分比。对亚马逊来说，净利润为 6.45 亿美元（最新）和 4.76 亿美元（1 年前同期），同比增长 35.5%。

$$净利润增长率 = TTM 净利润 /1 年前同期净利润 -1 = 6.45/ 4.76 - 1 = 35.5\%$$

资产负债表

接下来，填写资产负债表相关数据。

---

f）总资产增长率：总资产 ＿＿＿ /1 年前同期总资产 ＿＿＿ = ＿＿＿%

g）总负债增长率：最新总负债 ＿＿＿ /1 年前同期总负债 ＿＿＿ = ＿＿＿%

h）最新流动比率：流动资产 ＿＿＿ / 流动负债 ＿＿＿ = ＿＿＿%

i）流动比率（1 年前同期）：1 年前同期流动资产 ＿＿＿ /1 年前同期流动负债 ＿＿＿ = ＿＿＿%

j）已发行股份数：最新 ＿＿＿ ；1 年前同期 ＿＿＿ ；1 年前同期 × 1

k）总负债 /EBITDA 比率：最新总负债 ＿＿＿ /EBITDA ＿＿＿＿＿

---

f）记录最新和 1 年前同期的总资产，并计 变化百分比。对亚马逊来说，最新数据是 83.14 亿美元，去年 是 64.85 亿美元。

　总资产增长率 = 总资产 /1 期总资产 −1= 83.14 / 64.85−1 =28.2%

g）记录最新和 前同期总负债，并计算变化百分比。亚马逊的最新数据为 56.42 亿美元，1 年前同期为 52.88 亿美元。

总负债增长率：最新总负债 /1 年前同期总负债 −1=56.42 / 52.88−1 = 6.7%

h）流动比率是流动资产除以流动负债。按照惯例，流动比率不能用百分比表示，这一步计算的是最新流动比率。对于亚马逊来说，流动资产为 61.57 亿美元，流动负债为 47.46 亿美元。

　　流动比率（最新）= 流动资产 / 流动负债 = 61.57/47.46=1.3

i）计算 1 年前同期的流动比率。对于亚马逊来说，1 年前同期的流动资产为 51.64 亿美元，流动负债为 37.14 亿美元。

　流动比率（1 年前同期）= 1 年前同期流动资产 /1 年前同期流动负债

$$= 51.64 /37.14= 1.4$$

j）每期末的（普通）已发行股份数显示在资产负债表的最下面。记录最新及 1 年前同期已发行的普通股数。将 1 年前同期数字乘以 1.02（增长 2%）。

　已发行股份数 = 最新 4.28 亿股；1 年前同期 4.16 亿股 × 1.02= 4.24 亿股

k）用总负债（g 项）除以 EBITDA（d 项）计算两者的比率。

$$总负债/EBITDA = 56.42/11.29=5.0$$

现金流量表

财务健康状况表的现金流量部分只需要两项。

1）TTM 经营现金流：_____

m）总负债 / 经营现金流比率 <4：总负债_____ / 经营现金流_____

1）经营现金流（经营活动净现金净额）在现金流量表的中间部分。记下最新 4 个季度（连续 12 个月）的经营现金流。

$$连续 12 个月经营现金流 = 16.97（亿美元）$$

m）用总负债（g 项）除以经营现金流（1 项）来计算总负债 / 经营现金流比率。

$$总负债 / 经营现金流比率 = 56.42/16.97=3.3$$

计分

这是一项困难的工作。现在剩下的就是在表上填空了。

财务健康状况表的评分分为 4 个部分：盈利能力、债务和资本、运营效率（生产力）和新增测试（当前的财务实力）。

盈利能力

工作表的盈利能力部分列示如下。

1）净利润是否为正？ ____

2）经营现金流是否为正？ ____

3）净利润增长率＞总资产增长率：净利润增长率____%；总资产增长率____%

4）经营现金流＞净利润：经营现金流____；净利润____

1）净利润：使用 TTM 净利润（e 项），如果利润为正，无论多小，均加 1 分。

净利润为正？　645=1 [⊖]

2）经营现金流：用最新的经营现金流（第 1 项），如果为正，加 1 分。

经营现金流为正？　1697 = 1

3）ROA：记录净利润增长率（e 项）和总资产增长率（f 项），如果净利润增速超过总资产增速（ROA 增加），加 1 分。如果两者的增速均为负，但净利润增速的下降幅度低于总资产的降幅，加 1 分：

净利润增长率＞总资产增长率：35.5% ＞ 28.2%=1

4）收益质量：本项测试比较的是经营现金流与净利润。如果现金流超过净利润，则为正值，如果低于净利润，则为负值。即使两者都是负数，这也是成立的。

例如，如果净利润为 –1 亿美元，但现金流仅为 –1000 万美元，仍然加 1 分。经营现金流量超过净利润，加 1 分：

经营现金流＞净利润：1697 ＞ 645=1

债务和资本

接下来，填写表中的债务和资本部分：

5）总资产增长率＞总负债增长率：

　总资产增长率____%；总负债增长率____%

6）流动比率≥1 年前同期流动比率：

　最新流动比率____；1 年前同期流动比率____

7）已发行股份数≤1 年前同期已发行股份数 ×1.02：

　最新____；1 年前同期 ×1.02____

⊖ "="表示记 1 分，余同。

5）资产与债务增速之比：资产增速快于债务是好事，反之亦然。如果总资产增速（f 项）超过总负债增速（g 项），则加 1 分。如果负债增速为负，但资产下降幅度小于负债降幅，也加 1 分。

总资产增长率＞总负债增长率：28.2%＞6.7%=1

6）营运资本：如果最新流动比率（h 项）等于或超过 1 年前同期（i 项），则加 1 分。

流动比率≥1 年前同期流动比率：1.3＜1.4=0

7）已发行股份数：如果最新已发行股份数（j 项）小于或等于 1 年前同期上浮 2%（j 项），则加 1 分。

已发行股份数≤1 年前同期已发行股份数 ×1.02：428＞424=0

运营效率（生产率）

接下来，记录运营效率（生产率）得分。

8）毛利率＞1 年前同期毛利率：毛利率＿＿%；1 年前同期毛利率＿＿%

9）销售增长率＞资产增长率：销售增长率＿＿%；资产增长率＿＿%

8）毛利率：如果最新毛利率（b 项）超过 1 年前同期（c 项），则加 1 分。

毛利率＞1 年前同期毛利率：23.8%＞22.8%=1

9）资产周转率：在理想情况下，销售增长速度应快于资产增长速度。如果销售（收入）增速（a 项）超过总资产增速（f 项），则加 1 分。在某些情况下，如果销售收入降幅低于资产降幅，也加 1 分。

销售增长率＞资产增长率：29.2%＞28.2% =1

新增测试：当前的财务实力

最后，计算当前财务实力的分数。

10）总负债 / EBITDA 比率＿＿＿（0～5=1；8 及以上 =-1）

11）总负债 / 经营现金流比率＿＿＿（< 4=1；负现金流 =0）

10）总负债与 EBITDA 之比：EBITDA 是衡量偿债和纳税可用现金的指标。因此，债务与 EBITDA 之比越低越好。记录总负债 /EBITDA 比率（k项）。如果比率等于或小于 5，加 1 分。如果比率为 8 或更高，或 EBITDA 为负数，则减 1 分。

总负债 /EBITDA= 5 =1

11）总负债与经营现金流之比：如果负债总额（g 项）除以经营现金流（步骤 2）之比小于 4，则加 1 分。如果比率为 4 或更高，或现金流为负数，则不加分。

总负债 / 经营现金流比率：5642 /1697 =3.3=1

亚马逊的 9 分表明，你不必担心这家在线零售巨头的财务实力——至少在它公布下一个季度报告之前不必担心。

得分在 4 分或以下的公司从财务健康的角度来看是有风险的，应该规避这类公司。得分为 5 或更高的公司破产风险并不高，但这就是得分的全部含义。没有数据证实得分高的公司股票表现一定优于得分低的公司。

债券评级

财务健康测试是一项彻底的分析，但需要花费一些时间和精力。另一种了解财务状况的方法，是借助债券分析师的研究成果。

诸如穆迪、标普和惠誉国际等对发行债券或类似信用工具进行融资的公司做了深入的财务状况分析。接受评级的公司要为此项分析付费，因为公司出售债券需要评级。因此，对那些只通过发行股票来筹集资金的公司，你找不到它们的债券评级。

不要把债券评级和股票分析师买入/卖出建议混为一谈。与主要关注盈利增长前景的股票分析师不同，债券分析师关注的是该公司偿还债务的能力。他们评估财务报表、管理质量、竞争环境和整体经济状况。从理论上讲，股票分析师关注的是哪些方面好，债券分析师关注的焦点可能是哪些方面可能会出现问题。

债券评级反映了评级机构对公司债券违约风险的看法。这些信息对股票投资者和债券投资者都很重要，因为债券违约会导致发行公司的股价大跌。评级也决定了企业获得贷款的途径和成本。债券评级下调可能会增加公司的财务支出，从而影响公司的利润，而无法获得新增贷款可能会抑制公司的成长，甚至导致公司破产。

评级机构综合利用字母、数字和加减符号，如 AAA、BA1 和 B−，来对公司债券进行评级。

▶ 每个评级机构使用的评级符号组合有所不同，但 AAA 总是表示最高的债券评级，且任何以 A 开头的评级都意味着高质量的债务评级。以 B 开头的 3 个字母的评级，如 BAA 和 BBB，表明债务质量低于 A 级，但仍被视为投资级债券。评级为 A 或以 B 开头 3 个字母评级的公司筹集额外资金或许问题不大。

▶ 以 B 开头的两个字母的评级，如 BB 和 BA1，表示非投资级或垃圾债券。被评为垃圾债券的公司或许能够筹集到更多资金，但可能面临的问题是，它们将不得不为此支付更高的利率。

► 以 B 开头的单字母评级（如 B1），以及所有双 C 或三 C 评级的债券（如 CC 和 CCC），都预示着巨大的风险。被评为此类债券的公司可能无法通过正常渠道融资。

► 以 C 开头的单字母评级预示着公司已经申请破产了。D 评级意味着公司已经债券违约了。

标普经常将 a + 或 - 加到其评级结果中，以表明结果在此类评级中是较高还是较低。例如，a + 表示评级较高。穆迪将数字 1、2 和 3 加入评级结果中，以对评级进行微调。其中 1 表示评级位于区间的较高水平，2 表示位于区间的中间水平，3 表示位于区间的较低水平。如果评级机构正在考虑调整评级结果，它们经常会将评级置于信用观察（credit watch）或审查之中。

对于我们而言，任何 A 评级或以 B 开头的 3 字母评级已经足够了，因为这表明评级机构认为债务违约的风险很小。没有证据表明，AAA 债券评级公司股票的表现好于 BBB 评级公司的股票。

评级机构也会发布适用于发行人一般信用等级的评级，而不是针对特定债券的评级。穆迪对公司的评级规则和债券是一致的，但标普对公司的评级不同于债券。

► A-1、A-2 和 A-3：最好的或好的信用评级。

► B：风险信贷。

► C：比 B 级风险更高。

► D：已经违约。

你可以在 3 大评级机构各自的网站上看到它们的评级。然而，使用 Finra（www.finra.org）、BuySellBonds（www.buysellbonds.com）或 Securities

Industry and Financial Market Association（www.investinginbonds.com）等网站上的评级信息则更加方便。在这些网站上，你可以同时看到3大评级机构给出的评级结果及债券的交易价格。

依赖于债券评级的缺点是，在复杂多变的情况下，它们可能没有及时更新，或者由于其他原因而出错。直到2001年12月，在能源交易商安然申请破产的前几周，评级机构才将其投资级评级下调。安然的崩溃对评级机构来说是一件非常尴尬的事情，你可能会认为这次经历会迫使它们重新考虑自己的评级策略。

但这种情况并没有发生。评级机构对抵押贷款保险公司房利美和房地美不断积聚的问题了解得同样缓慢。在美国政府接管这两家公司前1个月左右，评级机构一直将它们的评级维持在投资级。

用债券价格来识别有风险的债务人

正如安然、房利美、房地美等其他公司的情况一样，债券投资者往往在债券分析师改变评级之前就知道了可能存在的问题。在这种情况下，债券投资者会要求更高的收益率或风险溢价，以补偿其购买债券承担的额外风险。因此，债券价格的下跌往往预示着发行公司基本面的恶化。因此，快速查看一下债券价格，你就能了解投资者对一家公司前景的看法。

债券通常是以5000美元为单位买卖的，但从报价上看似乎是以100美元为单位增加的。例如，债券价格为105美元，意味着面值为100美元的债券交易价格为105美元，或溢价5%。

大多数公司债券由个人交易商买卖。与股票不同，债券没有全国性的报价系统，你可以在不同的网站上找到相同债券的不同报价。

到期日是发行公司必须以面值赎回债券的日期。期限在4年以下的称为短期债券，期限在 12 年以上的称为长期债券，期限在两者之间的称为中期债券。当对两个债券进行比较时，它们应该具有相似的到期日。

　　大多数公司债券根据发行价格支付特定的固定利率，即票面利率。当期收益率是新买家将获得的收益率。例如，一种票面利率为 6%（原始利率）的债券目前售价为 95 美元。一个新的买家每年将获得 6 美元的利息，这相当于 1 美元可以获得 6.3% 的收益率，因为买家只支付了 95 美元。原始（息票）利率与当期收益率之间的差异也反映了债券投资者在持有债券时所看到的风险。

　　可赎回债券是指发行人可以在到期日之前将其赎回的债券。大多数债券是不可赎回的。由于可赎回债券和不可赎回债券可能以不同的价格交易，所以在分析时要使用不可赎回债券。

总结

　　应对每家候选公司进行财务健康状况评估，这一点是不可辩驳的。你可能会认为，股票分析师会在建议投资者购买股票之前做这项工作，但实际上并非如此，因此你要身体力行。

　　你可以通过坚持选择那些现金流和营运资本为正的低负债公司来简化这项工作。通过查看一家高负债公司的债券收益率，可以快速了解该公司的财务状况，但详细的财务状况测试是发现面临破产公司的最佳方法。

财务健康状况表

公司_____ **报告日期**_____

利润表

a）销售收入增长：TTM 销售收入 _____ / 1 年前 TTM 销售收入_____ = _____%

b）TTM 毛利率：毛利润 _____ / 销售收入 _____ = _____%

c）1 年前同期毛利率：1 年前同期毛利润_____ / 销售收入_____ = _____%

d）TTM EBITDA：_____

e）净利润增长率：TTM 净利润 _____ / 1 年前同期净利润_____ = _____%

资产负债表

f）总资产增长率：总资产_____/1 年前同期总资产_____ = _____%

g）总负债增长率：最新总负债_____/1 年前同期总负债_____ = _____%

h）最新流动比率：流动资产_____ / 流动负债_____ = _____

i）流动比率（1 年前同期）：1 年前同期流动资产_____/1 年前同期流动负债_____ = _____

j）已发行股份数：最新_____ ；1 年前同期_____ ；1 年前同期 × 1.02_____

k）总负债 /EBITDA 比率：最新总负债_____/EBITDA_____ = _____

现金流量表

l）TTM 经营现金流：_____

m）总负债 / 经营现金流比率 <4: 总负债_____ / 经营现金流_____ = _____

计算得分

盈利能力

1）净利润是否为正？_____

2）经营现金流是否为正？_____

3）净利润增长率＞总资产增长率：净利润增长率____%；总资产增长率____

4）经营现金流＞净利润：经营现金流____；净利润____

债务和资本

5）总资产增长率＞总负债增长率：资产增长率____%；总负债增长率____%

6）流动比率≥1 年前同期流动比率：最新流动比率____；1 年前同期流动比率____

7）已发行股份数≤1 年前同期已发行股份数 ×1.02：最新____；1 年前同期 ×1.02____

运营效率

8）毛利率＞1 年前同期毛利率：毛利率____%；1 年前同期毛利率____%

9）销售增长率＞资产增长率：销售增长率____% 资产增长率____%

新增测试

10）总负债 / EBITDA 比率____（0～5=1；8 分以上 =-1）

11）总负债 / 经营现金流比率____（< 4=1；负现金流 =0）

总计

第 11 章

分析工具八：盈利能力和成长性分析

当一家公司公布季度业绩时，市场关注的是它的利润情况。在其他条件相同的情况下，如果公司的业绩好于预期，股价就会上涨；反之，股价就会下跌。

但是，收益并不是凭空而来的。在本章中，你将学习如何分析季度财务报表，以确定公司是否需要扩大规模，以及最重要的是，接下来会发生什么。在公布当季业绩时，该公司更有可能超出还是低于分析师的预期呢？这一章的重点是介绍四个主要因素。把它们综合起来分析，将有助于你回答上面提到的问题。

▶ 销售与销售增长。

▶ 利润率。

▶ 盈利能力比率。

▶ 现金流。

前两项决定了公司报告的收益，后两项告诉了你这些数字背后的含义。

利润从何而来

销售收入和利润率两者共同决定了利润。以下是计算公式：

$$利润 = 销售收入 \times 利润率$$

这个公式告诉你，销售收入和利润率结合起来共同决定了利润。记住这一点非常重要，原因如下。

如果销售收入上升而利润率下降，公司就无法实现持续的盈利增长。如果利润率上升但销售收入下降，也会出现同样的问题。让我们将数字代入公式进一步说明。

假设一家公司在上个季度以 15% 的利润率销售了价值 1000 美元的产品，这家公司赚了 150 美元。

$$利润 = 1\,000 \times 0.15 = 150（美元）$$

如果下个季度没有变化，公司的销售收入将再次达到 1000 美元，利润仍为 150 美元。

如果这种情况真的发生了，对股东来说就成了问题。因为盈利增长或盈利增长预期，通常是推动股价上涨的因素。

利润公式告诉我们，提高利润的唯一方法是提高销售收入或利润率。在理想状态下，良好的管理可以实现销售收入和利润率的同步增长，进而使利润增长超过销售收入增长，在这种情况下业绩常常会超出预期。

收益报告日最引人注目的数字是 EPS，即净利润除以已发行股份数量。

$$EPS = 净利润 / 总股本$$

增长乏力的公司可以通过回购股票即减少已发行股份数来提高其 EPS。

表 11-1 又显示了几家大公司近 10 年年均销售收入增长和 EPS 增长之间的关系。该表格显示，长期来看，利润增长通常比销售收入增长快 10%

左右（比如 20% 相对于 18%）。长期指的是经营期限。收益往往是不稳定的，每个季度，甚至每年都会有所区别。这就是为什么销售收入增长是一个比 EPS 增长更好的成长性衡量指标。

表 11-1　一些大公司近 10 年年均销售收入增长和 EPS 增长

代码	公司	销售收入增长（%）	EPS 增长（%）
ABC	美源伯根	22.1	20.3
APOL	阿波罗集团	23.4	27.1
AXP	美国运通	5.3	4.9
BBBY	3B 家居	18.0	17.1
BBY	百思买	16.2	17.9
BG	邦吉	19.2	17.4
CAT	卡特彼勒	9.4	10.7
CB	安达保险	7.6	8.9
COST	好事多	11.6	11.1
CTSH	高知特	47.3	47.1
DE	迪尔公司	7.5	8.5
DNA	基因泰克	28.9	33.8
DO	戴蒙德海底钻探	11.4	13.5
EBAY	易贝	58.4	67.5
EMR	艾默生电气	6.3	8.4
EXC	艾克斯龙	13.5	13.5
FAST	美国快客公司	16.1	18.3
FDX	联邦快递	9.1	8.0
GD	通用动力	14.8	15.6
GE	通用电气	6.2	6.7
HD	家得宝	9.0	6.9
HON	霍尼韦尔	4.5	4.8
HPQ	惠普	11.6	9.9
HRB	H&R 布洛克	13.2	12.5
JCI	江森自控	11.7	10.4
KO	可口可乐	5.4	5.8
KSS	科尔士百货	16.1	17.2

（续）

代码	公司	销售收入增长（%）	EPS 增长（%）
LOW	劳氏	13.7	16.1
MCK	麦克森	16.5	12.8
MDT	美敦力	14.7	14.5
MSFT	微软	14.8	16.2
NOV	华高	24.9	23.5
NSC	诺福克南方	9.6	10.6
NUE	纽柯钢铁	18.6	23.1
NWS	新闻集团	9.6	11.7
ORLY	奥莱利	19.2	15.3
PAYX	沛齐	15.4	18.9
PEP	百事可乐	6.8	9.4
PFE	辉瑞	7.6	8.9
PG	宝洁	8.4	11.0
PSA	公共存储公司	11.6	12.4
SPLS	史泰博	12.5	15.2
TGT	塔吉特	7.8	10.9
UPS	联合包裹	7.6	6.5
UST	UST	3.4	3.3
WAG	沃尔格林	14.5	15.0
WMT	沃尔玛	11.3	13.0
WYE	惠氏	7.3	7.4
XOM	埃克森美孚	10.9	22.4

　　没有什么因素在股票市场上是一直有效的，如"利润增速比收入增速高 10%"这样的经验法则并不适用于所有股票。

　　举例来说，表 11-2 列出了一些公司，在过去的 10 多年里，它们的利润增长均高于销售收入增长。这是通过不断增长的利润率来实现的。

　　相反，表 11-3 列出了一些收入增长强劲利润却跟不上的公司。这种情况一般发生在利润率下降时，很典型的就是成本较收入以更快的速度上升。

表 11-2　利润增速持续高于收入增速公司的 10 年年均销售收入增长和 EPS 增长

代码	公司	销售收入增长（%）	EPS 增长（%）
ADI	亚德诺	7.7	17.5
AMAT	应用材料	6.5	13.9
AZO	汽车地带	7.2	21.1
BA	波音	0.8	12.3
CALM	Cal-Maine Foods	11.5	41.4
CLX	高乐士	3.1	8.3
COH	蔻驰	19.8	43.0
CSX	CSX 运输	1.7	10.7
CVX	雪佛龙	14.1	29.6
DNB	邓白氏	2.0	18.7
FMC	FMC Corp.	2.8	10.0
GMT	GATX Corp.	1.3	5.6
GYMB	金宝贝	8.1	28.7
HAS	孩之宝	2.0	7.1
IBM	IBM	2.4	10.5
KR	克罗格	5.8	12.3
LMT	洛克希德马丁	5.2	11.8
MHP	麦克劳－希尔	5.5	11.4
MMM	3M Co.	5.3	12.7
NKE	耐克	6.9	18.6
NWSA	新闻集团	9.2	24.2
OLN	欧林	1.6	10.1
PTEN	Patterson-UTI Energy	19.5	43.9
SCHW	嘉信理财	4.9	13.3
TXN	德州仪器	3.5	18.6
XOM	埃克森美孚	10.9	22.4
XRAY	登士柏国际	10.6	24.1
YUM	百胜餐饮集团	2.9	10.7

表 11-3　利润增速落后于收入增速公司的 10 年年均销售收入增长和 EPS 增长

代码	公司	销售收入增长（%）	EPS 增长（%）
ATO	ATMOS 能源公司	23.9	0.8
CCL	嘉年华邮轮	17.1	7.6
CMVT	Comverse Technology	23.7	4.3
COO	库柏	21.9	−2.8
CREE	克里科技	27.4	12.9
DBD	迪堡金融设备	10.3	3.3
DF	迪恩食品	14.1	2.3
EAT	布林克国际	10.4	0.8
FRED	弗雷德	11.6	4.9
GNTX	真泰克	10.9	2.6
HAIN	海恩时富	17.7	7.1
INTC	英特尔	3.6	0.7
JBL	捷普科技	24.0	6.4
LG	Laclede Group	14.7	5.3
LM	美盛	18.0	7.8
LUV	西南航空	10.2	−7.8
MAC	马塞里奇房产	12.3	1.5
NAVG	Navigators Group	19.5	8.4
PIT	缤特力	13.8	6.9
SCR	Shaw Group	30.2	10.2
SYMC	赛门铁克	27.1	11.4
T	美国电话电报	10.4	−0.4
TEX	特雷克斯	23.1	−7.8
UAM	Universal American Corp.	55.6	18.5
UMPQ	Umpqua Holdings Corp.	25.8	2.9
USM	United States Cellular Corp.	12.4	−16.9
VZ	威瑞森	5.5	1.6
WFMI	Whole Foods Market	19.8	8.6
WPI	华生制药	15.4	5.6
WSM	Williams-Sonoma	11.2	−5.1

分析销售（收入）历史

尽管不可避免地存在例外情况，但对大多数公司来说，销售增长会推动盈利增长。

因此，从销售增长开始你的分析是最有成效的。首先，分析长期的销售增长趋势，然后再聚焦于最新的数据。

MSN Money 的 10 年总结报告是很好的长期销售数据来源。表 11-4 显示了一些样本公司的销售数据。

表 11-4　样本公司的销售数据　　　　　　（单位：百万美元）

年份	亚马逊	GameStop	绿山咖啡	Strayer	闪迪	威瑞森	赛纳
2008	19 166	8 806	500	396	3 351	962	1 676
2007	14 835	7 094	342	318	3 896	847	1 520
2006	10 711	5 319	225	264	3 258	983	1 378
2005	8 490	3 092	162	221	2 306	1 605	1 161
2004	6 921	1 843	137	183	1 777	1 121	926
2003	5 264	1 579	117	147	1 080	1 017	840
2002	3 933	1 353	100	117	541	1 222	780
2001	3 122	1 121	96	93	366	984	561
2000	2 762	757	84	78	602	475	404
1999	1 640	553	65	70	247	85	319

成长型投资者应关注过去 3 年年均销售增速 15% 及以上的候选公司，并且销售业绩越高越好。价值投资者不需要快速增长。对他们来说，5% 的年均销售增速已经足够了，但就像成长型投资者一样，也是越多越好。

如果计算一下，你会从表 11-4 中看到，除 2001 年外，亚马逊每年年均销售收入都增长 25%。尤其令人印象深刻的是，2008 年该公司销售收入增长了 29%，而这一年大多数同类公司的销售收入都出现了下滑。

虽然电子游戏零售商 GameStop 比亚马逊的业绩波动大，但在过去 10 年里该公司也实现了惊人的增长速度。

21 世纪初期，咖啡商绿山咖啡增速缓慢。2005 年，该公司营收增速为 18%，但 2006 年其业绩突飞猛进，实现同比增速达 39%。尤其令人印象深刻的是，2008 年绿山咖啡的销售收入增长了 46%。

成人教育服务商 Strayer 自 2001 年以来，业绩增速长期稳定在 20% ～ 25%，但并没有达到能吸引"热钱"的那种惊人的增长，这使其成为理想的业绩长期稳定增长候选股。

医疗电脑系统制造商赛纳虽然处在发展前景不错的行业，但 2007 年和 2008 年其营收同比增长率仅为 10%，远低于前 2 年的数据。这种非持续增长型股票可能会引起价值型投资者的兴趣，但成长型投资者应避开这类股票。

闪存制造商闪迪是所处热门行业的龙头公司。但是，正如该公司的销售记录所显示那样，热门科技股中的增长型候选股竞争激烈。然而，当闪迪公布了令人失望的季度业绩时，价值投资者可能觉得它是一只潜在的候选股。

威瑞信的数据告诉我们，该互联网域名的持有者是一只失败的成长型股票，但也是一只潜在的价值型候选股。

基于这些总结，Strayer 是一个非常吸引人的成长型候选股。表 11-5 显示了其最近的销售历史数据，以同比百分比增长率的形式来表示。

表 11-5   Strayer 最近的销售历史数据

	2008 年 12 月	2007 年 12 月	2006 年 12 月	2005 年 12 月	2004 年 12 月
年同比销售增长	25%	20%	19%	21%	24%

这些年增长率数据可以帮助你发现潜在的候选股，但这些趋势可能会在瞬间发生变化。所以，你的首要任务是确定历史收入的增长趋势是持续、放缓还是加速。这一点你可以通过查看最近一期的季度收入报告来实现。

MSN Money 和路透社是最好的信息来源。它们提供的财务报告都包括了公司长达 3 年的季度销售数据。我将用 MSN 的财务报告来演示分析过程。表 11-6 显示了 2009 年 4 月 Strayer 财报的历史收入部分。

表 11-6　Strayer 的历史收入　　　　（单位：百万美元）

季度	2008 年	2007 年	2006 年
第一季度	97.1	80.2	67.1
第二季度	97.9	78.9	65.6
第三季度	87.0	69.8	56.7
第四季度	114.3	89.1	74.3
合计	396.3	318.0	263.6

你要将销售收入与去年同期（同比）进行比较，而不是与上一季度进行比较。例如，将 Strayer 2008 年第四季度（12 月）的销售收入与 2007 年第四季度相比，而不是与 2008 年 9 月（第三季度）相比。对许多行业来说，收入会随着季节的变化而波动。但通过比较每年同一季度，可以从你的分析中排除季节性因素的扰动。

不要用总收入，计算每个季度的年同比销售增速，能让我们对公司的前景有更好的把握。我还没有找到可以计算百分比变化的网站，这一点你需要自己动手计算。表 11-7 显示了我计算的 Strayer 的销售收入增长。

表 11-7　Strayer 的销售收入增长

季度	2008 年	2007 年
第一季度	21%	20%
第二季度	24%	20%
第三季度	25%	23%
第四季度	28%	20%

数学计算

用最近一期数据除以上年同期数据，再减 1，来计算年同比增长率。例如，要计算 Strayer 2008 年 3 月的季度增长，用 823.04 除以 680.2，得到 1.21，然后减 1，得到 0.21 或 21%。

Strayer 最近的收入增长异常稳定。令人更加高兴的是，自 2008 年 12

月的第四季度该公司显示出强劲的业绩增速以来，其收入增长似乎正在加速。仅从收入增长的角度来看，这似乎是考虑买入 Strayer 的理想时机。

将闪迪的例子作为对比。表 11-8 根据表 11-4 中的数据，以年同比增长百分比的形式显示了该公司最近的销售收入情况。

表 11-8　闪迪的年销售收入增长

	2008 年 12 月	2007 年 12 月	2006 年 12 月	2005 年 12 月	2004 年 12 月
年同比销售增长	−14%	20%	41%	30%	65%

闪迪经历了一些好年景，但 2007 年起其营收增长开始放缓，并在 2008 年转为负值。表 11-9 显示了该公司最近的季度营收数据。

表 11-9　闪迪的季度营收数据　（单位：百万美元）

季度	2008 年	2007 年	2006 年
第一季度	850.0	786.1	623.3
第二季度	816.0	827.0	719.2
第三季度	821.5	1037.4	751.4
第四季度	863.9	1245.8	1163.7
合计	3351.4	3896.4	3257.5

表 11-10 显示了闪迪的销售收入增长。

表 11-10　闪迪的销售收入增长

季度	2008 年	2007 年
第一季度	8%	26%
第二季度	−1%	15%
第三季度	−21%	38%
第四季度	−31%	20%

闪迪的营收增长在 2008 年 12 月当季大幅下滑。毫无疑问，当时的全球经济衰退是原因之一，但闪迪的收入增长此前已呈下降趋势。对于成长型投资者来说，闪迪不是好的选择。但闪存市场潜力巨大，而闪迪也是行业龙头。价值型投资者——你在这里看到机会了吗？

成长型投资者

选择近期销售增长与历史销售增长一致或高于历史销售增长的候选股。寻找那些最近一期年同比增长率至少为 15% 或更高的公司，如果增速能高达 45% 左右就更好了。确保分析师预期的历史增长将继续，甚至是加速增长。但是，年销售增长 50% 或更高的预期是不切实际的。但这并不意味着你不能在这类股票上赚钱。只要你在听到坏消息的时候愿意卖出就可以了。

价值型投资者

你最看好的是那些最近销售增长出现问题的股票。应该避开永远的输家，因为它们从未带来显著的收入增长（低于 10%）。相反，我们应该关注那些有可能恢复早期增速的前"摇滚明星"股。

雅虎和路透社提供的分析师一致收入增长预测，可以帮助你发现那些未来收入增长潜力良好的股票（见第 12 章）。

利润率分析

你可以用 3 种不同的利润率来衡量盈利能力：毛利率、营业利润率、净利润率。它们都是用一个特定的利润指标除以销售总额。

$$利润率 = 利润 / 销售总额$$

理论上，你可以计算任何时期（日、周、月）的利润率。然而，对于股票分析来说，上一季度（3 个月）、最近 4 个季度（TTM）或上一年是常用的时期。

毛利率、营业利润率和净利润率之间的唯一区别是与销售相比的具体利润数字。

毛利率

毛利润理论上是指只考虑生产该产品所需的材料和劳动力成本后的生产利润。这些成本被称为"销售成本"。因此，毛利润等于销售总额减去销售成本。

毛利润 = 销售总额 − 销售成本

毛利率是毛利润除以销售收入。

毛利率 = 毛利润 / 销售总额

下面是以上公式在现实情况的具体应用。当家得宝卖出一件锤子时，其毛利润是销售价格与家得宝为该商品支付的价格之差。家得宝成本中的销售成本、广告费用及其他成本都是运营成本，不计入毛利率的计算中。家得宝将其总生产成本标注为已售产品成本或报表上的销售成本。

销售锤子的例子适用于零售和服务类公司的股票。然而，制造业公司会增加与生产产品相关的工厂和设备的折旧和摊销（D&A）。增加到销售成本中的 D&A 没有单独列在利润表上。

营业利润率

营业成本包括销售成本，销售、一般和管理费用（SG&A），研发费用，折旧和摊销（如果未计入销货成本）及除利息和税收外的其他经营成本。

营业利润等于销售总额减去营业成本。

营业利润 = 销售总额 − 营业成本

由于不计入利息支出和所得税，营业利润也被称为 EBIT，EBIT 是利息税前利润的缩写。

营业利润率为：

营业利润率 = 营业利润 / 销售总额

净利润率

净利润率的计算考虑了不包括在营业利润率计算中的费用，即利息支出和所得税。

净利润是营业利润减去利息支出和所得税：

$$净利润 = 营业利润 - 利息支出 - 所得税$$

净利润率是净利润除以销售总额：

$$净利润率 = 净利润 / 销售总额$$

净利润率通常简称为利润率。EPS 等于净利润除以已发行股票的数量。

利润率的比较

本节主要介绍如何利用毛利率、营业利润率和净利润率来评估拟投资的候选股。

毛利率

毛利率衡量的是产品成本和销售价格之间的差异。因此，对于生产成本较低或生产那些需求和售价较高产品的公司来说，其毛利率应该高于竞争对手。表 11-11 比较了微处理器芯片制造商英特尔和 AMD 的毛利率。AMD 在技术上与英特尔相比有一定竞争力，但其品牌认可度不及英特尔。毛利率反映了它们之间不同的竞争地位。为了保持市场份额，该行业的二号企业 AMD 不得不以低于英特尔的价格出售芯片。

表 11-11 英特尔和 AMD 的毛利率

年份	英特尔	AMD
2008	56%	40%
2007	52%	37%
2006	51%	50%

（续）

年份	英特尔	AMD
2005	59%	41%
2004	58%	39%
2003	57%	34%
2002	50%	22%

　　我们来分析一下，上述情况对两家公司的后续影响。2008 年，在我们的例子中，英特尔每 1 美元的销售收入中有 56 美分可以用于支付研发费用、广告和管理费用或者增厚利润。相比之下，AMD 只有 40 美分来支付上述项目。

　　再看另一个例子。表 11-12 比较了汽车制造商福特、通用汽车和丰田的毛利率。

表 11-12　福特、通用汽车和丰田的毛利率

年份	福特	通用汽车	丰田
2008	6%	2%	18%
2007	11%	8%	20%
2006	2%	9%	20%
2005	13%	5%	20%
2004	16%	16%	20%
2003	16%	18%	20%
2002	18%	18%	24%

　　丰田的毛利率一直高于福特和通用汽车，但 2005 年这一差距明显扩大。

　　毛利率最适于分析制造企业。在评估直接面向消费者的零售商店和其他行业时，这一指标就没那么有用了。竞争激烈的零售店通常从同一家制造商那里购买产品，然后以相似的价格出售。

　　例如，表 11-13 显示了百思买和 2008 年末申请破产的电器巨头电路城的毛利率。

表 11-13 百思买和电路城的毛利率

年份	百思买	电路城
2008	24%	
2007	24%	21%
2006	24%	24%
2005	25%	24%
2004	24%	25%

营业利润率

对于零售和服务企业来说，营业利润率比毛利率更有用。即使对制造业企业来说，分析该竞争激烈行业的最终走向，营业利润率也能揭示出一些重要线索。

表 11-14 显示了搜索引擎运营商谷歌和雅虎的营业利润率。2002 年，雅虎 9.5 亿美元的收入几乎是谷歌 4.4 亿美元收入的 2 倍。2004 年，雅虎的营收为 36 亿美元，谷歌的营收为 32 亿美元，这两家公司的营业利润率和收入都不相上下。但到了 2005 年，谷歌在这两项指标上都表现不佳。2008 年，与雅虎 72 亿美元的营收相比，谷歌以 218 亿美元的营收主导了整个行业。

表 11-14 谷歌和雅虎的营业利润率

年份	谷歌	雅虎
2008	25%	0%
2007	31%	10%
2006	34%	15%
2005	33%	21%
2004	20%	19%
2003	23%	18%
2002	42%	9%

也许有很多原因可以解释为什么谷歌超越了雅虎的领先地位，并主导了整个网络搜索行业。但盈利能力是一个重要因素。因为，公司盈利能力越强，就有越多的现金可用来改善和扩大其产品线。

这些现金被称为经营现金流，即指在支付了全部营业成本后所余下的现金。表 11-15 显示了谷歌和雅虎的年经营现金流数据。

表 11-15   谷歌和雅虎的经营现金流   （单位：百万美元）

年份	谷歌	雅虎
2008	7850	1880
2007	5780	1920
2006	3580	1370
2005	2460	1710
2004	980	1090
2003	400	430
2002	160	300

例如，从这张表中可以看出，2006 年用来扩大或改善业务的现金，谷歌比雅虎多了 22 亿美元。2007 年，谷歌的现金优势上升到了 39 亿美元。那时，雅虎根本没有获胜的机会。

利润率分析

虽然毛利率有助于我们及时发现公司竞争地位恶化的情况，净利润率是计算目标价格的关键因素，但我发现衡量盈利趋势的这 3 个指标中，营业利润率最有用。

表 11-16 列出了闪迪 2004 ～ 2006 年的季度营业利润率。

表 11-16   闪迪季度营业利润率

	2006 年	2005 年	2004 年
第一季度	9.3%	26.2%	25.5%
第二季度	17.9%	20.6%	25.5%

（续）

	2006 年	2005 年	2004 年
第三季度	17.1%	26.9%	23.0%
第四季度	1.0%	26.4%	23.0%

除了 2005 年第二季度有所下降外，闪迪的营业利润率在 2004 年和 2005 年都保持在 20% 左右的水平。然而，2006 年一切都变了。闪迪 3 月的季度营业利润率较上年同期下降了 65%（9.3% 相对于 26.2%）。随后，该公司第二季度营业利润率下滑了 13%，第三季度又同比下滑了 36% 至 17.1%。

营业利润率的小幅下降，如 5%（19% 相对于 20%）都是很显著的。2005 年 6 月营业利润率的下滑是一个危险警示信号，除非是由于非经常性成本降低了利润率。无论如何，任何关注闪迪的人在看到 2006 年 3 月和 6 月的季度业绩后，都会抛弃这家公司。

闪迪的股价在 2006 年 1 月达到了 80 美元左右的峰值。但在 2006 年 10 月之前，该股票的交易区间大多维持在 50 ～ 60 美元。随后，股价继续下跌，并在 2007 年 2 月触及每股 30 美元。因此，你有足够的时间分析闪迪 2006 年 3 月和 6 月的季报数据，并在其股价下跌之前退出。

闪迪的例子说明，分析最近一个季度的营业利润率并识别未来股价短期走势的信号是多么重要。将季度利润率与上年同期相比，而不是用年度数据，可以考虑到季节性因素的变化。不过，季度数据可能会出现更多的波动。

成长型投资者

这一类型的投资者要注意观察年度和季度利润率的变化趋势。对年利润率来说，应规避同比下降 5% 或以上的公司。对于季度利润率来说，与去年同期相比，如果最近一个季度的利润率下降了 10% 或更多，就应放弃这家公司。

价值型投资者

价值投资者通常会发现，与历史水平相比，候选公司的利润率较低。但当公司盈利复苏时，历史利润率数据对估计未来的盈利情况是很有用的。

高利润率与低利润率

直觉上你可能会认为，选择那些在所处行业中盈利能力最强的公司是不错的选择。这种策略适合成长型投资者，尤其在分析那些处于快速增长的新兴市场中的公司时更是如此。但价值型投资者应该持相反的观点。换句话说，他们应该寻找利润率低于行业平均水平的公司，或者更好的是，低于他们自己的历史平均水平。

请耐心听我说明一下这个显而易见的事实：即当市场认为公司是赢家而不是失宠者的时候，其股价才会走高。表 11-17 显示了制药巨头默克和辉瑞的平均价格 / 销售比率。

表 11-17　默克和辉瑞的平均价格 / 销售比率

	2008 年	2007 年	2006 年	2005 年	2004 年	2003 年	2002 年	2001 年	2000 年	1999 年
默克	2.7	5.3	4.2	3.2	3.1	4.6	6.0	6.4	5.5	4.9
辉瑞	2.5	3.3	3.9	3.7	4.2	5.8	5.9	8.7	11.3	7.5

该表格显示，辉瑞在 2000 年的每 1 美元销售收入对应的股价是 2008 年的 4 倍多。同样，对于 2001 年默克的每 1 美元销售收入，投资者愿意支付的价格是 2008 年的 2 倍多。

在评估股票价值时，你可以利用市场的反复无常。这是一个例子。

假设一家公司的净利润率（净收入除以收入）为 3%，而该行业大多数公司的利润率在 7% 附近。假设当年该公司的营业收入为 1000 美元，净利润为 30 美元。

营业收入	1000 美元
净利润率	3%
净利润	30 美元

为了简化问题，我们假定该公司的总股本为 1。此外，由于其利润率较低，市场对它的估值是 10 倍 P/E，而行业平均估值水平为 20 倍 P/E。

如果你进一步计算就会发现，一家公司的股价等于 P/E 倍数乘以每股收益。

$$P=(P/E) \times EPS$$

在这个例子中，我们已知 P/E 为 10，EPS 为 30。因此，该公司的股价为 300 美元。

$$P=10 \times 30$$

现在，假定 1 年以后公司的销售增长率为 25%，更好的是，其净利润率恢复到了 5% 的水平。这一水平虽然很低，但已经接近行业平均值了。因此，你可以得到：

营业收入	1250 美元
净利润率	5%
净利润	62.5 美元

尽管公司营业收入仅增长了 25%，但由于利润率的提升，净利润已经达到了去年同期的 2 倍多。

但故事并未到此结束。市场喜欢较高的利润率，并且预计该公司明年的这一指标将更高。因此，该股票被给予了 15 倍 P/E 的估值水平，股价也上升到了 937.50 美元。

$$P=(P/E) \times EPS=15 \times 62.5=937.50（美元）$$

25% 的销售收入增长及利润率的提升使得该公司的股价升至 1 年前的 3 倍。

期间费用分析

销售、一般和管理费用（SG&A）是除了销售成本、研发、折旧和摊销之外的公司其他的大部分运营费用。SG&A 实际上就是日常开支。

有些公司在利润表中将营销费用单列一项并与 SG&A 分开。在我们的分析中，请将除销售成本、研发成本、折旧和摊销费用外的所有运营费用视为 SG&A。

SG&A 越低，说明管理层对费用的控制越严。比较竞争对手的 SG&A，对你深入分析每家公司的运营情况十分重要。比较公司之间 SG&A 的最佳方法，是用 SG&A 除以销售收入。

$$\text{SG\&A 占销售收入百分比} = \text{SG\&A} / \text{销售收入}$$

例如，2008 年，谷歌的 SG&A 占销售收入百分比为 17.2%，而同期雅虎的这一指标数值为 31.5%。14.3% 的差异究竟有多大呢？2008 年，雅虎的总收入为 217.96 亿美元。因此，14.3% 的成本相当于 31.17 亿美元（每股 2.20 美元）。当年，雅虎的税前利润为 9580 万美元。因此，若将 14.3% 的成本缩减，则税前利润将增加至 31.18 亿美元。我必须承认，这是一笔很大的费用。

观察 SG&A 占销售收入百分比的变化趋势，有助于发现公司内部的运营问题。然而，失控的 SG&A 支出很可能也会反映在不断恶化的营业利润率上。

盈利能力比率

人们常常引用传奇投资家沃伦·巴菲特的话，在买进一家公司的股票时，要像买下这家公司一样进行分析。

如果你真要买下一家公司，其中一项必须分析的内容就是投资回报率。

$$投资回报率 = 年利润 / 投资总额$$

　　例如，如果你用 10 万美元收购了一家公司，该公司每年的利润是 1 万美元，那么你的投资回报率就是 10%（1 万美元 /10 万美元）。

ROE

　　ROE 衡量的是公司给予的股东回报。ROE 是公司年度净利润除以股东权益。

$$ROE = 净利润 / 股东权益$$

　　ROE 是一个应用广泛的指标，很多投资经理将其作为评估公司盈利能力的关键依据。实际上，我所采访的很多专家，对 ROE 不足 15% 的公司根本不予考虑。为什么 ROE 应用得如此广泛呢？根据这种计算方法，可了解一家公司可能无法为年利润增长提供资金支持，以使其产生高的 ROE。下面是一个具体案例。

　　我描述了这样一种情况，即 10 万美元的投资（权益）可以产生 1 万美元回报，即 10% 的年投资回报率。假设你可以从投入的额外资金中获得 10% 的回报。进一步的假设是，你愿意把你赚取的利润投资到业务扩张中，但你不愿意投入额外的资金或借钱投资。

　　基于这些假设，你会将第一年 10% 的收益（1 万美元）再次投回公司。第二年，公司将从 11 万美元的收益中获得 10% 的收益，比第一年的 10 万美元收益回报多 10%，以此类推。

　　10% 的 ROE 限定了该公司在给定假设条件下能够实现的最大年增长率。同样，假设公司不会借债或进行股权融资，ROE 就决定了一家公司的最大可实现利润增速。

隐含增长率

　　假设你没有把所有的利润进行再投资，而是决定每年从企业中拿出

1000 美元。这样，你的 1000 美元股息就不能用来为未来的增长提供资金支持。隐含增长率一词是指考虑了红利支付下的及公司可实现的最大增长率。

$$隐含增长率 =（净利润 - 分红）/ 股东权益$$

隐含增长率与公司不支付股息时的 ROE 相同。

如前所述，假设没有股息，ROE 定义了依靠内部融资能实现的最大增长率。例如，假设某公司不支付股息且 ROE 为 15%，则在只能依靠内部融资的情况下，净利润增速最大不会超过 15%。

当然，公司经常会进行债务或股权融资。但如果不依靠这些措施来实现增长，股东的境况可能会更好。下面将对此进行解释说明。

增发股票会稀释 EPS。例如，一家公司的总股本为 100 万股，净利润为 100 万美元，则该公司的 EPS 为 1 美元。然而，如果该公司增发了 50 万股新股，则在同样的净利润的情况下，其 EPS 将降至 0.67 美元。

在公司举债融资时，也会发生同样的情况。例如，假设 1 年前，该公司以 8% 的利率借了 100 万美元，则今年该公司的净利润为 92 万美元（100 万美元减利息支出 8 万美元）。因此，其 EPS 将降至 0.92 美元。

尽管上述推理十分清晰，但在实际操作中，用 ROE 来评估一家公司的盈利能力还是存在一些局限性。

回想一下，ROE 是通过净利润除以股东权益计算出来的。顺便说一下，股东权益是以每股账面价值来表示的。

问题在于股东权益或账面价值的计算。从名称上看，你可能会认为账面价值就是将资产折旧或升值因素考虑在内的公司的固定资产价值。资产负债表上有这样一项——总资产，但它与所有者权益或账面价值不是一回事。

根据 GAAP，总资产必须等于总负债加上股东权益。

$$总资产 = 总负债 + 股东权益$$
$$股东权益 = 资产 - 负债$$

　　假设一家公司有现金和存货等流动资产 1000 美元，长期资产如厂房和设备共计 2000 美元。资产负债表的资产部分内容如下。

资产

流动资产	1000 美元
长期资产	2000 美元
总资产	3000 美元

　　如果该公司的应付账款和其他短期债务为 800 美元，长期贷款为 300 美元，则负债情况如下。

负债

流动负债	800 美元
长期负债	300 美元
总负债	1100 美元

　　总资产较总负债高出 1900 美元，这部分即为所有者权益。下面是完整的资产负债表。

资产

流动资产	1000 美元
长期资产	2000 美元
总资产	3000 美元

负债

流动负债	800 美元
长期负债	300 美元
总负债	1100 美元
所有者权益	1900 美元

如果该公司去年盈利了 250 美元，则其 ROE 为 13%。

$$ROE = 净利润 / 股东权益 = 250/1900 = 13\%$$

现在考虑另一家资产负债表类似的公司，但它的长期负债总额为 1500 美元，而不是 300 美元。

资产

总资产	3000 美元

负债

流动负债	800 美元
长期负债	1500 美元
总负债	2300 美元
所有者权益	700 美元

如果第二家公司的净利润也为 250 美元，则它的 ROE 将从 13% 提高到 36%。

$$ROE = 净利润 / 股东权益 = 250/ 700 = 36\%$$

因此，在其他条件相同的情况下，负债越多的公司，ROE 越高。

再看一些真实的例子，表 11-18 比较了测量系统制造商美国国家仪器与殡仪馆和墓地产品供应商马修国际的 ROE。

表 11-18　美国国家仪器和马修国际的 ROE

美国国家仪器（2008 年 12 月）	
营业收入	8.21 亿美元
净利润	0.848 亿美元
ROE	12.8%
马修国际（2008 年 9 月）	
营业收入	8.19 亿美元
净利润	0.795 亿美元
ROE	18.3%

两家公司的营业收入几乎相同，但美国国家仪器的净利润更高。尽管如此，如果投资者要求至少 15% 的 ROE 则会将美国国家仪器拒之门外，转而青睐马修国际。但为什么马修国际的 ROE 更高呢？

当然是因为负债了！美国国家仪器的负债总额仅为 1.68 亿美元，而马修国际的债务总额为 4.8 亿美元。这些债务使马修国际的股东权益降至 4.34 亿美元，而美国国家仪器的股东权益为 6.65 亿美元。

显然，只有当你比较负债水平相似的公司时，才可以用 ROE 衡量其盈利能力。否则，ROE 将有利于那些与债务挂钩的公司。它"惩罚"了那些不通过举债就能实现增长的高效运营的公司，并"奖励"了那些依赖债务发展的公司。实际上，如果一家公司偿还了债务，它的 ROE 就会下降，而不是上升！

ROE 检验

即便存在这样的缺陷，许多基金经理仍认为 ROE 是衡量盈利能力的最佳指标。如果你也认同这一点，可以通过比较股东权益和 ROE 的增长率来克服债务异常的情况。也就是说，如果管理层能以 ROE 进行再投资，则股东权益应该与 ROE 以同样的速度增长。如果账面价值的数据更容易获得，你可以用其增长幅度来代替股东权益的增长。

资本回报率

资本回报率（ROC，也称投资收益率）通过在 ROE 中的权益上添加长期债务来对债务异常的公司进行修正。

资本回报率 = 净利润 /（股东权益 + 长期债务）

表 11-19 列示了美国国家仪器和马修国际的 ROC。

表 11-19　美国国家仪器和马修国际的 ROC

美国国家仪器（2008 年 12 月）	12.2%
马修国际（2008 年 9 月）	10.6%

ROC 公式使得不同债务水平的公司之间的比较更为容易。然而，资本回报率没有考虑短期负债和其他长期负债。这可能对于那些用持续滚动的短期债务来替换长期债务的公司来说影响比较显著。

ROA

ROA 通过将所有债务考虑进来，克服了上述缺点，不管这些债务是否列示在资产负债表上。

让我们再看一下基本的会计等式。

$$总资产 = 总负债 + 股东权益$$

总负债就是刚刚说到的该公司所欠的所有债务，无论这些债务是否列示在资产负债表上。

ROA 为净利润除以总资产，总资产为股东权益与全部债务之和。

$$ROA = 净利润 / 总资产$$

表 11-20 列示了美国国家仪器和马修国际两家公司的 ROA。

表 11-20　美国国家仪器和马修国际的 ROA

美国国家仪器（2008 年 12 月）	10.3%
马修国际（2008 年 9 月）	8.8%

由于 ROA 考虑了短期负债，而且几乎所有公司都有短期债务，因此同一只股票的 ROC 总是高于 ROA。同样，由于 ROA 考虑负债，而 ROE 不考虑负债，因此 ROE 总是高于 ROA。当负债超过资产时，股东权益为负值。在这种情况下，只有 ROA 是有意义的。

我做了一些统计发现，5 年平均 ROE 的中位数为 9.5%。5 年平均 ROA 的中位数为 3.5%，5 年平均 ROC 的中位数为 4.4%。

利润率重要吗？

2009 年 4 月，我列出了标普 500 指数过去 12 个月里股价表现最好的 50 只股票和最差的 50 只股票（不包括银行股和保险股）。然后，我分别计算了这两类股票的平均利润率。

由于银行股和保险股在过去的 12 个月里大幅下挫，如果不把这类股票剔除会对分析结果造成很大影响。

表 11-21 显示了这两类股票的 5 年平均利润率。

表 11-21　标普 500 指数中表现最好的 50 只股票和表现最差的 50 只股票过去 5 年平均利润率　　　　　　　　　　　　　　　　　　　（%）

	ROE	ROC	ROA
涨幅前 50 只股票	23.2	12.7	8.0
跌幅后 50 只股票	7.7	4.0	2.9

如表 11-21 所示，表现最好的股票的利润率通常是表现最差的股票的利润率的 3 倍。

现金流分析

现金流很容易理解。如果 1 月 1 日，你的银行账户中有 5000 美元，而在 12 月 31 日只有 1000 美元，那么不管你向国税局（IRS）申报了多少收入，你全年的现金流都是负的 4000 美元。GAAP 遵循同样的规则，只不过是数字更大而已。

有趣的是，直到 1987 年，公司才被要求在财务报告中提供现金流量表。

会计人员从财务报告的净利润科目开始编制现金流量表，然后将那些已在净利润中扣除但未实际支付的科目加回。

例如，折旧和摊销代表资本设备和其他资产账面价值的减少，但实际上并没有现金流出。

营运资本变化

另一个经营现金流量科目，即营运资本的变动，代表没有体现在利润表上的实际现金流出和流入。

例如，用于购买原材料的现金在材料被制成成品并销售之前不会被记入收入。报告期间存货成本的净增加额应从现金流量中减去，因为这些钱已经花掉了，但并没有在利润中予以扣除。

应收账款是公司主要客户拖欠公司的货款，在交易完成后会被记为收入，但通常实际收到客户的货款需要很长时间。由于公司并未真正收到现金，应收账款的净增加额应从经营现金流中扣除。

应付账款是公司欠供应商和服务提供商的款项。这些费用在交易完成后会从利润中予以扣除，但并未实际支付。因为公司没有支付现金，应付账款（未付账单）加进了公司的账户余额，从而增加了公司的经营现金流量。

用现金来说话

尽管公司可以用尽各种手段操纵所公布的收益，但除直接的欺诈外，它们在捏造银行账户余额方面几乎无能为力。因为现金流量表必须和实际现金收支情况相匹配，相比于报告的净利润，精明的投资者更为关注现金流。

Ambassadors 拥有一支巡航舰队，该舰队主要在北美的河流和其他水路上活动。2006 年 12 月 31 日，Ambassadors 的股价大致在每股 45 美元附近，当年涨幅接近 200%。股价大涨反映出 Ambassadors 的基本面明显不错。

2006 年，该公司净利润为 563 万美元（每股 0.53 美元），较上年同比增长了 79%，并且营业收入增长了 435%。但是这些数字并没有转化为银行账户里的实际现金。任何一个看过 Ambassadors 经营现金流的人都会注意到，Ambassadors 在 2006 年实际上损失了 955 000 美元。

Ambassadors 在 2007 年 2 月 28 日公布了其 2006 年的经营业绩。该公司股价在 3 月 12 日创下了每股 47 美元的新高，直到 3 月 31 日股价仍在每股 46 美元附近。因此，查看该公司 2006 年现金流量表的投资者有充足的时间来采取行动。同年 4 月，该公司股价开始下跌，截至 2007 年底，其股价为每股 14.60 美元，较 3 月高点下跌了 69%。

报告公司有一定的空间来捏造经营现金流数据，但所有的现金流入和流出必须列在现金流量表的某些科目中。否则，现金流总额与银行账户总额无法匹配。

现金流量表由 3 部分组成：经营活动、投资活动和融资活动。

▶ 从理论上讲，经营现金流包括与公司主营业务活动有关的所有现金流项目。

▶ 一般认为，投资活动现金流限于资本支出和其他投资。

▶ 融资活动现金流理论上包括发行或回购股份带来的现金流及债务状况的变化。

然而，会计规则要求某些项目必须出现在现金流量表中的某些位置，这一点你将在后文中看到。

不确定项目

递延税是已从利润中扣除但实际上并没有缴纳的税项。从逻辑上讲，这是一个融资项目，应该被添加到经营现金流中。

GAAP 允许公司将大多数软件的开发费用资本化。资本化的软件开发费用与资本支出的处理方法类似。也就是说，它们的价值会随着时间的推移而摊销，而不是像费用支出一样当年从利润中扣除。由于一些公司将软件开发费用资本化了而其他公司没有，你在比较不同公司的经营现金流时，应先从经营现金流中扣除列入资本部分的软件开发费用。

利用经营现金流

经营现金流比公司公布的利润更能反映其盈利情况。在大多数情况下，刚刚提到的不确定项目不会明显影响到分析结果。不过，如果你确实想对不确定项目进行详尽的分析和检查，最好还是查看一下公司提交给 SEC 的现金流量表明细。在进行分析之前，你要减去不确定项目，如递延税等。

有些学术研究表明，经营现金流为正的公司的股价表现要优于经营现金流为负的公司。然而，经营现金流为负并不总是意味着公司存在问题。成长迅速的小公司常常吸纳大量的现金来支撑必要的库存和应收账款增长。然而，发展较慢的公司，如年销售收入增长低于 25% 的公司，经营现金流应该为正。那些销售收入增长在 10% ～ 15% 的成熟公司应产生大量的经营现金流。许多投资者将经营现金流视为购买一只股票的先决考虑因素。

经营现金流多少才够呢？

研究发现，关注经营现金流与净利润之间的关系，有助于发现可能存在收益质量问题的公司。通常，经营现金流超过净利润是因为从净收入中扣除的非现金支出项目，如折旧和摊销等被加回到经营现金流中。

经营现金流低于净利润，表明应收账款或库存水平可能上升，这两项指标都预示着未来收益可能令人失望。研究发现，净利润上升但经营现金流下降是最危险的信号。这个问题将在第 12 章中详细讨论。

但是，经营现金流并不能说明一切。折旧体现了以往资本支出的老化过程。经营现金流公式将从净利润中扣除的折旧加了回来，但并不记入新的资本支出。

自由现金流

自由现金流是在记入工厂、设备软件开发和类似项目支出之外的剩余现金。也就是说，自由现金流是公司满足运营和扩张现有业务之外的可用现金。公司可以将剩余现金用于收购其他公司，拓展新的业务领域，或者作为股息支付给股东。

尽管自由现金流量被广泛使用，但它并不显示在现金流量表上，你必须自己计算。

$$自由现金流 = 经营现金流 - 资本支出$$

为了便于分析，资本支出包括资本支出本身，如资本化的软件支出、收购成本等。

自由现金流对许多投资者来说十分重要，有些人希望在这一项中看到很大的正值。然而，许多公司在业务扩张中支出了几乎所有的自由现金流。自由现金流多少才够呢？当然是越多越好，但任何达到 10 亿美元量级的公司都能够引起我的兴趣。

表 11-22 列出了一些现金流强劲的公司。一家公司必须能将 25% 及以上的年收入转化为经营现金流，且每年产生的自由现金流至少达到 1 亿美元，才会被列入此类。

表 11-22　一些现金流强劲的公司（截至 2009 年 4 月 24 日）

公司	经营现金流占收入百分比（%）	自由现金流（百万美元）
Adobe Systems	36	1 169
阿克迈	43	228
阿尔特拉	33	409
美国运通	38	9 643
安进	40	5 316
阿纳达科石油	44	1 641

（续）

公司	经营现金流占收入百分比（%）	自由现金流（百万美元）
苹果	30	8 505
美国电话电报	30	13 321
思科	31	10 824
康卡斯特	30	4 481
Coming	36	207
戴蒙德海底钻探	46	953
Dolby Laboratories	41	251
易贝	34	2 316
礼来公司	36	6 348
基因泰克	29	3 204
Gen-Probe	38	139
吉利德科学	41	2 090
谷歌	36	5 494
英特尔	29	5 729
直觉外科公司	32	216
凌特科技	45	495
麦当劳	25	3 782
默克	28	5 273
微软	36	18 430
NetApp	31	821
甲骨文	33	7 159
沛齐	37	552
辉瑞	38	16 547
高通	32	2 161
科视达	43	990
赛门铁克	31	1 545
德美利证券	36	1 084
Tidewater	39	136
VeriSign	50	363
威瑞森	27	9 382

　　现金流为正与快速增长是不是很难两者兼得？的确如此，但并非不可能。表 11-23 就列出了一些这样的公司，它们的年销售同比增长至少为 20%，经营现金流和自由现金流都至少达到了 10 亿美元。

表 11-23 现金流为正且快速增长的公司

	收入增速（%）	经营现金流（百万美元）	自由现金流（百万美元）
亚马逊	29	1 697	1 364
Apache Corp.	24	7 065	1 092
苹果	35	9 596	8 397
Biogen Idec	29	1 564	1 289
邦吉	39	2 543	1 647
雪佛龙	24	29 632	9 966
Fiserv	22	1 442	1 243
吉利德科学	26	2 206	2 090
谷歌	31	7 853	5 494
孟山都	36	2 799	1 881
Mosaic Co.	70	2 547	2 175
National-Oilwell Varco	37	2 294	1 916
纽柯钢铁	43	2 499	1 480
甲骨文	25	7 402	7 159
高通	26	3 558	2 161
Schering-Plough Co.	46	3 364	2 617

表 11-23 表明，迅速发展的公司仍有可能经营现金流和自由现金流均为正值。

能够产生正向现金流，就意味着小公司已经成长为大公司了。"烧钱"的公司必须经常发行股票或借款才能筹集到资金。这两种方式都减少了现有股东的收益。为什么不理直气壮地将经营现金流为正作为最低要求，或至少要求自由现金流接近盈亏平衡点呢？

也就是说，有时发展迅速的公司暂时"烧钱"也在情理之中，如为了建造新工厂或获得所需的技术。但在向 SEC 报告的管理层讨论部分，公司应对资金流出大于流入做出解释。

现金流季度报告

与单独反映每个季度业绩的利润表不同，公司提交给 SEC 的现金流量表只反映今年迄今的数字。因此，第二季度现金流量表反映了第一季度和第二季度的合计数，第三季度报表则反映前 3 个季度的合计，以此类推。大多数提供公司现金流量表的金融网站都以相同的累计形式显示。

使用累计形式，要查看第三季度的情况，必须从第三季度的数据中减去截至第二季度的数据。虽然有些麻烦，但利用 MSN Money 和路透社等网站，这种方法还是可行的。这些网站都连续显示了最近 5 个季度的数据。使用公司提交给 SEC 的报告要困难得多，因为在这些报告中，现金流量表没有显示截至上一季度的数据。

雅虎在其提供的季报中列出了实际的季度现金流量数据（非累计值）。这是一个很大的优势。但遗憾的是，雅虎只列出了最近 4 个季度的现金流数据。这是一个问题，因为在分析季报时，你需要最近 5 个季度的数据来和去年同期相比。雅虎提供的利润表、资产负债表和现金流量表均存在这样的问题。

EBITDA 与经营现金流

EBITDA 代表未计利息、税项、折旧和摊销前的利润。与经营现金流的用途类似，EBITDA 描述的也是公司与主营业务有关的现金情况，但计算方法有所不同。

经营现金流是从净利润开始计算的，而 EBITDA 是从营业利润（EBIT），即息税前利润开始计算的。EBITDA 是 EBIT 加上折旧和摊销。

EBITDA 不是由 GAAP 定义的，也没有列在大多数财务报表上。我只发现福布斯、Smart Money、Market Watch 和 CNN Money 将 EBITDA 单独列示在利润表上。

计算 EBITDA 并不困难，因为大多数利润表都列有 EBIT。将折旧及摊销加到营业利润中就可以算出 EBITDA：

$$EBITDA = 营业利润（EBIT）+ 折旧 + 摊销$$

折旧及摊销体现在现金流量表上。

许多公司在公布其收益的新闻稿中会公布一个它们称为 EBITDA 的数字。但由于 EBITDA 不是官方定义的术语，这些公司经常改变其定义以满足自己的需要。如果你想使用 EBITDA，忽略新闻稿中的数字，你可以在相关网站中查找，或者自己计算。

EBITDA 与经营现金流的主要区别在于 EBITDA 不考虑营运资本的变动，这既是劣势也是优势。

前面讲过，将经营现金流与净利润进行比较，可以发现潜在的盈利质量问题，即应收账款和库存水平的异常增加。因此，用 EBITDA 代替经营现金流，要求你进行数学计算，并将应收账款和库存水平与销售收入进行比较，以便甄别第 12 章中详述的收益质量问题。

有些分析师并不重视营运资本的变化，他们认为应收款项及存货会因短期市场行情而变动，但长期过高会导致不良后果。对这些分析师来说，EBITDA 是比经营现金流更理想的指标。

总结

销售增长、营业利润率、利润率和现金流都与公司盈利能力相关。本章描述的许多分析工具都有两重目的。它们可以帮助你确定公司的绝对盈利能力，并帮助你确定市场中盈利能力最强的企业。分析候选股的盈利能力是专业人士常常要做的工作，但个人投资者往往会忽略这一点。

第 12 章

分析工具九：察觉危险信号

最理想的增长型候选股每年销售收入和净利润增速须至少达到 15%，当然业绩增速越高越好。表 12-1 中列出了部分满足要求的候选股及它们近年来的收入增长趋势。我没有列出 2008 年的增长率，因为 2008 年的全球经济问题对所有公司的基本面都产生了一定冲击。

我将股票分成四类。

▶ 大爆炸型股票是在一开始就取得了两位数甚至是 3 位数年收入增长率的股票。当然，这样的增速是不可持续的，并且很快就会放缓。然而，当增长趋于稳定时，它们仍然值得考虑。在放缓后，许多公司的收入增长可以稳定在 25% ～ 30%。

▶ 起步较慢型股票与大爆炸型股票类似，但启动速度较慢，通常需要花几年时间才能获得可观的收入增长。

▶ 稳定增长型股票可以维持 20% ～ 30% 的年收入增速。然而，如表 12-1 所示，其年收入增长率最终也会放缓。

▶ 颠簸型股票在业绩增长方面忽高忽低。它们是理想的价值型股票。

表 12-1 部分满足要求的候选股

公司	年收入增长率（%）										
大爆炸型股票											
亚马逊	39	26	23	32	34	26	13	68	169	313	839
Chipotle Mexican	32	31	33	49	54	56	94				
卡洛驰	131	227	703	1061	4574						
易贝	29	31	39	51	78	62	74	92	161	108	
谷歌	56	73	92	118	234	409	352				
网飞	21	46	36	85	77	101	111	617			
P.F. Chang's	16	15	15	31	33	28	36	53	96	96	116
起步较慢型股票											
吉利德科学	40	49	53	53	86	100	20	16			
绿山咖啡	52	39	18	18	17	5	14	14	29	16	
汉森天然饮料	49	74	93	63	20	14	12	−1			
稳定增长型股票											
阿波罗集团	10	10	25	34	33	31	26	22	30	38	32
Cheesecake Factory	15	11	22	25	19	21	23	26	31	27	30
Panera Bread	29	29	34	30	29	40	33				
颠簸型股票											
GameStop	33	72	68	17	17	21	40	37			
赛门铁克	26	60	38	33	31	26	15	26	11	18	2
直觉外科公司	61	64	64	51	27	40	94				
雅虎	9	22	47	120	71	33	−36	88	141	291	

上述所有类型的股票都有一个共同的特点，那就是收入增长会在某个时间点达到峰值，随后逐渐下降。不幸的是，股价通常反映出这样一种预期，即在可预见的未来，公司近期业绩增速将保持不变。因此，当市场意识到其增长正在放缓时，公司股价总是会受到沉重打击。

管理层的收入通常与公司股价挂钩。因此，他们有动机隐藏任何增长可能正在放缓的迹象，同时也在努力让事情回到正轨。

鉴于此，成长型投资者的首要任务应该是发现一些蛛丝马迹，以查明管理层是否正在利用这些数字来掩盖增长乏力的事实。

第4章描述了如何从分析师的收益预测中发现线索。本章我们重点关注财务报表。我们将检查营收趋势，以寻找增长可能放缓的信号，并在财务数据中寻找预示着管理层可能在通过伪造账目来粉饰增长的信号。

尽管管理层只按季度报告结果，但越早发现这些危险信号并采取行动，效果就越好。你不能等到下一季度财报披露时再行动。如今，可能受到了律师的提醒和支持，管理层经常会在报告公布前提示未来业绩可能会下滑的风险。

接下来，你将学习如何分析公司的财务状况，以识别出可能存在的问题。

销售增长趋势

虽然之前提到过，但值得重申的是，尽管股价是基于收益预期确定的市场价格，但如果没有销售收入，公司就不可能获得收益。

这一点很重要，因为收入增长放缓往往预示着收益会令人失望。

成人教育机构阿波罗集团就是一个很好的例子。表 12-2 显示了该公司 2003 ～ 2006 年的收入和盈利情况。根据公司所处的财务年度，你可以得到两三年的季度数据摘要，类似于 MSN Money 或路透社上显示的。你可以在 Smart Money 的利润表上找到更早的数据，点击"previous five quarters"（前 5 个季度）。

最好将收入或盈利与上年同期相比，而不是与上一季度相比。例如，你可以将 2006 年 11 月的季度数据与 2005 年 11 月的进行比较，而不应与 2006 年 8 月的进行比较。否则，季节性因素可能会影响分析结果。

数据显示，除了 2004 年 8 月发生了与收购相关的特殊费用外，阿波罗集团在 2003 ～ 2005 年取得了合理且持续的盈利增长。然而，该公司在 2006 年 5 月、8 月和 11 月均出现了季度收益同比下滑。

表 12-2　阿波罗集团的收入和盈利

	2003 年	2004 年	2005 年	2006 年
收入（百万美元）				
2 月	295.2	396.9	506.3	570.6
5 月	364.2	497.0	617.8	653.4
8 月	371.3	492.8	592.2	624.9
11 月	411.8	534.9	628.7	667.8
EPS（美元）				
2 月	0.24	0.35	0.38	0.45
5 月	0.39	0.56	0.76	0.75
8 月	0.37	−0.59	0.61	0.43
11 月	0.44	0.59	0.72	0.65

　　表 12-3 说明了你是如何预见到这一点的。表中没有列出实际的收入和盈利数字，而是提供了同比增长率数据。由于没有收集 2002 年的数据，所以我没有计算 2003 年的同比增长率。但是，表 12-1 表明阿波罗集团当年的收入增长了 33%。

表 12-3　阿波罗集团季度收入和 EPS 年同比增长率

	2004 年	2005 年	2006 年
收入			
2 月	35%	28%	13%
5 月	36%	24%	6%
8 月	33%	20%	6%
11 月	30%	18%	7%
EPS			
2 月	46%	9%	18%
5 月	48%	36%	−1%
8 月	亏损	—	−30%
11 月	34%	22%	−10%

　　虽然季度之间的盈利波动非常大，营业收入却是一个相对稳定的指标。事实上，收入增长趋势往往是相对长期的。

　　2004 年 2 月、5 月和 8 月当季，阿波罗集团继续保持着 30% 的收入增长速度。到了 11 月份，增速开始放缓，但还不足以引发危险信号。但是 2005 年 2 月，其增速下降了 20%（28% 相对于 35%），5 月下降了 33%，8 月和 11 月均下降了 40% 左右。

收入增长放缓预示着盈利将大幅下滑。然而，每个季度的收入增长都是不同的，所以不要对小幅变动过于敏感。收入增速下降 20% 是值得关注的，如果降幅达到 25% 或以上则是危险信号，这意味着公司的业务增长开始明显放缓。

重要的是收入增长的百分比变化，而不是绝对值变动。例如，年同比增长率从 20% 下降到 15%（降幅 25%）与从 60% 下降到 45%（同样降幅为 25%）是一样的。

业绩增速从 150% 下降到 75% 是可以理解的，因为 150% 的增速显然不可持续。此外，75% 的年增长率已经足够了。尽管销售增长放缓预示着未来盈利的下滑，这时却不那么重要。

分析历史收入的增长变化是有益的，但有时也会误导你。也许强劲的业绩增长是因为一些特殊的事件，如新产品的推出、收购或竞争者的退出。此外，因为市场趋于饱和、新竞争者的涌入或其他原因，该公司可能无法在未来保持历史上的辉煌业绩。

雅虎和路透社上的分析师收入预测会提醒你注意这类情况。

医疗诊所信息系统提供商 Allscripts 就是一个很好的例子。

2007 年 5 月，Allscripts 公布了惊人的 3 月季度业绩报告。该公司利润增长了 160%，销售收入增长了 54%。这些数据尽管表现亮眼，但未超出市场预期。因为，Allscripts 此前 3 个季度的营收增速均为同比增长 100% 左右。

然而，一致预期的营收数据表明，这场盛宴已经接近尾声。分析师预计，该公司未来 2 个季度的营收增幅仅为 25% 左右，而上年同期为 100%。

为什么业绩增速预期如此之低呢？因为，一些分析师注意到，公司第三季度接到的新订单数量很低。无论原因是什么，分析师普遍预计该公司的业绩增长会放缓，但事实总让预期落空。

结果，Allscripts 公布了表现良好的 6 月季度业绩，但它不仅没有达到 9 月盈利预期，还下调了业绩指标。总之，Allscripts 当年业绩较 2007 年 5 月公布的峰值水平下降了 40%。

在看收入预测时，要把注意力集中在当前和下一季度，忽略对下一年的预测。预测的期限越长，可靠性越差。实际上，如果该公司实现了当前季度预期，分析师通常会提高下一季度的销售预期。

这一规律同样适用于销售增长预期。也就是说，增长预期较上年同期下降 25%（如从 25% 降至 18%）就意味着危险。

应收账款和存货

分析应收账款和存货水平是最广泛的用于发现危险信号的方法。

应收账款

不同于面向个人客户的销售，公司在向其他公司出售商品时并不总是要求对方提前付款，而是向客户开出账单并指定付款日期。在正常情况下，应收账款应与实际销售收入走向一致。也就是说，如果销售收入增加 1 倍，应收账款也应增加 1 倍。

你可以将应收账款与前一期数字做比较，甚至可以拿其与另一家公司的应收账款比较，方法是用应收账款除以销售收入。你可以使用最近季度的销售收入数据，或者过去 4 个季度的销售收入。结果通常以占销售收入的百分比来表示，如占销售收入的 45%。

应收账款回款天数

应收账款回款天数（DSO）是衡量应收账款的一种常用方法。计算 DSO 的方法是，将季末应收账款除以 12 个月的销售收入，并将结果乘以 365，而不是换算成百分比。例如，假设应收账款总额为 100 美元，而过去 4 个季度的销售总额为 500 美元。用 100 除以 500 得到 0.2，再乘以 365 得到 DSO，为 73 天。

每个行业有自己的付款惯例，所以你不能比较不同行业公司的应收账款销售收入百分比。许多公司更喜欢尽可能地推迟付款期，因为它们将这些账款视为一种无息贷款。通常，同一行业中的公司也会因开账单或收款程序等方面存在差异，应收账款销售收入百分比不同。

应收账款应随收入而变化，应收账款增速显著高于收入增速是一种危险信号。应收账款分析不适用于零售和餐饮业，因为这类公司收取现金，不会出现大额的应收账款。

应收账款增速快于收入增速的原因有以下几点。

▶ 应收账款负责部门未能及时发出账单或敦促客户付款。

▶ 顾客因不满意拒绝付款。

▶ 渠道不畅。

▶ 客户无力支付。

最后 2 个问题更为严重，也是我们将详细探讨的问题。但我们只要从这项分析中确认应收账款问题的存在即可，而不用分析其原因。

渠道不畅

当一个公司按部就班地运作无法实现销售目标时，渠道不畅就发生了。

这时，管理层就会制定激励措施来推动销售增长，一种方法是为客户提供更优惠的条件。例如，公司可以提供 6 个月的付款期限，而不是通常的 60 日。如果这样仍不起作用，公司可以延长至更长的期限。而且，如果最终客户感到不需要该产品，也可以申请退货而不必赔偿损失。

这样的条件让人难以抗拒。如果客户接受了，公司在发货后，交易就会像其他销售一样出现在利润表上，为公司本季度的销售和收益目标的实现助一臂之力。

渠道不畅更极端的现象是公司发出客户并未订购的货物，甚至其发货就是无中生有。

客户无力支付

电信设备行业在 2000 年和 2001 年的经历说明了这样一种情况：客户需要产品，但无力付款。

20 世纪 90 年代末，出现了一类新型电话公司。它们打算与地位稳固的小贝尔公司（Baby Bell）一争高下，并认为它们可以给守旧的老公司一点教训。2000 年中，这些新贵的现金告罄，大多数最终破产倒闭。这使得设备供应商的应收账款变成了烂账。

计算应收账款占销售收入百分比

无论什么原因，只要将最新的应收账款占销售收入百分比与早先数字对比，都能轻而易举地发现应收账款的大量增加。将最新一期资产负债表上的应收账款总额除以上一季度的销售收入，或除以过去 4 个季度的销售收入。

$$应收账款占销售收入百分比 = 应收账款 / 销售收入$$

用最近一个季度的销售收入，除非极有必要使用 12 个月销售收入，如全年销售收入对室外家具等受季节因素影响大的行业可能是最佳选择，否则用上个季度的销售数据要更容易一些，我通常都是这么做的。

除了医疗保健领域，应收账款通常占季度销售收入的 40% ～ 80%，所占比率本身若超过 100%，就足以引起重视了。医疗保健产品供应商的应收账款通常高达季度销售收入的 150%。

一定要用当前应收账款销售收入百分比与去年同期数字进行比较。如果当前应收账款所占比例与上年同期持平或低于上年同期，则没有危险信号。5% 左右的变化（如 52% 相对于 50%）的浮动是正常的，不必担心。当前季度的应收账款销售收入百分比超过上年同期的 20%（如 60% 相对于 50%）是一个危险信号。若当前数据比上年同期高出 10% 或更多，也说明大概距危险信号的出现为期不远了。

医学成像软件供应商 Vital Images 的例子就说明了上述规律。Vital Images 在 2006 年 3 月公布了截至 2005 年 12 月的季度业绩，当时该公司股价约为每股 30 美元。Vital Images 公布的 12 月当季盈利数据高于分析师预期且营收增速达到了 38%，是去年同期的 2 倍。表 12-4 显示了 Vital Images 2005 年 12 月和上年同期的季度销售收入、应收账款和应收账款占销售收入百分比数据。

表 12-4　Vital Images 2005 年 12 月和上年同期数据

	2005 年 12 月	2004 年 12 月
销售收入（百万美元）	15.3	11.1
应收账款（百万美元）	14.3	8.1
应收账款占销售收入百分比（%）	93.8	72.9

该公司 12 月当季的应收账款增长了 77%，远超营收增长率 38%，推动应收账款占销售收入百分比提高了 29%（93.8% 相对于 72.9%）。Vital Images 的股价在 2006 年 5 月下跌了 30% 左右，此前该公司 3 月的季度业绩大幅低于预期。

公司通常会在提交 SEC 报告中的管理层讨论部分中给出应收账款大幅增加的原因。此外，在收益报告发布后的分析师电话会议中的问答环节，公司也会经常提到这个问题。管理层总是为应收账款的增加找出看似合理的借口，其中常见的一种是，新产品出售给了付款迟缓的行业。我发现，忽视应收账款中的危险信号往往是错误的。

存货分析

存货膨胀等于利润增加

受某种动机驱使的管理层会操纵存货数据，制造出收益增长的假象。要揭开其中的秘密，你必须理解毛利率的计算方法，其公式如下：

$$毛利率（GM）=毛利润/销售收入$$

其中：

$$毛利润=销售收入-销售成本$$

假设在生产某种产品时没有劳动力参与，只投入原材料。会计人员不是将制造产品所用的原材料成本加起来计算销售成本，而是统计一段时期期初和期末的存货总量。为便于计算，假设该公司在此期间没有购买任何原材料，那么：

$$销售成本=期初存货-期末存货$$

其中，期初存货为季度初（或会计年度）所有存货的总值，期末存货为期末的存货总值。

如果期初存货是 100 美元，期末存货是 50 美元，那么：

$$销售成本=100-50=50（美元）$$

如果该公司以 75 美元的价格出售其产品，其毛利润为 25 美元（75-50）。

但是如果期末存货是 75 美元而不是 50 美元，则：

$$销售成本=100-75=25（美元）$$

如果该公司再次以 75 美元的价格出售该产品，则其毛利润将从 25 美元提高至 50 美元（75−25）。可以看出，增加账面上的期末存货价值是提高利润的诱人途径。

存货过多可能意味着销售放缓

存货水平的上升（与收入相比）并不一定意味着伪造账目。存货增加可能只是因为公司产品供大于求，导致成品积压。如果是这样，你大概就能看到销售收入增幅随着存货水平上升而放缓。

你可以通过比较存货占销售收入的比例来对存货进行分析，这与应收账款的分析方法完全相同。

宽带通信设备制造商 Acme 就是一个例子。Acme 在 11 月初公布了2007 年 9 月的季度业绩，当时该公司的股价约为每股 11 美元。该公司当季销售收入同比增长了 33%，税前利润（所得税税率的变化扭曲了净利润数据）同期增幅为 15%（见表 12-5）。该数字虽然没有那么出色，但也超出了分析师的预期。

表 12-5　Acme Packet 2007 年 9 月季度存货分析

	2007 年 9 月	2006 年 9 月
销售收入（百万美元）	29.6	22.3
存货（百万美元）	5.9	3.7
存货占销售收入百分比（%）	19.8	16.8

Acme 的库存水平上升了 59%，超过了其 33% 的营收增长率。在发布了令人失望的 2008 年营收增长指引后，Acme 的股价在 2 月跌至每股 8 美元附近。7 月初，当该公司表示即将发布的 6 月季度业绩低于预期后，其股价再次下跌至每股 4.5 美元（在 9 月美国经济跌入悬崖之前）。

制造企业在向 SEC 提交的财务报告中将存货分为原材料、半成品和成品 3 类。然而，它们通常不会在汇报的收益新闻稿中提供这 3 类存货的详细清单，并且大多数网站也不会在财务报表上显示存货的详细信息。

如果你确实发现存货明细报表显示存货增长超过了销售增长，请注意究竟在何处发生了存货堆积。有时公司会在供应短缺时囤积稀缺零部件，从而推高原材料价格。如果这种情况发生，管理层可能会在报告中的管理层讨论部分提到这一点。最坏的情况是成品存货水平的异常上升，这表明销售情况大幅低于预期。

零售业

存货分析对零售业尤其重要，因为它们通常没有大量的应收账款。

无论零售的产品是服装、电子产品还是五金器具，它们大多风行一时。热门商品来来往往，当顾客对商品失去兴趣时，其存货水平就会上升。而存货增长快于销售增长往往是出问题的第一个征兆。

大多数零售店都有很强的季节性。零售商店的财务年度截止日一般是1月31日，截至1月的季度销售收入通常是下一季度高点的2倍。零售店在感恩节前会囤积节日商品，因此截至10月的季度存货水平总是全年最高的。

由于零售销售具有很强的季节性，所以最好使用年度销售收入来消除季节性因素。这有助于我们观察长期发展趋势和比较互为竞争对手的连锁店。例如，表12-6列出了主要折扣店期末存货占全年销售收入的百分比。

表 12-6　折扣店期末存货占全年销售收入的百分比（%）

	2009年 1月	2008年 1月	2007年 1月	2006年 1月	2005年 1月	2004年 1月	2003年 1月	2002年 1月	2001年 1月	2000年 1月
好事多	7.0	7.6	7.6	7.6	7.6	7.8	8.1	7.9	7.7	8.1
科尔士百货	17.1	17.3	16.5	16.6	16.6	15.4	17.8	16.0	16.3	17.4
西尔斯	18.8	19.6	18.7	18.3	16.5	13.9	16.4	17.0	17.0	19.8
塔吉特	10.3	10.7	10.5	11.1	11.5	10.8	12.7	11.2	11.5	11.3
沃尔玛	8.5	9.3	9.7	10.2	10.5	10.3	10.5	11.0	11.1	11.9

注：好事多的财务年度于每年8月结束，所以2009年1月实际上指好事多的2008年8月财年。

在过去 10 年里，好事多一直是运营效率最高的零售商，但沃尔玛的运营效率进步最大。

表 12-6 列出了一些普通商品折扣店。存货在销售收入中所占比例的正常水平在不同类型商店中的差异很大。表 12-7 显示了梅西百货、诺德斯特龙和 2009 年初申请破产的全价时装百货公司 Gottschalk's 的期末存货占全年销售收入的百分比。表 12-7 显示，诺德斯特龙在存货管理方面一直优于梅西百货。

表 12-7　时装百货公司期末存货占全年销售收入的百分比（%）

	2009 年 1 月	2008 年 1 月	2007 年 1 月	2006 年 1 月	2005 年 1 月	2004 年 1 月	2003 年 1 月	2002 年 1 月	2001 年 1 月	2000 年 1 月
Gottschalk's	23.5	24.5	23.8	23.3	23.7	24.3	23.3	27.4	23.5	
梅西百货	19.1	19.2	19.7	24.4	19.8	20.9	21.8	21.6	21.8	22.4
诺德斯特龙	10.5	10.5	11.5	12.4	12.9	14.0	16.0	15.8	17.1	15.5

表 12-8 显示了百思买和 2008 年 11 月申请破产的电路城 2 家电子产品超市期末存货占全年销售收入的百分比数据。虽然电路城的数据并不差，但百思买在存货管理方面做得更好。

表 12-8　电子产品超市期末存货占全年销售收入的百分比（%）

	2009 年 1 月	2008 年 1 月	2007 年 1 月	2006 年 1 月	2005 年 1 月	2004 年 1 月	2003 年 1 月	2002 年 1 月	2001 年 1 月	2000 年 1 月
百思买	10.6	11.8	11.2	10.8	10.4	10.6	9.9	10.6	11.6	9.5
电路城	13.4	13.2	14.7	14.0	15.4	14.0	13.0	13.7	13.3	13.8

零售业的期末存货通常占全年销售收入的 10%～25%。零售商对存货的控制比制造企业更严格，因此存货水平轻微的变动就可能意味着危险信号。如果你使用的是年度销售数据，增加 5% 就足以进行调查，若达到 10% 就确定无疑是危险信号了。当你使用季度销售数据时，请将这些分界线加倍再进行比较。

现金流量表

现金流是指在报告期间流入或流出公司银行账户的现金。现金流是比收益更好的利润衡量指标。收益受各种主管会计决策的影响，而现金流只反映银行账户余额的真实变化。

经营现金流是公司基本经营活动产生或使用的现金。自由现金流是经营现金流减去资本支出。公司能够在实际亏损现金的情况下宣布收益为正值，并且经常这么做。

现金流的危险信号

有些公司虽然每年的现金流为正值，但在某些特定月份却习惯性地"烧钱"。因此，最好跟踪公司连续 12 个月的现金流，而不要只关注最后一个季度。做到这一点需要费些事，因为现金流量表显示的是今年迄今的总量，而不是每个季度的单独数据。所以你必须减去上一季度的总数才能得到最新季度的数据。如果你不想做数学计算，可以在晨星上的金融部分中查看公司连续 12 个月经营现金流和自由现金流的总量。

尽管经营现金流和自由现金流为负值不够理想，但它本身并不意味着伪造账目或操纵收益，也算不上危险信号。

表 12-9 显示了 2008 年抽样调查的一些知名公司的净利润、经营现金流和自由现金流数据。

经营现金流与净利润的比较

净利润或税后利润在利润表的最后一行和现金流量表的第一行。经营现金流通常大于净利润，因为折旧和摊销已从净利润中扣除，但仍保留在经营现金流中。

如表 12-9 所示，多数上市公司的情况均是如此。一般来说，经营现金流会随净利润按一定比例变动。

表 12-9　一些知名公司的净利润、经营现金流和自由现金流

（单位：百万美元）

	净利润	经营现金流	自由现金流
亚马逊	645	1 697	1 364
Apollo Group	477	892	792
Cheesecake Factory	52	169	84
Chipotle Mexican Grill	178	199	46
思科	8 052	12 089	10 821
Crocs	−185	73	17
易贝	1 780	2 882	2 316
GameStop	288	503	327
Gilead Sciences	2 011	2 205	2 090
谷歌	4 227	7 853	5 494
绿山咖啡	22	2	−47
汉森天然饮料	108	200	193
英特尔	5 292	10 926	5 729
直觉外科公司	204	278	216
微软	17 661	21 612	18 430
网飞	83	284	240
甲骨文	5 521	7 402	7 159
Panera Bread	67	156	93
P.F. Chang's	27	140	53
赛门铁克	464	1 819	1 545
雅虎	424	1 880	1 205

如前所述，应收账款或存货增长快于销售收入都是危险的信号。回想一下会计公式，应收账款和存货增加均会减少经营现金流。因此，低于预期的经营现金流意味着存在会计造假的可能。

正如第 11 章所提到的那样，最近研究发现，经营现金流低于净利润预示着公司未来股价表现不佳，特别是对于净利润增加而经营现金流减少的情况。

表 12-10 列出了 2008 年经营现金流低于净利润的一些公司。

表 12-10 经营现金流低于净利润的公司　　　（单位：百万美元）

	净利润	经营现金流	自由现金流
Alexanders	76	9	−125
Archer Daniels Midland	1802	−3204	−4983
Astec Industries	63	10	−30
Blue Nile	12	−3	−4
Cephalon	223	−2	−78
Commercial Metals	232	−44	−399
Corinthian College	21	14	−41
Dril-Quip	106	41	−10
EnerSys	60	4	−41
CT Solar	36	2	−3
Harley Davidson	655	−685	−917
Health Net	95	−159	−255
McDermott Intl.	429	−49	−305
NL Industries	33	1	−6
Sepracor	515	163	113
Smithfield Foods	129	10	−451
Sotheby's	28	−176	−200
西南航空	178	−1521	−2444
United Natural Foods	49	9	−42
United Stationers	98	−129	−161
Valmont Industries	132	53	2
Wright Medical	3	−4	−66

　　将净利润与经营现金流进行比较，要比计算应收账款和存货占销售收入的百分比更加简便快捷。这种方法可能没有分析应收账款和存货那么有效，但对于有待详细分析的股票它是一个有效的方法。

　　特别是对于下面两种情况，需要详细分析应收账款和存货。

▶ 最近 12 个月净利润高于经营现金流。

▶ 净利润的增长速度明显快于经营现金流。

养老金计划收益

大多数公司为员工设立了退休金计划。较新的公司设立了 401（k）固定缴款计划，并每年为此计划支付费用。

然而，历史较长的公司保持着固定受益计划，这意味着公司用现金支付该计划，该计划投资股票和其他资产。从理论上讲，该计划的资产应该接近未来的负债——即必须给付退休员工的金额。

然而，固定受益养老金计划的资产取决于它投资这些资产所获得的回报。在任何给定的时间内，总资产并不一定与计划的负债相匹配。如果资产超过负债，则该计划资金过剩。如果资产低于负债，称之为资金不足。

如果该计划资金过剩，公司可以将该计划的年度收益（收入减去成本）显示在利润表上，从而使公布的利润增加。这些养老金计划可能数额巨大。例如，在 IBM 2000 年报告的利润中，这一项就占了 13 亿美元。

SEC 不要求企业在利润表上单独列示养老金计划，因此它们常常被藏在其他利润中。SEC 的确要求公司在年报的附注中详细说明养老金计划的所得，所以你可以通过搜索"养老金"或"退休"等关键词进行查找。

然而，没有必要去挖掘这些信息。养老金计划在公布的报表上只表现为一个收益会计分录，不是实际金额，也不构成公司的任何现金变动，这就让我们又想到了经营现金流。回到 IBM 的例子，该公司净利润从 1999 年的 77 亿美元增加到 2000 年的 81 亿美元，但经营现金流却从 101 亿美元降至 98 亿美元。报告的净利润和经营现金流之间的差异预示着收益可能存在问题。

关注信号

关注信号预示的是长期潜在问题，但不一定会立即在下一季度业绩中反映出来。

资本支出

折旧表示的是建筑物和资本设备的磨损和报废。为了保持活力，公司必须不断对损耗中的设备进行升级和更新。

通过比较经营现金流中的折旧和投资现金流中的资本设备支出，就能看出公司是否进行设备更新。资本支出至少应该等于折旧支出，在理想状态下应该大于折旧。

表 12-11 显示了 IBM 和施乐的折旧和资本支出情况。你能看到 IBM 在一般情况下均投资大于折旧，而施乐的投资则明显不足。

表 12-11　折旧和资本支出　　　（单位：百万美元）

	2008 年	2007 年	2006 年	2005 年	2004 年
IBM					
折旧	4140	4038	3907	4197	3959
资本支出	4171	4630	4362	3842	4368
施乐					
折旧	669	656	636	641	686
资本支出	206	236	215	181	204

所得税税率

公司利润表中的税前利润反映了公司在不上交所得税时的利润状况。之后，公司减去所得税，计算出净利润。最终的 EPS 状况，就看用来除以已发行股数的净利润了。很少有分析师或者个人投资者会注意所得税税率，但他们应该对此有所关注。大多数公司缴纳的所得税占税前利润的35% ～ 40%。当然，个人和企业一致希望最大程度减少交纳的所得税，因此税率可以有很大程度的伸缩。

我们用一个假想的例子来说明公布收益中所得税的重要性。假定公司的税前收益为1000 美元，已发行股份数1000 股，表 12-12 显示了 EPS 随所得税税率变化的情况。

表 12-12　EPS 随所得税税率变化的情况

税前利润（美元）	1000	1000	1000	1000
税率（%）	0	20	38	40
税后利润（美元）	1000	800	620	600
EPS（美元）	1.00	0.80	0.62	0.60

税率显然对 EPS 有巨大的影响。即使是很小的税率变化，也可能影响收益超出预期还是未达预期。

表 12-13 显示了 2008 年所得税税率低于 20% 的一些公司。

表 12-13　所得税税率低于 20% 的一些公司

公司	税率（%）
美国运通	19.8
Telephone & Data Systems	19.7
Alpha Natural Resources	19.5
Black & Decker Corp	19.5
Adobe Systems	19.2
Abbott Laboratories	19.2
Sealed Air Corp.	19.1
NetApp	19.1
易贝	18.5
Wells Fargo & Company	18.5
Noble Corp.	18.4
International Flavors & Fragrances	18.1
Tidewater	18.0
Baxter International	17.8
Ormat Technologies	17.7
QUALCOMM	17.4
Ensco International	17.3
高知特	16.4
IDACORP	16.3
Millipore Corp.	16.1
邦吉	15.9
E.I. du Pont de Nemours &Company	15.9
Peabody Energy Corp.	15.8

（续）

公司	税率（%）
Foster Wheeler AG	15.6
Cleco Corp.	15.3
WABCO Holdings	15.2
Microchip Technology	15.2
Onyx Pharmaceuticals	15.1
Agilent Technologies	15.0
Celanese Corp.	14.5
Altera Corp.	14.2
WestAmerica Bancorp.	14.2
The Cooper Companies	14.1
Thermo Fisher Scientific	14.0
WR. Berkley Corporation	13.8
Harman International Industries	13.8
National Instruments Corp.	13.6
Waters Corp.	13.4
Synopsys	13.2
Lexmark International	12.9
Itron	12.5
梦工厂	12.5
United States Cellular Corp	12.2
Atwood Oceanics	12.0
Affiliated Managers Group	11.8
Equity Residential	11.8
Western Digital Corp.	11.6
Rayonier	11.3
WebMD Health Corp.	10.1

　　如果你分析的公司最近缴纳的所得税税率低于30%，你就需要了解其中的原因。受公司或行业特殊情况的影响，有些公司缴纳的所得税总是偏低。然而，其他公司则可能因为先前的亏损或其他原因而享受临时减税。

　　MSN Money（财务报表10年期摘要）和晨星（盈利能力报告）都列出了每只股票近10年的税率。晨星还显示了过去12个月（TTM）的税率，所以它可能是最好的分析起点。

如果一家公司在近 10 年的大部分时间里一直保持着较低税率，那么它很有可能将继续享受这一税率水平。然而，如果一家新成立的公司最近刚刚开始盈利，或者最近的税率比前几年低，那么税率很可能会回升。届时，其收益将受到冲击。理论上，由于分析师通常预测所得税上调将导致收入下降，因此这应该不是什么大事。但实际上，该股票价格通常会下跌。

更多相关信息请阅读公司最近的季度报告新闻稿，以了解管理层是否讨论了税率。除非你可以用谷歌搜索，否则请下载最近季度或年度 SEC 报告。毫无疑问，这个问题将在那里列明。

在我看来，没必要这么细究。税率最终将回归历史常态。当这种情况发生时，收益将受到冲击。

总结

负面信号往往是发现公司增长接近顶峰的第一线索。在消息广为传播之前率先脱身，能帮助你避免巨大损失。这些危险信号预示着今后几周公司收入和收益预期可能下调，或者该公司公布的业绩达不到预期。

危险信号

- ▶ 销售增长放缓。
- ▶ 应收账款增长快于销售收入增长。
- ▶ 存货上升速度快于销售收入。
- ▶ 通过养老金计划提高公布的净利润。

关注信号

对于预示着长期潜在问题的关注信号，也要提高警惕，但这些信号未必会立即影响下一次的收益报告。

▶ 资本支出少于折旧冲销额。

▶ 临时性的低所得税税率。

股市变化莫测，这里所讲的负面信号不意味着公司在下次公布收益时业绩一定低于预期。然而，每个危险信号的存在都预示着风险的增加。

许多市场专家建议，在股市上赚钱的关键在于避免灾难性的损失。留意这些危险信号将有助于你降低风险，实现这一目标。

第 13 章

分析工具十：重要股东持股分析

查看机构投资者和内部人士手中持有的已发行股份占比，对避开高风险的股票很有帮助。

机构投资者

机构投资者包括共同基金、养老金计划、信托基金和其他大型投资者，这些机构的持股比例大约占所有股权投资的一半，机构大量持股的股票是潜在的成长型候选股。

机构持股比例

机构持股比例是指机构持股占流通股本的比例。对冲基金不需要向SEC 报告其持仓，因此不算机构投资者。

机构经常大量交易股票。由于它们的交易涉及的佣金数额巨大，机构投资经理与市场的接触比个人投资者更为频繁。因此，你不可能发现机构投资者尚未研究过的股票。

　　机构持股比例高表明，这些消息灵通的投资者对公司进行了分析，并对分析结果感到满意。相反，机构持股比例低表明机构在对公司进行分析后将其排除了。

　　按照要求，机构须在 3 月、6 月、9 月和 12 月季度结束后的 45 日内向 SEC 提交持仓报告。因此，如果一家机构在 4 月 1 日买了一只股票，你最晚需要到 7 月中旬才能在其向 SEC 提交的报告中看到这一点。尽管时间的滞后削弱了机构持股数据的利用价值，但这项内容仍然值得查看，对成长型投资者来说尤其如此（示例见图 13-1）。

Ownership Information		
Shares Outstanding		8.89 Bil
Institutional Ownership (%)		58.98
Top 10 Institutions (%)		21.00
Mutual Fund Ownership (%)		1.84
5%/Insider Ownership (%)		13.81
Float (%)		86.19

Ownership Activity		
Description	# of Holders	Shares
Total Positions	1,662	5,243,581,440
New Positions	130	0
Soldout Positions	320	0
Net Position Change	-474	-708,855,232
Buyers	711	396,036,128
Sellers	1,185	-1,104,891,392

图 13-1　示例（微软的机构持股报告的一部分）

资料来源：MSN Money。

　　机构投资者，尤其是共同基金，往往是成长型投资者。对于"受欢迎"的成长型股票，机构投资者的持股比例至少在 40% 以上。在许多情况下，机构持股比例甚至高达 95%。成长型投资者应对机构持股比例低于 40% 的候选股提高警惕，因为很有可能机构投资者有充分理由不买入该股。

　　对于价值型投资者，情况就完全不同了。共同基金和其他机构投资者通常会抛售跌幅巨大的股票，因为它们不希望季度报告的投资组合中出现损失惨重的股票。

因此, 机构投资者持股比例较低, 表明该股票可能是失宠的价值型候选股。然而, 由于报告时间滞后, 机构抛售可能需要 4 ~ 5 个月的时间才能反映在其持仓数据中。价值型投资者在评估最近股价崩溃的候选股时, 应该注意这一点。

通过持股基金判断股票状况

查看持有公司大量股份的基金名称, 也有助于洞悉股票的状况。图 13-2 显示了晨星的机构持股报告示例, 列有持股量最大的共同基金名称。

Top Fund Owners	Star Rating	% of Shares Held	% of Fund Assets	Change (000) in Ownership	Date of Portfolio
Fund Name					
BlackRock Large Cap Growth Retirement K	Not Rated	6.00	1.79	532951	07-31-08
American Funds Growth Fund of Amer A	★★★★	1.41	2.17	-200	12-31-08
American Funds Invt Co of Amer A	★★★★	0.86	2.94	-1074	12-31-08
Vanguard 500 Index Investor	★★★	0.81	1.87	-2570	12-31-08
Vanguard Total Stock Mkt Idx	★★★	0.78	1.65	4442	12-31-08
American Funds Capital World G/I A	★★★★★	0.63	1.70	-16931	12-31-08
American Funds New Perspective A	★★★★	0.54	2.91	0	12-31-08
American Funds American Balanced A	★★★★	0.54	2.23	6900	12-31-08
Vanguard Institutional Index	★★★	0.53	1.88	300	12-31-08
American Funds Fundamental Investors A	★★★★	0.37	2.10	2500	12-31-08
Templeton Growth A	★★★	0.35	3.56	0	12-31-07
American Funds Washington Mutual A	★★★	0.35	1.24	5750	12-31-08
Vanguard PRIMECAP	★★★★★	0.30	2.34	0	12-31-08
Davis NY Venture A	★★★	0.30	1.89	-4993	01-31-09
GMO U.S. Quality Equity III	★★★★★	0.29	5.85	1835	11-30-08
American Funds AMCAP A	★★★★	0.25	2.98	2241	12-31-08
Vanguard Growth Index	★★★	0.25	3.77	-123	12-31-08
Fidelity Growth Company	★★★★	0.22	1.52	0	02-28-09
T. Rowe Price Growth Stock	★★★★	0.21	2.46	-54	12-31-08
Fidelity Spartan U.S. Equity Index Inv	★★★	0.20	1.87	408	02-28-09

图 13-2 微软的持股状况报告 (显示最大的持股基金)

资料来源: 晨星。

许多网站都提供类似信息，但我偏爱晨星，因为该网站上列有每只基金的评级星数（晨星上的评级从 1 星到 5 星，5 星最高）。这个信息十分有用，因为相较于主要由 2 星基金持有的股票，我更愿意买进主要由 5 星基金持有的股票。

基金投资风格也值得注意。由动量型基金主要持有的股票比由买入并持有型基金主要持有的股票风险更大，因为动量型基金发现一点端倪就会抛售。想区别这两种投资风格，可以查看晨星上投资组合报告中的投资组合周转率。周转率衡量的是基金交易活动的百分比。若为 100% 则意味着，平均而言，该基金每年都会替换其全部的投资组合。买入并持有型基金的周转率低于 40%，动量型基金的周转率通常在 150% 以上。

内部人士持股状况

内部人士是指公司的主要管理人员、董事会成员，以及其他持有至少 10% 股份的人士。

内部人士持股状况通常用其持有公司已发行股份的比例来表示。持有公司 10% 股份的机构被视为内部人士，因此，内部人士和机构持股的总和可能超过已发行股份的 100%。

内部人士一词有两层含义。前面是从"内部所有权"的角度对内部人士进行定义。然而，当提到"内幕交易"时，内部人士指的是能够接触到与公司发展前景相关的非公开信息的人。

流通股

内部人士持有的股份不能在市场上进行交易，因为内部人士交易的时间和频率是受限制的。流通股的定义是每天可交易的股票数量。换句话说，流通股是指不被内部人士持有的股票数量。

雅虎的股票统计报告显示了所有股票的发行总数、流通股数量及内部人士和机构持有的股份比例。

避免买进内部人士持股比例过高的股票

过去，市场专家建议避免买入那些内部人士持股比例较低的股票。他们的理由是，持有大量股份的公司高管比那些没有多少"参与"的高管对其公司股价的上涨更有信心。

然而，如今大多公司通过股票期权等方式将高管薪酬与股价表现相挂钩。从当代企业经营的真实情况来看，高管维持股价的动机与内部人士持股比例相关性不大。不过，你还是应该检查一下内部人士持股状况，原因如下。

2004 ～ 2007 年，私募股权基金通过购买上市公司股权进行私有化，然后借债融资，再让这些公司重新上市。当它们再次上市时，最初的私募股权投资者持有大量股票。但它们并不会长期持有，相反，它们正在等待机会以卖出所持股份。

55% 或更高的内部人持股比例表明，内部人士可能是潜在抛售所持股份的大型投资者。当大股东每隔几周就向市场抛售几百万股股票时，持有这只股票就没有什么意思了。

在其他情况下，高的内部人士持股比例可能反映了公司创始人及其后代所持有的股份。这些家族所有者能否看到未来股价的上涨潜力是不确定的。

在没有进一步研究这些问题的情况下，不要选择内部人士持股比例55% 或更高的公司。

内部交易

内部人士买入或卖出股票，可能反映了公司高层对股价走势的预期，但在解读这些信息时要留心。内部人士经常行使股票期权，然后在当天抛出。他们这样做可能是出于资金需求考虑，未必是对公司股票态度悲观。

对首席执行官和首席财务官的交易要格外留意。因为他们最了解公司的发展前景。唯一重要的因素是与行使股票期权无关的公开大量买进或卖出。

交易的重要程度取决于成交量与内部人士持股总量的对比。路透社的高管和董事报告列出了主要高管尚未行使的股票期权。

如果一个内部人士卖出 2 万股，但仍然持有 200 万股，那就无关紧要了。然而，如果该内部人士卖出了其持有的 200 万股中的 150 万股，问题就很严重了。

通常，内部交易可能并不像看上去那么严重。过去，一些公司向高管提供贷款，为其买进公司股票提供方便。在这种情况下，内部交易就不能反映出他们对股票前景的真实看法。此外，关键的内部人士，尤其是首席执行官，通常有权不公开部分所持股份，路透社提供的期权报告中也没有相关信息。有时看起来他们已出售了所有股份，但实际上他们仍掌控着数百万股。

内部人士应该在次月 10 日前报告其交易情况。因此，以 9 月 20 日的交易为例，他们应于 10 月 10 日前公布。然而，10 月 9 日的交易不必立即上报，可推迟至 11 月 10 日。推迟公布是常见现象，我从未见过内部人士因推迟公布交易而入狱。

金融新闻媒体及专业和业余的投资者都密切关注提交 SEC 的内部人士交易报告。因此，可以肯定的是，公司律师已可以通过一些"创造性"方法，让公司高管卖出股份的交易不会体现在 SEC 报告中。

总结

尽管存在持股数据滞后的问题，但成长型投资者还是要对机构持股不足 40% 的公司提高警惕，因为那些精明的机构投资者很可能有充分理由不买入该股票。要避免买入内部人士持股比例过高的股票，因为这意味着大持股人可能在伺机减持股份。

由于受到市场密切关注，内部人士学会了如何在公布时使用"技巧"，这种现象削弱了相关数据的重要性。

第 14 章

分析工具十一：股价走势图

即便做了详尽的基本面分析，你还是有可能做出错误的判断。或许不利消息正在酝酿，但只有内部人士知道，尚未公开。也许你的候选公司即将被竞争对手的优秀产品所击垮。也许你忽略了诸如利率的变化等经济趋势，而这种趋势会对你候选股所处的市场产生不利影响。

不管原因是什么，你都可以在买入前查看该公司的股价走势图来避免不必要的损失。你无须在这方面有多深的研究，能从图中获取有用的信息即可。

趋势

股价的波动是沿着某种趋势进行的。股价逐渐走高，则处于上升趋势，如图 14-1 所示。股价持续走低，则处于下行趋势，如图 14-2 所示。若趋势不明则处于盘整状态。

处于上涨趋势中的股票并非每天都在上涨，而是呈之字形波动，即有时上涨，有时下跌。判断上升趋势的标准是，每个上升之字形的波峰都高于前一个，每个低点也都高于前一个。

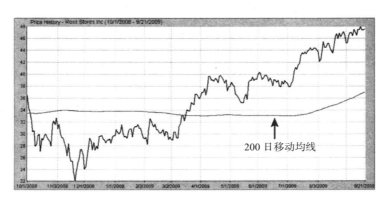

图 14-1　Ross Stores 的股价走势

注：2009 年 3 月 16 日，该公司突破了 200 日移动均线。2019 年 9 月 21 日，当我截屏时，
　　其股价表现仍然很强劲。

资料来源：MSN Money。

图 14-2　美国银行的股价走势

注：2007 年 3 月，美国银行跌破了 200 日移动均线。直到 2009 年 7 月，其股价才攀升至均
　　线上方。

资料来源：MSN Money。

下行趋势具有相反的特征，即各主要高点均低于前期高点，各主要低
点均低于前期低点。

如果你看不出什么趋势，该股票可能正在盘整，这意味着它没有明显的上升或下降的趋势。

你可以通过看近一两年的价格走势图来判断该股票的走势。如果图表右侧价格远高于左侧，那么该股票就处于上涨趋势。如果右侧比左侧低，就处于下跌趋势。当然，这些都是通常意义，一种趋势可以在任何时候终止。

移动均线

移动均线（MA）是股票在某特定时段内的平均收盘价。例如，200日移动均线表示该股票过去200个交易日的平均收盘价。

移动均线有两种，一种是简单移动均线（SMA），一种是指数移动均线（EMA）。SMA在计算时对每日收盘价给予的权重是一样的，而指数移动均线则更强调近期的收盘价。两种都有各自的偏好者，但我发现两者在使用时几乎没有什么差异，我通常使用的是SMA。

如果股价高于其移动均线，就视为股票处于上行趋势。股价与其移动均价之间的距离反映了趋势的强弱。也就是说，股价高出移动均线越多，趋势就越强。如果股价在移动均线附近徘徊，股票大概就处于盘整之中。

价值型投资者

如果你是价值型投资者，那么通过目标价格分析得出的买入或卖出建议比价格走势图更准确。不过，你还是应该在买入之前查看一下股价走势图。最理想的价值型候选股的股价应在200日移动均线下方或其附近，并且在任何情况下，均不会高于该移动均线10%。例如，如果移动均价是20美元，则最大买入价格将是22美元。如果你的候选股正处于深度下跌趋势，就不要买进。另一方面，如果你的候选股早就进入了明显上升趋势，这时买进就太晚了。这种情况意味着这只股票的价值已经被充分挖掘了。

成长型投资者

成长型投资者应比价值型投资者更加关注股价走势图。最好的买入时机是上涨趋势刚刚开始的时候。这种情况通常发生在某股票经过一段时间的盘整（没有趋势）后，如图 14-3 所示。

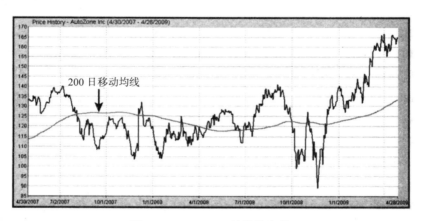

图 14-3　AutoZone 的股价走势

注：自 2007 年 8 月以来，AutoZone 一直在盘整，直到 2009 年 1 月才开始回升，在其 200 日移动均线附近来回波动。

资料来源：MSN Money。

买入成长型股票的次佳时机是当它已经处于既定的上升趋势，但还没有进入高风险区域（见本章后文论述）时。

只有当你对某股票的基本面分析有信心，并且确信它即将上涨时，才可以在其处于盘整状态中买入。

避免在下行时买入

无论如何都不要在股票呈下行趋势时买进。下跌趋势预示着股价可能会进一步下跌，而不是上涨。唯一例外的可能是下跌趋势受到与该公司基本面无关的突发事件影响，如恐怖袭击。

当你认为自己发现下行的股票可能出现转机时，不要忙于买进。大多数经历过大幅下跌趋势的股票，在反弹前都会进行数月的盘整，所以你通常有充足的时间考虑是否买进。

比较短期和长期移动均线

另一种确定股票运行趋势的方法是将当前股价与 200 日和 50 日移动均线进行比较，如图 14-4 所示。

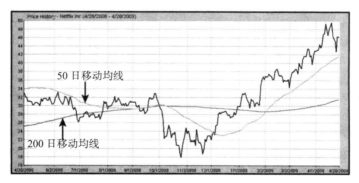

图 14-4　网飞在 2009 年 1 月升穿 50 日和 200 日移动均线，对多数股票来说，这是一个艰难的月份

资料来源：MSN Money。

200 日移动均线比 50 日移动均线更能反映出长远的趋势信息。如果该股票的交易价格高于这两个移动均线，那么它有可能正处于上涨趋势。

如果股价高于 200 日但低于 50 日移动均线，则其可能处于长期上升趋势中的短期调整阶段，也就是短期会下跌。相反，如果股价高于 50 日移动均线，但低于 200 日移动均线，则只是长期下跌中的反弹。

　　一些图表分析师认为，50 日移动均线向上穿过 200 日移动均线之时是尤为重要的一点。对他们来说，50 日移动均线超过 200 日移动均线是买入的信号，50 日移动均线跌破 200 日移动均线是卖出的信号。从图 14-4 可以看出，如果你等着 50 日移动均线突破 200 日移动均线，就会错过网飞的部分涨幅。

　　不要让移动均线影响你对股价走势图总体趋势的观察。也就是说，如果你从图中看到的趋势显然表明该股正在下行，不要因股价高于两条移动均线就认为该股票处于上行趋势。

风险区域

　　如果你是成长型投资者，你往往并不是最先发现股票美妙前景的人。成长型股票往往先强劲上涨，之后回落，抹去近期的大部分涨幅。买进大幅上涨后趋势不稳的股票，会使风险增加。

　　我总结出一条规律，虽然没什么科学依据，但可以用来判断股票是否处于上述情况。我算出股票的收盘价和 200 日移动均线之差。当股价高于移动均线 50% 或以上时，它就处于风险区域了。例如，如果一只股票的交易价格是每股 80 美元，而它的移动均价是 50 美元（股价比移动均价高出 60%），那么它就处于风险区域了。

　　处于风险区域并不意味着股价不会进一步走高，只是这只股票比接近 200 日移动均线的股票风险更大。1999 年 3 月，高通在股价为 10 美元时进入了风险区域，但其股价后来一路上涨至 180 美元。

我尚未发现有网站直接显示该比率，但它很容易计算。雅虎在其关键统计报告的历史股价部分提供了 200 日移动均价的当前值。用当前股价除以该数值就可以得到这一比率。如果该比率高于 1.5，股票就处于风险区域了。

图表类型

大多数网站提供两种格式的图表供你选择：直线图或条形图。直线图就是将收盘价用直线连起来。

条形图如图 14-5 所示，使用垂直粗线来表示某段时期，一般是 1 日、1 周或 1 个月，具体取决于走势图所表示的总体时间跨度。线条顶端是该时期内的最高价，底端是最低价。左侧突出的水平部分表示开盘价，右侧表示收盘价。

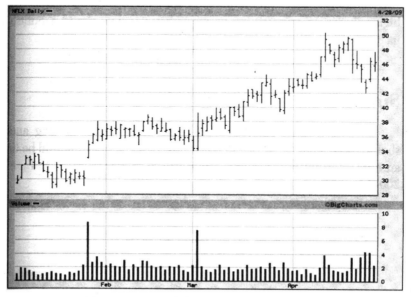

图 14-5　网飞股价条形图（每个条形代表 1 日）

资料来源：www.bigcharts.com。

线形图最适合用于观察长期趋势，条形图能提供解释短期波动的详细信息。

成交量

成交量是在此期间成交的股数，通常显示在价格走势图的底部。如果当前股价至少比过去 10 个或 20 个期间高出 50% 以上，则成交量高。如果成交量日益下降，则成交量低。

许多技术分析专家认为，在股票盘整后开始新一轮上行趋势时，成交量是重要的考虑因素。如果股票呈上行趋势而成交量低，则不如成交量高的股票可靠。一般来说，在股票上行期间，成交量上升被视为看涨的因素。

总结

所有投资者在买进股票前都应查看一下股价走势图，从而避免买进那些明显处于下行趋势的股票。成长型投资者应在股票呈上行趋势时买进，而价值型投资者应该在股价接近 200 日移动均价或盘整时行动。

FIRE YOUR STOCK ANALYST!: ANALYZING STOCKS ON YOUR OWN

分 析 过 程

第 15 章

快 速 预 审

浪费时间分析不符合你投资策略的股票是没有意义的。在本章中，你将学习如何尽早排除"烂股"。

专注最强的候选股

分析股票的最佳方法是从多个候选股开始，然后尽快消除最弱势的。这种"适者生存"策略可让你通过专注于最强的候选股来更有效地安排时间。

在本章中，你将学习如何尽早清除明显不匹配的候选股。它们可能大多数是炒作并且没有真正销售收入的公司，或者可能不符合你的要求。一旦掌握了它，你应该能够在不到 5 分钟的时间内消除最不合适的候选股。

如果它们来自电视专家、杂志、朋友等的提示，你可能最终会筛去每 20 个候选股中的 15 个。你自己找到的候选股的存活率可能会更高。

你可以使用许多金融网站进行分析。我将演示如何使用晨星分析 Buffalo Wild Wings（以下简称 Buffalo）。虽然晨星网站上有需要订阅才能获得的信息，但我使用的一切都是免费的。

公司简介

首先确定公司的业务范围。请记住，这只是一个快速预审，而不是详细分析。

晨星提供的公司简介可在其网站上找到，你可以快速概览，如图 15-1 所示。

Company Profile | More

What Does This Company Do?
Based in Minneapolis, Buffalo Wild Wings is a casual dining restaurant chain that specializes in serving its guests chicken wings spun in one of the firm's 14 original sauces, alcohol, and sports. The company owns, operates and franchises nearly 560 restaurants in 38 states. Each restaurant has an open layout and an extensive multimedia system, including approximately 40 televisions and 7 projection screens, providing different forms of entertainment to all customers.

Employees	12,000
Direct Investment	No
Dividend Reinvestment	No

Address:
1600 Utica Avenue
Suite 700
Minneapolis, MN 55416

Phone: 1 952 593-9943

Visit Company Website

图 15-1   Buffalo 的公司简介

资料来源：晨星。

从晨星，你不仅能知道 Buffalo 是一家休闲连锁餐厅，还能知道它旗下的餐厅基本上都是菜式有限的体育酒吧，主卖鸡翅。

晨星的简介通常包含公司网站的链接。请务必查看这些链接。花 5 分钟时间浏览公司网站可以让你更好地了解其业务，而不是从晨星或任何其他分析师那里了解。Buffalo 的网站清楚地表明，Buffalo 将"休闲"发挥到了极致，并且使用户获得的体验与食物带来的一样多。

目前，随着经济转型，低价餐厅的表现优于整体市场。因此，仅考虑其市场部门和当前状况，发现其商业计划吸引力的成长型投资者将对 Buffalo 感兴趣。保持个人偏好不要受其影响。无论你喜欢鸡翅还是看电视上的运动节目都没关系。

由于 Buffalo 的经营理念与当前的时尚和经济条件同步，它不会成为一个非常好的价值候选股。然而，消费者的口味可以随时变化。还记得阿特金斯饮食法吗？如果这个国家流行低热量或健康饮食方式，Buffalo 会受到影响。这将是一个潜在的价值游戏。

此时，根据行业或商业计划，筛去你不感兴趣的候选股。

在查看公司简介时，还要检查市值，这是大多数投资者衡量公司规模的方式。

市值

市值即你需要花多少钱来购买所有公司已发行的股票。你可以通过将已发行股份数乘以当前股价来计算。但你不必进行计算，因为大多数网站都列出了公司的市值。

公司按市值分为微型股、小盘股、中盘股或大盘股。没有严格的规则定义这些类别，以下是我的经验法则。

▶ 大盘股：80 亿美元以上。

▶ 中型股：20 亿～ 80 亿美元。

▶ 小盘股：2 亿～ 20 亿美元。

▶ 微型股：低于 2 亿美元。

为了正确看待数字，表 15-1 列出了部分行业中部分知名股票的市值。

晨星将 Buffalo 的市值上限定为 6.66 亿美元，将其列为小盘股。

市值的大小没有好坏。不过大型股通常是最安全的类别，因为它们通常经营多年，经济实力稳健，并且已经在各种经济起伏中幸存下来。

表 15-1　部分知名股票的市值　　　（单位：10 亿美元）

公司	市值
大盘股	
埃克森美孚	330.2
沃尔玛	189.7
微软	177.4
AT&T	151.3
宝洁	145.6
IBM	134.7
雪佛龙	132.3
通用电气	126.7
谷歌	121.1
思科	109.0
甲骨文	98.4
可口可乐	97.8
辉瑞	90.3
威瑞森	88.0
惠普	84.9
英特尔	84.0
家得宝	44.2
耐克	26.9
戴尔	21.2
易贝	20.8
好事多	20.4
应用材料	15.2
中盘股	
3B 家居	7.9
可口可乐（装瓶）	7.8
财捷	7.4
亚德诺	6.0
迈克菲	5.7
梅西百货	5.3
西南航空	5.1

（续）

公司	市值
H&R 布洛克	5.0
Humana	4.9
哈雷戴维森	4.6
JM Smucker	4.5
美信集成产品公司	4.1
孩之宝	3.9
Host Hotels & Resorts	3.7
希捷	3.4
闪迪	3.4
惠而浦	3.0
PetSmart	2.9
Whole Foods Market	2.7
网飞	2.7
漫威娱乐	2.3
汉堡王	2.3
Aeropostale	2.2
小盘股	
Panera Bread	1.9
Weight Watchers International	1.9
捷普科技	1.6
Barnes & Noble	1.5
安德玛	1.2
Rambus	1.2
JDS Uniphase	1.1
Men's Wearhouse	0.9
EarthLink	0.8
Take Two Interactive Software	0.7
Saks	0.6
Steven Madden	0.5
NutriSystem	0.4
TASER International	0.3

（续）

公司	市值
微型股	
K-Tron International	0.2
Movie Gallery	0.1

　　微型股和小型股通常具有较大的增长潜力，因为它们主要是推出新产品或进入新市场的新兴公司。但不利的方面是，它们的规模上限太低，无法吸引共同基金和其他机构投资者。因此，它们没有太多的分析师去分析，这使它们难以被研究。

　　哪个市值具有最佳的价格升值前景？抛开风险，公司规模越小，升值潜力越大。但是你不能撇开风险。根据我的经验，一旦公司的市值低于 5 亿美元左右，你就有可能损失更多。

　　基于这一点，筛去那些不符合要求的候选者。

估值比率

　　估值比率能告诉你市场是否将你的候选股定义为价值、成长或动量股。价值股通常之前是成长股，但是现在已经失去了大多数市场参与者的青睐。大多数投资者更喜欢的成长股是预期每年收入和收益至少增长 15% 的股票，通常要高得多。动量股是最受青睐的成长股之一。它们的价格已大幅上涨，可能超过基本面。因此，它们的风险高于其他成长股。尽管如此，它们可能还会继续向上发展，直到出现问题。

　　在其快照页面上显示 3 个估值比率：P/E、P/S、市净率（P/B）。每个比率都有其优点和缺点。但是，此时你的目标是确定你正在评估的股票被整体市场归为价值股、成长股还是动量股。为此，P/S 是你最好的选择（见表 15-2）。

表 15-2 P/S 分类股票

P/S	类别
小于 2.0	价值股
2.5～8	成长股
大于 9	动量股

这样可以排除不符合你投资风格的股票。我的建议是较为随意的，可以用来避免明显不合适的情况，但不要将其作为最终的仲裁者。例如，价值型投资者不应因为股票 P/S 为 2.1 就不投资。另外，找到一个 P/S 为 4 的价值候选股是不寻常的。

相反，成长型投资者不太可能找到 P/S 为 0.5 的在成长分析中幸存下来股票。成长型投资者还通常会喜欢动量股，但我建议谨慎行事。

在应用这些指南时，应考虑当前的市场条件。在牛市中，所有类别都将以较高的 P/S 进行交易，反之亦然。

晨星将 Buffalo 的 P/S 列为 1.7。在通常情况下，低比率会使潜在增长候选股丧失资格。但是，当我在 2009 年 4 月研究本章时，发现情况并非如此。大多数股票的交易价格通常基于其通常估值比率的一半，或者更低。

成交量

成交量也称流动性，是每日交易的平均股票数量。成交量通常越高越好。成交量低的股票——比如那些每日成交量少于 40 000 股的股票，会由于单个买方或卖方的行为而产生巨大价格波动。此外，股票留言板上的谣言会影响成交量小的股票的价格。

共同基金和大量交易的其他机构参与者无法在不干扰市场的情况下买入或卖出成交量小的股票。因此，它们会避开这些股票。这是一个重要的考虑因素，因为机构购买经常会使股价上涨。

此时，排除平均每日成交量低于 50 000 股的候选股。

据晨星提供的数据，Buffalo 每日成交量 608 000 股，很容易通过该测试。

浮动

像许多其他东西一样，股票价格受供求规律的制约。当买家想要购买更多股票而不是卖家想要卖出更多时，股价会上涨，反之亦然。在理想情况下，当好消息触及你拥有的股票时，你希望看到购买需求大于供给。因此，就供给而言，越小越好，但至少要达到一定程度。

等式的供给方面从公司发行的股票数量开始。这些是已发行股票的数量。但是，并非所有已发行股票都可以进行交易。

内部人士，如主要管理人员、董事和其他大股东，不能自由交易其股票。他们只能在特定时间进行交易，他们必须通知 SEC 他们的交易，并且他们的交易还有其他限制。因此，内部人士持有的股票无法进行日常交易。流通股是可用于交易的股票数量，是已发行的总股数减去内部人士的持股数。

一般来说，浮动汇率越小，在好消息发生时买家争抢股票的可能性越大。然而，一个太小的浮动将劝阻机构投资者。根据经验，低于 500 万股的规模太小，1000 万～2500 万股的流通股是理想的。当我检查时，超过 400 只股票符合这一标准。

Buffalo 的 1650 万股流通股使其成为该定义的最佳例子（来自雅虎关键统计报告的数据）。

此时，排除不符合要求的候选股。

现金周转

经营现金流是指公司基本业务产生的进入或离开银行账户的现金金额。

增长非常快的公司通常会在早期阶段"烧钱"（负现金流）。然而，每年增长率低于 25% 的公司应该产生正现金流。成长型投资者应该要求年度销售收入低于 25% 的候选股经营现金流为正，并且避开"烧钱"的公司。

价值型投资者需要有能够产生强劲现金流良好记录的候选股，但由于目前的问题，他们现在可能不会这样做。因此，价值型投资者不会在现阶段排除"烧钱"的公司。

晨星的 10 年现金流报告显示，自 2002 年首次公开募股以来，Buffalo 每年都产生正的经营现金流。

此时，排除不符合现金流要求的候选股。

实际收入 + 实际利润 + 实际增长 = 实际股票

许多股票背后都有很好的故事，可能是治愈癌症的方法、更快的互联网连接、更高效的太阳能电池板等。可悲的是，在大多数情况下，这些故事永远不会转化为实际的收入和利润。

你最好的投资已经拥有实际收入和利润纪录的股票，以及两个科目的持续增长。

晨星的 5 年重述报告和增长率报告可以为你提供进行评估所需的信息。5 年重述报告如图 15-2 所示。

	2004	2005	2006	2007	2008	TTM
Sales $Mil	171	210	278	330	422	422
Operating Income $Mil	11	13	21	26	35	35
Income Tax $Mil	4	5	8	9	12	12
Net Income $Mil	7	9	16	20	24	24
Earnings/Share $	0.42	0.51	0.92	1.10	1.36	1.36

图 15-2　Buffalo 的 5 年重述报告

资料来源：晨星。

收入和利润

5 年重述报告显示了过去 5 年中每 1 年的收入（销售收入）和 EPS 等项目。使用此数据确认你正在研究具有实际收入和实际利润的公司。

避开在过去 12 个月内收入低于 4000 万美元的公司。由于长期亏损的公司不太可能在你的详细分析中存活下来，因此请检查 EPS 数据，并对那些亏损年份比盈利年份更多的公司进行资格审查。

Buffalo 的 TTM 收入为 4.22 亿美元，在过去的 12 个月及上市的 5 年中的每 1 年都盈利，很容易满足这些要求。

此时，排除收入不足的股票。成长型投资者还应排除缺乏持续盈利历史的候选股。

增长率

接下来，检查历史增长。晨星在增长率报告（见图 15-3）中列出了收入增长、营业收入和 EPS 的 1 年、3 年、5 年和 10 年平均增长率。

Buffalo Wild Wings, Inc. BWLD

| Profitability | **Growth Rates** | Cash Flow | Financial Health | Efficiency Ratios |

Growth

	1999	2000	2001	2002	2003	2004	2005	2006	2007	2008	latest Qtr
Revenue Growth											
Year over Year	---	---	---	---	31.6%	35.2%	22.6%	32.7%	18.5%	28.1%	32.6%
3-Year Average	---	---	---	---	---	---	29.7%	30.0%	24.5%	26.3%	---
5-Year Average	---	---	---	---	---	---	---	---	28.0%	27.3%	---
10-Year Average	---	---	---	---	---	---	---	---	---	---	---
Operating Income											
Year over Year	---	---	---	---	19.0%	49.5%	21.9%	65.6%	19.1%	38.2%	55.7%
3-Year Average	---	---	---	---	---	---	29.4%	44.5%	34.0%	39.7%	---
5-Year Average	---	---	---	---	---	---	---	---	33.7%	37.8%	---
10-Year Average	---	---	---	---	---	---	---	---	---	---	---
EPS											
Year over Year	---	---	---	---	1.9%	52.7%	21.4%	81.4%	18.9%	23.6%	72.0%
3-Year Average	---	---	---	---	---	---	23.6%	49.8%	37.8%	38.7%	---
5-Year Average	---	---	---	---	---	---	---	---	32.4%	37.7%	---
10-Year Average	---	---	---	---	---	---	---	---	---	---	---

图 15-3　Buffalo 的增长率报告

资料来源：晨星。

如果你是成长型投资者，近年来应寻求收入同比增长至少15%，且越高越好的股票。Buffalo 2008 年收入同比增长 28%，引起投资人的关注。最近一个季度增长 33%，表明其经济增长可能正在加速。高达 20% 的增长和收入增长加速使成长型投资者对其关注。

Buffalo 的每股收益增长与收入增长相当合理，这表明 Buffalo 是一家管理良好的公司。

就像 Buffalo 只关注成长型投资者一样，相应地，价值型投资者对其也不感兴趣。他们双方却都对像激光视力矫正中心 LCA-Vision 这样的破产增长股更受感兴趣（见图 15-4 和图 15-5）。

	2004	2005	2006	2007	2008	TTM
Sales $Mil	127	177	239	293	205	174
Operating Income $Mil	18	35	41	46	-8	-23
Income Tax $Mil	-12	16	19	19	-3	-9
Net Income $Mil	32	23	28	33	-7	-16
Earnings/Share $	1.53	1.07	1.34	1.64	-0.36	-0.88

图 15-4　LCA-Vision 的 5 年重述报告

资料来源：晨星。

LCA-Vision, Inc. LCAV

Profitability | **Growth Rates** | Cash Flow | Financial Health | Efficiency Ratios

Growth											
	1999	2000	2001	2002	2003	2004	2005	2006	2007	2008	latest Qtr
Revenue Growth											
Year over Year	63.0%	10.6%	7.3%	(9.2%)	31.7%	56.1%	51.4%	33.5%	13.9%	(29.9%)	(51.2%)
3-Year Average	61.0%	53.4%	24.6%	2.5%	8.7%	23.1%	46.0%	46.7%	32.0%	2.2%	---
5-Year Average	---	35.9%	37.7%	28.6%	18.3%	17.2%	24.8%	30.4%	36.5%	20.3%	---
10-Year Average	---	---	---	---	---	---	30.2%	34.0%	32.5%	19.3%	---
Operating Income											
Year over Year	---	---	---	---	---	238.4%	102.2%	16.5%	(20.0%)	---	(263.9%)
3-Year Average	---	---	---	---	---	---	---	99.7%	23.5%	---	---
5-Year Average	---	---	---	---	---	44.7%	---	---	---	---	---
10-Year Average	---	---	---	---	---	---	18.9%	---	---	---	---
EPS											
Year over Year	---	---	---	---	---	250.0%	(4.6%)	22.5%	(8.9%)	---	---
3-Year Average	---	---	---	---	---	---	---	59.9%	2.1%	---	---
5-Year Average	---	---	---	---	---	22.4%	---	---	---	---	---
10-Year Average	---	---	---	---	---	---	49.3%	---	---	---	---

图 15-5　LCA-Vision 的增长率报告

资料来源：晨星。

LCA-Vision 在 2000～2002 年起步缓慢，2003 年增长率开始上升，在 2000～2010 年中期达到 50% 的同比增速。从那时起，其收入增长和利润一直缓慢恶化，直到 2008 年出现问题。然而，2008 年是整个经济几乎崩溃的一年。因此，LCA-Vision 作为候选股值得一看。

此时，排除那些不符合你收入和收入增长历史要求的候选股。

检查 Buzz

如果竞争对手刚刚宣布淘汰了一个候选股主要生产的部件，评级机构将其债券降为垃圾级别，FBI 正在调查该公司的医疗保险欺诈，那么挖掘其财务报表并计算目标价格是没有意义的。

然而，如果你知道你的候选股推出的一个热门的新产品正在从竞争对手手中抢夺市场份额，你可能会加倍努力研究。

Buzz 可以帮你决定如何分析公司，这应该是你研究的早期步骤。

新闻网站

雅虎是查看公司新闻的网站。它显示各种来源的头条新闻，但对大部分内容，它仅将其保存在数据库中几个月。根据来源，你可能需要订阅该网站才能查看整个故事。

MarketWatch 显示的新闻较少，但它永远保留作者在其数据库中发表的头条新闻。但是，一旦你看几年前的新闻，却只有一小部分头条新闻是可点击的。尽管如此，MarketWatch 仍是你研究公司旧消息的最佳免费资源。

StreetInsider 是一个很好的资源，可以追溯到 2006 年有关特定公司收益报告、指导变更和分析师对这些行动的反应的新闻。

谷歌新闻（而非谷歌财经）上的档案选项也是查找特定公司旧消息的有用资源。

如果你想研究特定公司的旧新闻，在该公司自己的网站上也有可能找到。

在这一点上，如果你是一个成长型投资者，那么应对近期有重大利空消息的股票进行资格审查；价值型投资者则应该放弃最近报告好消息的候选股。

总结

你的时间是你最宝贵的资产。不要浪费它来分析不合格的候选股。尽快排除"烂股"，集中精力研究最强的候选股。本章介绍了一些简单的检查方式，你可以在经验丰富后加入一些自己的想法。

第 16 章

价值投资过程

价值投资策略是采取相反立场购买股票（购买大多数投资者正在抛售的股票）的投资者采取的策略。

专注最强的候选股

2001 年 3 月，市场尤其是科技股处于下降低迷阶段。但是图形芯片制造商 Nvidia 呈现出了上升趋势。微软为其 Xbox 视频游戏机选择了新的 Nvidia 芯片，该游戏机预计会成为"重磅炸弹"。Nvidia 当时第一次进入 Mac 市场，1 月报告季度销售收入增长 70%，年利润增长 137%。

Nvidia 的大部分成功都是以牺牲竞争对手 ATI 为代价的。虽然 ATI 的销售收入仍然超过了 Nvidia，但其销售收入在 2000 年 11 月季度下滑了 15%，该公司预计其截至 2001 年 2 月的季度销售收入将下降 40%。ATI 正处于亏损阶段，预计短时间内不会盈利。2001 年 3 月中旬，其股价一直处于每股 4 美元的低位，创历史新低。

Nvidia 正在夺取 ATI 的市场，所以可以轻松地选择出这两者之间的胜

利者。Nvidia 的投资者因其精明的选股而获得丰厚的回报。Nvidia 在 2001
年 3 月中旬到 2002 年 3 月中旬之间回报率为 39%。但 ATI 是这个故事中
的灰姑娘。由于用户认为 ATI 生产了比 Nvidia 更好的新产品，ATI 股东在
同一时期获得了 200% 的回报。

这是最近的情况。

对于青少年服装零售商来说，2007 年并不是一个好年头。行业领袖
Abercrombie & Fitch 的股票价格以收支平衡结束。由于一系列商品推销失
误，其竞争对手 Hot Topic 在 2007 年的销售收入下降了 3%，尽管其开设了
21 家新店，数量达到了 847 家，但市场注意到多年来其股价下跌了 70%。

而 Hot Topic 仍然盈利。它的净收入在 2007 年增长了 18%（财务年度
截至 2008 年 2 月）。这一年的现金流总额为 5200 万美元，并且 Hot Topic
没有长期债务。在时尚界，尤其是青少年时尚界，事情就像 2007 年的情
况一样糟糕。表 16-1 显示了 2007 年 12 月 31 日 3 大青少年服装零售商的
P/S。

表 16-1　2007 年 12 月 31 日前 3 大青少年服装零售商的 P/S

	P/S
Abercrombie & Fitch	2.0
American Eagle Outfitters	1.7
Hot Topic	0.3

那么，2008 年持有这些股票的投资者情况如何呢？表 16-2 显示了
2008 年 3 大青少年服装零售商的回报率。

表 16-2　2008 年 3 大青少年服装零售商的回报率

	2008 年回报率（%）
Abercrombie & Fitch	−71
American Eagle Outfitters	−54
Hot Topic	59

价值投资策略之所以有效，是因为市场对新闻反应过度。好消息会推动股票价格进入平稳期，创造的估值远远超过其潜在的价值。相反，暂时的挫折或不利的经济周期可以将总体运营良好的公司的股价推至低谷。

然而，被打败的股票本身并不等同于一个有价值的候选股。为此，价值型投资者必须了解公司如何从导致其进入价值股类别的挫折中恢复过来。

股票不可能同时成为可行的成长和价值候选股。例如，价值候选股报告利润率下降，而成长型投资者更喜欢健康和上升的利润率；价值候选股收益下降或不存在收益，成长型投资者却期望加速盈利增长；价值候选股的上一份收益报告可能令市场失望，成长型投资者则寻找最近出现过正向爆炸收益的公司。

周期

价值型投资者认为经济和所有行业都是周期性的。他们知道每个行业都有繁荣期，分析师预测其在可预见的未来会持续强劲增长。然后，正如夜晚一样，行业过度扩张会导致增长停滞、利润空间缩小和股价暴跌。最终，较弱的"玩家"退出，过剩的产能被吸收，需求回升，循环重复。

价值型投资者不会试图预测这些周期的时间。他们不知道市场是在上涨还是下跌。他们不知道利率走向何方，不会遵循分析师的买入 / 卖出建议。他们不知道所有坏消息是否已经被反映在股票价格上，如果市场进一步失望，会不会使股价下跌更多。

投资者采用目标价格策略来计算时间交易，而不是试图预测不可预测的价值。他们计算卖出目标价格，并在股票交易价格低于卖出目标时买入以控制风险。当价格上涨到卖出区间时，他们平仓。他们不知道何时会发生这种情况，他们只是准备好了持股足够久，通常是 2 ～ 5 年。

常规化

将股票归入价值类别的坏消息可能也导致其利润率和盈利能力下降。因此，价值投资者必须超前地看待当前的问题，并在其潜在问题得到解决后评估公司的潜在业绩。你可以通过分析历史模式来做到这一点。

使用历史表现来预测未来被称为常规化。例如，常规化的营业利润率是公司恢复后的预期利润率，如两三年后。

常规化需要相当一致的历史表现，并且你需要至少 5 年的历史业绩。历史收益和现金流不稳定的公司，或者未运营足 5 年的公司，都不适合这一方法。

价值分析过程

价值分析过程如下（虽然细节不同）。

▶ 分析师数据解析。

▶ 估值。

▶ 确立目标价格。

▶ 行业分析。

▶ 商业计划分析。

▶ 评估管理质量。

▶ 财务健康状况分析。

▶ 盈利能力和成长性分析。

▶ 察觉危险信号。

▶ 重要股东持股分析。

▶ 股价走势图。

每个步骤都有相应的分析工具，本书的第二部分已详细说明。本章假设你熟悉这些分析工具。

本章最后说明了何时应出售，这对于价值型投资者是关键的决策。

从至少 10 个，最好是 20 个候选股开始，你可以比较它们，并在逐步完成分析步骤时放弃最弱的竞争者。务必通过快速资格预审分析（见第 15 章）筛选你的候选者，这样你就不会浪费时间去分析不符合你投资策略的股票。

一旦完成任何一项测试，就可以放弃某一股票，这样你就可以专注于最可以盈利的候选者。

第一步：分析师数据解析

首先分析分析师的评级和预测。

情绪指数

情绪指数通过比较强烈推荐买入、买入、持有、卖出和强烈推荐卖出评级的数量衡量市场的热情。负面情绪分数意味着大多数分析师都在推荐卖出，这些常是最有价值的候选股。例如，波音在每股 30 美元的波动范围内交易，在回升至每股 70 美元之前，其情绪指数跌至 −14。

得分高达 1 或 2 的股票也可能是价值候选股，但 3 及以上的分数反映了人们对价值股的过剩积极情绪。

表 16-3 显示了分析师预测的分布及 9 个潜在候选股的情绪指数。

表 16-3　分析师预测的分布及 9 个潜在候选股的情绪指数

公司	强烈推荐买入	买入	持有	卖出	强烈推荐卖出	情绪指数
美国资本战略	0	0	11	3	0	−14

（续）

公司	强烈推荐买入	买入	持有	卖出	强烈推荐卖出	情绪指数
美国生态学	3	2	2	0	0	1
美国公共教育	4	6	1	0	0	3
BJ 服务	3	2	9	5	0	−11
蔻驰	5	5	8	2	0	−5
联邦快递	4	0	15	2	1	−14
FMC	2	5	6	2	0	−6
通用电气	2	2	11	0	1	−10
沛齐	4	0	10	1	1	−8

注：每个强烈推荐买入计 1 分，每个持有、卖出或强烈推荐卖出计 −1 分，买入计 0 分。

大多数候选股情绪指数稳定为负数，所以只有美国公共教育会被这项测试自动排除。

利润增长预测和趋势

分析师的利润增长预测和最近的预测变化将帮助你排除不良价值候选股。

利润增长预测

下跌或者至少持平的利润增长预测趋势，说明候选股可能为价值股。看看当前和下一年的利润增长预测，如果 2 年的年同比利润增长预测有 1 个高于 5%，则排除该候选股（见表 16-4）。

表 16-4　分析师当年和下一年的年同比利润增长预测

公司	当年	下一年
美国资本战略	−58%	−22%
美国生态学	−17%	18%
BJ 服务	−62%	−33%
蔻驰	−8%	−5%
联邦快递	−37%	−10%
FMC	−20%	−11%
通用电气	−45%	−4%
沛齐	−4%	−3%

美国生态学下一年利润增长预测为 18%，排除该候选股。

预测利润趋势

分析师在收到新消息时会更改其预测。最佳价值股会显示负利润预测趋势。一个持平的趋势，即正负两个方向的变化都不到 0.02 美元，是可以的。积极的预测趋势表明情绪改善，这意味着股票市场价格正在复苏，对价值型投资者来说此时已经太晚了。对于此检查，趋势是当年和下一年的当前价格和 90 日前预测之间的差异。0.05 美元的正趋势意味着当前的预测比 90 日前的预测高出 0.05 美元。表 16-5 显示了幸存候选股的利润趋势。

（单位：美元）

表 16-5　利润趋势

公司	当年趋势	下一年趋势
美国资本战略	−1.23	−1.35
BJ 服务	−0.52	−0.58
蔻驰	0.02	0.05
联邦快递	−0.41	−1.12
FMC	−0.26	−0.51
通用电气	−0.29	−0.40
沛齐	0.00	−0.11

蔻驰下一年的利润趋势为 0.05 美元，应被排除。

惊喜历史

价值候选股最近的意外收益可能为负。但是，价值分析过程不使用惊喜历史数据。

收入预测

当找到候选股时，分析师会将收入增长预测下调至持平或下跌。与惊奇历史一样，收益预测不会用在价值分析过程中。

分析师研究报告

如果你在挑选价值候选股方面做得很好，会发现关于你候选股的大多数分析师研究报告都为负面基调，尽管它们包含了难以获得的相关背景和行业信息。阅读这些你可以找到所有分析师报告中包含的信息，但忽略买入/卖出建议。

第二步：估值

衡量股票当前价格的预期并确定买入/卖出目标价格是价值投资的关键。GARP（以合理的价格增长）策略不适用于价值分析。

隐含增长率

第 5 章的表 5-1 列出了股票 P/E 隐含的增长率。关注比其正常增长率至少低 50% 的价值候选股。

例如，假设你确定了一个候选股，并希望它在恢复时恢复早期 15% 的年均利润增长率。在这种情况下，当前价格应该反映不超过 15% 正常增长率的一半，即 7.5%。

使用 P/S 估计隐含增长率

由于许多价值候选股会报告亏损而非收益，因此你不能使用 P/E 来查看隐含增长率。不过，你的候选股仍将报告销售情况。因此，你可以使用 P/S 而不是 P/E。

P/E 和 P/S 与公司的净利润率（净利润/销售收入）相关。

$$P/E = (P/S) / 净利润率$$

使用 P/S 估计隐含增长率，但在公司恢复时使用预期利润率（标准利润率）。你可以通过查看历史利润率来估计标准利润率。

你可以在 MSN Money 或晨星的关键比率报告中查看历史利润率。表 16-6 显示了每个剩余候选股的历史年利润率，以及我预估的标准利润率。LFY 代表最近 1 年，LFY-1 代表 1 年前，依此类推。

表 16-6 历史和预期利润率

公司	LFY	LFY-1	LFY-2	LFY-3	LFY-4	LFY-5	LFY-6	LFY-7	预期利润率
美国资本战略	亏损	57%	104%	66%	84%	57%	14%	18%	65%
BJ 服务	11%	16%	18%	14%	14%	9%	10%	16%	15%
联邦快递	3%	6%	6%	5%	3%	4%	4%	3%	5%
FMC	8%	7%	6%	4%	4%	3%	3%	2%	6%
通用电气	10%	13%	13%	13%	12%	12%	12%	11%	12%
沛齐	28%	27%	28%	26%	23%	27%	29%	29%	27%

在通常情况下，你应该给最近年度比早年更高的权重。但是，通用电气是该规则的例外。虽然通用电气的信贷部门是近年来最大的利润贡献者，但可能永远也不会恢复其昔日的辉煌。

你可以在大多数金融网站上找到当前 P/S。使用当前 P/S 和你估计的标准利润率来计算隐含 P/E。

隐含 P/E=（P/S）/ 标准利润率

在计算隐含 P/E 时，请使用利润率的十进制版本，而不是百分比（如 0.18，而不是 18%）。表 16-7 列出了剩余价值候选股的隐含 P/E。

表 16-7 候选股的隐含 P/E

公司	标准利润率	P/S	隐含 P/E
美国资本战略	0.65	0.8	1
BJ 服务	0.15	0.9	6
联邦快递	0.05	0.5	10
FMC	0.06	1.0	17
通用电气	0.12	0.8	7
沛齐	0.27	4.6	7

根据财务预测中心（www.forecasts.org），2009 年 5 月，AAA 公司债

券利率为 5.5%。表 16-8 显示了表 5-1 的相关部分。它显示对应不同 P/E 和公司债券利率的隐含增长率。例如，该表显示对应于 20 倍 P/E 和 5% 债券利率的隐含增长率为 7%。2009 年 5 月，5.5 的债券利率需要平均 5% 和 6% 公司债券利率对应的隐含增长率。例如，对于 20 倍 P/E，隐含增长率为 8%。

表 16-8　对应不同 P/E 和公司债券利率的隐含增长率

| P/E | 公司债券利率 | |
	5%	6%
10	1%	2%
15	2%	6%
20	7%	9%

表 16-9 显示了剩余价值候选股的隐含增长率。

表 16-9　隐含增长率

公司	P/E	隐含增长率
美国资本战略	1	0.2%
BJ 服务	6	0.9%
联邦快递	10	1.5%
FMC	17	6.8%
通用电气	7	0.8%
沛齐	17	6.8%

四舍五入后，FMC 和沛齐的隐含增长率为 7%。合格价值候选股目前的交易价格对应的隐含增长率应不超过公司恢复时预期增长率的 50%。因此，你必须预测 FMC 和沛齐在恢复时每年的利润至少增长 14%。

对于其他候选股来说也是如此，只是它们的基准要低得多。例如，你只需要联邦快递每年将利润提高 3%。

P/S 估值检查

根据定义，价值候选股必须以较低的估值进行交易，而不是历史水平。你可以在晨星的 10 年估值报告（可从估值比率菜单中获得）和 MSN

Money 的 10 年关键比率报告中看到历史估值比率，可追溯到 10 年前。表 16-10 显示了晨星报告中候选股的历史 P/S。

表 16-10　候选股的历史 P/S

公司	LFY	LFY-1	LFY-2	LFY-3	LFY-4	LFY-5	LFY-6	LFY-7	当前
美国资本战略	0.6	4.7	7.4	6.6	7.7	7.9	5.9	8.7	0.8
BJ 服务	1.0	1.6	2.2	3.7	3.3	2.6	2.2	1.3	0.9
联邦快递	0.8	1.0	1.1	0.9	0.9	0.9	0.8	0.6	0.5
FMC	0.7	2.1	1.5	1.3	1.3	0.7	0.7	0.6	1.0
通用电气	0.9	2.2	2.6	2.7	2.8	2.8	1.9	3.2	0.8
沛齐	6.2	8.2	8.4	7.6	11.0	10.5	13.7	16.7	4.6

美国资本战略、BJ 服务、通用电气和沛齐的交易价格低于历史估值。联邦快递的交易价格也低于历史估值，但差距不大。FMC 或多或少地处于其历史估值范围内。因此，进一步分析 FMC 没有意义。

第三步：确立目标价格

有 5 只候选股通过了隐含增长率和 P/S 估值分析。现在开始讨论并确定最高买入价和目标卖出价的范围。

首先假设公司将在某个时刻恢复盈利，称之为目标年份。然后计算该日期的目标价格。报告目标年度结果之时为目标日期。例如，如果你认为公司将在截至 2010 年 12 月的财务年度恢复盈利，那么目标日期将是 2011 年初。如果公司比你预期的还晚一年恢复，那么这不是一场灾难。该事件只会推迟你获利的日期，但不会对结果产生重大影响。

目标价格的计算涉及使用历史收入数据来预测未来收入增长。

制定目标销售价格范围方法如下。

▶ 估算目标年销售收入。

▶ 估算（目标年度末）已发行股票。

▶ 使用步骤 1 和步骤 2 的结果计算每股目标销售收入。

▶ 估算预期目标 P/S 范围。

▶ 使用步骤 3 和步骤 4 计算目标价格范围。

你的最高购买价格是最低和最高目标价格平均值的 50%。

你可以使用此步骤预测未来几年的目标价格。目标价格日期始终是公司报告其目标年度结果后的第二天。

我将使用沛齐为例演示该过程。其财务年度于 5 月结束，我使用 2011 年作为我的目标年份。沛齐可能会在 2011 年 6 月或 7 月报告其截至 2011 年 5 月的财年的业绩。

你可以使用 MSN Money 的 10 年关键比率和 10 年财务报表报告或晨星的 10 年收入报告（可从财务报表菜单中获取）进行分析。如果在开始之前打印好相应的报告，你会发现分析速度能变快。

步骤 1：目标年销售收入

首先回顾一下最近 1 年的收入。没有必要使用 10 年前的数据，通常最近五六年的就足够了。表 16-11 显示了沛齐的历史收入。

表 16-11　沛齐历史收入　　　　　（单位：百万美元）

	收入
2003 年 5 月	1099
2004 年 5 月	1240
2005 年 5 月	1385
2006 年 5 月	1574
2007 年 5 月	1753
2008 年 5 月	1935

接下来，计算每年的收入增长金额，而不是百分比（见表 16-12）。

表 16-12　沛齐的历史收入和同比收入增长　（单位：百万美元）

	收入	同比收入增长
2003 年 5 月	1099	
2004 年 5 月	1240	141
2005 年 5 月	1385	145
2006 年 5 月	1574	189
2007 年 5 月	1753	170
2008 年 5 月	1935	182

在过去 5 年中，沛齐平均每年增加 1.67 亿美元的收入。然而，在最近几年中，这些数字在 1.8 亿美元上下徘徊，所以我在预测中使用了 1.8 亿美元。表 16-13 为添加了预测的收入增长表。

表 16-13　沛齐的历史收入和同比收入增长与预测　（单位：百万美元）

	收入	同比收入增长
2003 年 5 月	1099	
2004 年 5 月	1240	141
2005 年 5 月	1385	145
2006 年 5 月	1574	189
2007 年 5 月	1753	170
2008 年 5 月	1935	182
2009 年 5 月	预计 2115	预计 180
2010 年 5 月	预计 2205	预计 180
2011 年 5 月	预计 2475	预计 180

因此，沛齐的目标年度 2011 年的年收入为 24.75 亿美元。

以上假设最近的增长趋势将继续。当然，情况并非总是如此。如果你有更多的信息，请修改你的预测。

步骤 2：已发行股票

接下来，估算目标年度末的已发行股票数。许多公司持续增加流通股，因为它们发行股票用于筹集现金、收购或为员工股票期权分配股票。与之前一样，使用历史数据为例。表 16-14 显示了沛齐的历史已发行股票。

表 16-14　沛齐的历史已发行股票　（单位：百万美元）

	已发行股票	年同比增长
2003 年 5 月	376.7	
2004 年 5 月	378.0	1.3
2005 年 5 月	378.6	0.6
2006 年 5 月	380.3	1.7
2007 年 5 月	382.2	1.9
2008 年 5 月	360.5	−21.2

沛齐每年增发约 150 万美元，但随后在截至 2008 年 5 月的财年花了 10 亿美元回购股票。目前尚不清楚沛齐是否会再做一次回购。我认为其份额在未来 3 年内将保持不变。表 16-15 添加了我的预测值。

表 16-15　沛齐的历史和预测已发行股票　（单位：百万美元）

	已发行股票	年同比增长
2003 年 5 月	376.7	
2004 年 5 月	378.0	1.3
2005 年 5 月	378.6	0.6
2006 年 5 月	380.3	1.7
2007 年 5 月	382.2	1.9
2008 年 5 月	360.5	−21.2
2009 年 5 月	预计 360.5	预计 0.0
2010 年 5 月	预计 360.5	预计 0.0
2011 年 5 月	预计 360.5	预计 0.0

步骤 3：每股目标销售收入

正如 EPS 是年收益除以已发行股票一样，每股销售收入是年收入除以已发行股票。

我预计沛齐目标年收入 24.75 亿美元，已发行股票 3.605 亿美元。所以我预计其目标每股年销售收入是 6.87 美元。

步骤 4: 预期目标 P/S

研究发现，将公司的估值与其自身的历史波动范围进行比较，而不是与竞争公司或整个股票市场相比，可以更好地预测其未来价格。

虽然 P/E 是最值得关注的估值指标，但它对我们来说太不稳定了。此外，当盈利非常低或为负时，P/E 并无用处。相反，我们将使用更稳定的 P/S。表 16-16 显示了沛齐的历史 P/S。

表 16-16　沛齐的历史 P/S

公司	LFY	LFY-1	LFY-2	LFY-3	LFY-4	LFY-5	LFY-6	LFY-7	当前
沛齐	6.2	8.2	8.4	7.6	11.0	10.5	13.7	16.7	4.6

近年来的数据通常比早年的更有意义。在进行分析时，忽略外围数字（超出正常范围）。

在最近 4 年中，沛齐的 P/S 维持在相对较小的 6.2 ～ 8.4 范围内。在此之前，其比率要高得多。虽然我通常会关注最近 5 年的数据，但考虑到 LFY-4 到 LFY-3 比率的突然下降，我怀疑沛齐将来能否以两位数的 P/S 进行交易。

因此，我估计沛齐的目标年度 P/S 范围为 6.2 ～ 8.4。

步骤 5: 目标价格

P/S 是股价除以每股销售收入，也可以这样表示：

$$股价 = 每股销售收入 \times P/S$$

例如，如果每股销售收入为 10 美元且 P/S 为 2，则股票的交易价格为 20 美元。

所以目标价格公式是：

$$目标价格 = 目标年度每股销售收入 \times 目标年度 P/S$$

我估计目标年度每股销售收入为 6.87 美元，目标年度 P/S 范围为

6.2 ～ 8.4。四舍五入到最接近的美元后，沛齐的目标年度价格范围是 43 ～ 58 美元，平均目标价格是 50.50 美元。

沛齐的最高购买价格是平均目标价格的 50%，即每股 25.25 美元。当我进行分析时，沛齐以每股 27 美元的价格易手。因此，基于目标价格计算，沛齐的交易价格高于其最高买入价。

鉴于这些数字，你可以等待沛齐降到每股 25.25 美元或更低的价格再买入。

第四步：行业分析

与成长投资策略不同，价值投资不是选择热门行业中最强大的参与者。价值分析主要关注候选股，而不是其行业。即便如此，行业分析的某些方面也需要价值投资者关注。

行业增长

根据 MSN Money 的盈利增长率报告，沛齐处于计算机服务行业。分析师预测，该行业 2009 年 4 月的年盈利增长率为 16%。如表 7-1（第 7 章）所示，预计当行业盈利增长率达到预期的 30%，平均年收入增长率为 11% 时，它是价值型投资者的最佳选择。

较高的预期行业增长预测，比如 15%，意味着高预期，会对价值投资者产生困扰。然而，高预期行业增长并不是一个不合格的因素。唯一不合格的行业增长因素是增长太慢，即不到 3%。

行业集中度

集中度反映了同一行业中竞争公司的数量。集中行业，主要竞争者较少；零散行业，竞争者众多。集中行业的公司通常比零散行业的公司更有利可图。

在查看雅虎的业务摘要（简介）报告、路透社的公司简介及沛齐自己网站上的信息后，我发现沛齐主要为小企业提供代发工资和员工福利外包服务。虽然其他公司提供类似服务，但沛齐是唯一一家针对小型企业的全国性公司。除了有针对性的客户群体外，只有少数竞争者提供代发工资服务。因此，沛齐所处的行业被归为集中。

行业评价

调查贸易出版物网站和谷歌新闻，查看沛齐有无重大负面消息。

第五步：商业计划分析

利用商业模式分析评估可能影响公司成功的公司商业计划特征。使用商业计划计分卡记下每个类别（如下详述）对应的分数。按1、-1和0对每个类别进行评分，分别对应于商业计划优势、劣势和不适用。第8章介绍了如何进行商业计划分析。

品牌识别

沛齐是唯一专注于小型公司的薪酬服务提供商，在其目标客户群中众所周知。但是，小型公司对价格非常敏感。沛齐的品牌可能不足以应对当地资源的价格竞争。因此，沛齐没有品牌识别优势，不加分。

其他进入壁垒

沛齐在全国设有100多个办事处，对于试图进入市场的新竞争者来说，它是一个强大的竞争对手。我认为进入门槛很高，沛齐加1分。

分销模型 / 分销渠道

沛齐使用自己的销售团队直接向潜在的小型公司客户推销。分销不是问题，不减分。

产品使用寿命 / 产品价格

产品使用寿命与服务提供商无关，不加分。

供应渠道 / 供应商数量

对于大多数服务提供商而言，获取所需的产品和材料不是问题，不减分。

可预测的收入流

除非出现问题，否则小型公司不太可能更换工资代发服务提供商。沛齐的收入来源是可预测的，加 1 分。

客户数量

沛齐为超过 50 万家小型公司提供代发工资服务，加 1 分。

产品周期

产品周期与大多数服务提供商无关，不加分。

产品与市场多样化

理论上，沛齐的代发工资和福利外包服务是单一产品。然而，其市场包括许多不同的业务部门，因此它符合多样化要求，加 1 分。

原生增长与收购增长

沛齐通过原生增长和收购实现了增长，不减分。

商业模式分数

沛齐的商业模式得分为 4 分，这很好。商业模式分数最适合用于在竞争价值候选股之间做出选择。

第六步：评估管理质量

核心高管和董事会质量

乔纳森·贾奇自 2004 年以来一直担任沛齐的首席执行官。在此之前，他曾担任信息管理软件公司的首席执行官。董事会主席托马斯·戈利萨诺于 1971 年创立了沛齐。大多数外部董事会成员都是投资经理，而不在与沛齐运营相关的业务部门工作。总的来说，我认为沛齐的管理质量是可以接受的。

清洁会计 / 收益增长稳定性

清洁会计测试加总了公司年度利润表中的一次性费用和非经常性费用，并将该总额与年销售收入进行比较。如果非经常性费用占销售收入百分比在过去 5 年平均低于 3%，则该测试判断公司的会计是清洁的。

非经常性费用在路透社和 MSN Money 收入报表中标注为"异常费用（收入）"。非经常性费用占销售收入百分比为 4% 或更高，虽然不算危险信号，但值得注意。

沛齐在其利润表中没有显示任何一次性或非经常性费用，其会计是清洁的。

盈利增长稳定性测试需要检查公司的季度收益历史，以计算收益波动性。你可以在 Earnings（www.earnings.com）上找到 EPS。如果你将 EPS 录入到类似表 16-17 中，则更容易评估收益波动。

表 16-17　沛齐季度收益历史（EPS）

	2009 年 5 月	2008 年 5 月	2007 年 5 月	2006 年 5 月	2005 年 5 月
第一季度	0.41	0.40	0.35	0.30	0.23
第二季度	0.39	0.40	0.35	0.30	0.23
第三季度	0.36	0.39	0.35	0.30	0.24
第四季度		0.38	0.36	0.32	0.27
总计		1.57	1.41	1.32	0.97

在 2008 年和 2009 年全球经济面临冲击的背景下，沛齐的季度盈利增长仍非常稳定。我认为沛齐在此类别中"非常出色"。

股权

根据雅虎的知情人士名单，沛齐 CEO 乔纳森·贾奇持有 10.5 万股，CFO 约翰·莫菲持有 5.8 万股。创始人兼董事会主席汤姆·格利萨诺持有 7.3 万股。此外，路透社的高管和董事报告显示，贾奇持有 90 万股员工股票期权计划，莫菲持有 10.3 万股股票期权。

在理想情况下，你希望看到 CEO 和 CFO 持有数百万股。沛齐的 CEO 贾奇接近，但 CFO 不符合这一标准。尽管如此，我仍将沛齐评为股票所有权类别中的"好"。

第七步：财务健康状况分析

评估财务健康的目的是确定公司是否具有经济实力，其股票能否成为候选股。

在以下情况下，公司通常遇到了财务困难。

▶ 它是一家受挫烧钱公司，这意味着它正在消耗现金并且有可能用完。

▶ 它是债务负担过重的公司，通常以前是盈利的公司，但由于目前的困难无法偿还债务。

价值候选股更有可能成为潜在的债务负担过重公司而非潜在的受挫烧钱公司。

潜在的受挫烧钱公司可以使用现金燃烧器法分析进行评估，而对潜在负担过重的债务人则需要进行详细的财务健康测试评估（见表 16-18）。

表 16-18　财务健康测试评估

杠杆率	建议分析
负资产	详细的财务健康测试
小于 2.5	现金燃烧器分析法
2.5 及以上	详细的财务健康测试

你可以在许多金融网站上找到杠杆率（总资产除以股东权益），包括 MSN Money，以确定最适合你候选股的测试。

沛齐的资产负债表上没有长期债务，其总债务和长期债务 / 权益比率均为 0。然而，沛齐的资产负债表在流动负债类别中列出了约 39 亿美元的"客户资金债务"。所以尽管没有长期债务，但沛齐的杠杆比率仍为 4.3，这要求我们对其进行详细的财务健康测试。

详细的财务健康测试

第 10 章介绍了如何进行详细的财务健康测试，我在这里只描述结果。

▶ 净收入为正：沛齐过去 12 个月的净收入为正数，加 1 分。沛齐的 12 个月净收入为 5.76 亿美元，加 1 分。

▶ 经营现金流为正：沛齐的经营现金流为 7.25 亿美元，加 1 分。

▶ 净收入增长：沛齐的净收入增长率为 12%，超过其净资产增长率的 15%，加 1 分。

▶ 经营现金流：经营现金流超过净收入，加 1 分。

▶ 资产增长：资产减少 15%，总负债减少 4%。不加分，因为其总资产增长并未超过总负债增长。

- ▶ 流动比率：此测试要求流动比率必须等于或大于去年同期。沛齐的 1.1 流动比率在两个时期都相同，加 1 分。

- ▶ 已发行股票数：沛齐的已发行股票数与上年同期相比有所下降，很容易达到总股本不得增加超过 2% 的要求，加 1 分。

- ▶ 毛利率：沛齐的毛利率与上年同期相同，不加分。

- ▶ 销售增长：销售收入增长 9%，而总资产减少 15%，沛齐满足销售增长超过资产增长的要求，加 1 分。

- ▶ 总负债 / EBITDA：沛齐的总负债 41.13 亿美元是其 7.96 亿美元 EBITDA 的 5.2 倍，超过了此类别中获得分数所需的 5.0 最大比率，不加分。

- ▶ 总负债与经营现金流：沛齐的总负债是其 7.25 亿美元现金流量的 5.7 倍，高于此类别中可获得 1 分的 4.0 比率，不加分。

沛齐得 7 分，通过测试。

第八步：盈利能力和成长性分析

当数字看起来很糟糕时，价值投资策略会建议买入。利润率可能下降，销售增长可能已停滞，甚至变为负数，盈利可能已转为亏损。价值投资策略基于回归均值的原则。

回归平均值表明异常高的数字将会下降，异常低的数字将回升到历史值。例如，与其自身的历史值或行业平均值相比，报告异常高的营业利润率的公司可能会在未来几个季度中利润率下降，反之亦然。如果成长型投资者认为公司利润率高于平均水平或利润率上升，那么价值型投资者应将其视为潜在的卖出信号。

价值投资通常是购买股价低于历史范围的，以前盈利的公司的股票，避开具有负现金流、不稳定运营和利润率或异常低的长期 ROA（低于 5%）历史的公司。

但是，2008 ～ 2009 年，低迷的市场为价值投资者带来了不寻常的机会。尽管沛齐的股价随市场下跌而且增长停滞不前，但除净利润率外，其盈利能力指标仍在历史范围内。沛齐的主要运营数据如表 16-19 所示。

表 16-19　沛齐的主要运营数据

	2009 年 2 月	2008 年 11 月	2008 年 8 月	2008 年 5 月	2007 年 5 月	2006 年 5 月	2005 年 5 月
销售收入同比增长（%）	-0.7	3.2	5.3	10.4	11.04	13.6	11.7
毛利率（%）	70.1	69.0	72.2	71.0	70.4	70.4	82.8
营业利润率（%）	35.3	38.1	38.7	36.0	32.4	34.9	34.2
净利润率（%）	25.5	27.8	29.2	29.8	29.4	29.5	26.6
SG & A 占销售收入的百分比（%）	30.6	28.1	28.2	29.8	32.5	29.5	42.0

沛齐的 ROA、经营现金流和 EBITDA 如表 16-20 所示，其盈利能力与历史数据一致。截至 2008 年 11 月财季的负现金流量好于 2007 年同期的 -1.482 亿美元，反映了季节性因素。

表 16-20　沛齐的 ROA、经营现金流和 EBITDA

	2009 年 2 月	2008 年 11 月	2008 年 8 月	2008 年 5 月	2007 年 5 月	2006 年 5 月	2005 年 5 月
ROA	9.1	11.0	11.4	10.8	8.3	8.4	8.4
经营现金流（百万美元）	121.1	-100.8	80.3	724.7	631.2	569.2	467.9
EBITDA（百万美元）	202.5	206.6	224.6	796.1	664.4	643.2	565.2

注：数据均为年化数据。

对于价值型投资者而言，经营现金流是一个特别重要的考虑因素。寻找具有创造正经营现金流的可靠记录的公司，即使其目前的数字可能是负数。

虽然净利润率下降，但在目标价格计算的第三步中，我预计其 2011 年

销售收入为 24.75 亿美元。假设沛齐的净利润率回升至 29.8%，即 2008 年
的数字，其净收入将达到 7.375 亿美元，相当于每股 2.04 美元，基于我预
计的 3.61 亿股流通股计算。

第九步：察觉危险信号

对于价值型投资者而言，没有必要在意预示着盈利不足的危险信号，
因为在大多数情况下，候选股的收益已经下降。但是，他们仍然需要评估
盈利质量问题。

资本支出与折旧

精明的管理者知道，即使在困难时期，他们也必须继续投资新的资本
设备。一般而言，资本支出至少应与折旧相等。

你可以在现金流量表中找到折旧和资本支出。有些网站将折旧和摊销
合并为一个项目。不要使用那些，你只需要折旧。MSN Money 和路透社均
提供折旧数据。表 16-21 显示了沛齐的折旧和资本支出。

表 16-21　沛齐的折旧和资本支出　　（单位：百万美元）

	2008 年 5 月	2007 年 5 月	2006 年 5 月	2005 年 5 月
折旧	80.6	73.4	66.5	82.0
资本支出	82.3	79.0	81.1	70.7

该数据显示，沛齐仍在继续投资新的资本设备。警惕那些习惯性减少
资本设备支出而折旧未同步降低的公司。

第十步：重要股东持股分析

总内部人士持股水平是价值型投资者唯一关注的所有权因素。

内部人士持股水平超过 55% 的股票存在潜在问题。雅虎的关键统计报
告显示，沛齐的内部人士持股水平为 11%。

在大幅抛售股票后，首席执行官或 CFO 等主要内部人士购买大量股票可能表明这些内部人士对公司的未来充满信心。然而，内部人士买入是次要信号，并不像其他因素那么重要。

机构占股数据的缺点是缺乏及时性。如果该公司已公开发行数月，则其机构占股一般不到已发行股票数的 50%。但是，充其量机构占股数据只能帮你进一步确认你已经确定的结论。

第十一步：股价走势图

注意股价与 200 日移动均线之间的关系。最佳价值候选股的交易价格应低于或接近 200 日移动均线。警惕交易价格比其 200 日移动均线交易价格高出 10% 以上的股票。这通常意味着你来晚了。

当我检查时，沛齐的股价接近 200 日移动均线。

何时卖出

决定何时卖出与分析何时买入候选股一样重要。以下是针对价值型投资者的卖出规则建议。

实现目标价格

股票在你的卖出目标范围内交易是你的最佳卖出信号。这种情况经常比预期要早得多发生，特别是当公司聘请新的首席执行官，或者市场突然对公司前景感兴趣时。

如果发生这种情况，请拿钱就跑，不要等待基本面恢复。当市场意识到复苏不会在一夜之间发生时，股价将会下跌。

如果基本面确实恢复了并且一切都按计划进行，那么你应在分析师调高利润和收入预期，且成长型投资者买入时卖出。

你意识到你预期的不会发生

不幸的是，并非所有的价值股都能回归昔日的辉煌。当你意识到你预期的恢复不会发生时，应卖出。

收购

如果公司收购的另类业务至少占收购公司的 25%（销售收入或市值），则卖出。如果该公司进行了一系列加起来可以增加其原始规模 25% 的收购，也卖出。

恶化的基本特点

在你购买股票后，如果 ROA、经营现金流或营业利润率继续恶化两三个季度，则卖出。

早些时候的财务报告已经重述

重述之前报告的结果会增加未来公司出现问题的可能性。除非你的候选股有了新的管理层，否则当它显著减少重述之前报告的销售收入或利润时卖出。

债务增加

不断膨胀的债务表明公司无法产生足够的现金流解决问题。如果公司大幅增加借款，则卖出。使用新借款偿还现有债务不适用该规则。

股价比 200 日移动均线高出 50%

股票在相对较短的时间内已经发生了重大变化，现在是时候继续前进了。在这种情况下，不要再等待股价达到你的卖出目标。

危险信号

我们的购买分析没有检查公司是否存在危险信号，因为大多数价值股的财务报表在你分析它们时都处于混乱状态。不要担心收入增长，但在公司稳定后应检查季度报告中有关存款和应收账款的危险信号。如果公司先前亏损，你可以期望公司所得税税率较低，但要注意未来税率的增加可能会降低其净利润。

总结

价值投资是挑选有成长潜力的股票。如果你选择了正确的股票，那么当它们在你的目标卖出范围内交易时卖出。如果出现问题，只要你意识到你预期的恢复不会发生，就立即卖出，不要拖延。已知确切的卖出信号，却仍等待更多信息，可能会降低你的收益或将小额亏损变成大额亏损。

第 17 章

成长投资过程

许多投资者寻找成长股，因为它们相对于价值股提供更高的潜在回报。然而，几乎所有的成长股最终都遇到了挫折，成长型投资者必须经常找到即将发生问题的迹象，并且时刻准备应对。

专注最强的候选股

每个时代都有成功的故事：微软、谷歌、汉森天然饮料及直觉外科公司看上去股价都在无时无刻上涨，这也给它们的股东带来了财富。

对于大多数成长型投资者来说，下一个谷歌就是"圣杯"。但是你不需要用找到下一个谷歌来证明自己是一个成功的成长型投资者。

股价随着收益变化。如果你找到一个每年收益增长 15%（股价也同样），你将会在 10 年间把 1000 美元变为 4000 多美元；找到一个每年收益增长 20% 的股票，你将会在 10 年间把 1000 美元变为 6000 多美元；找到一个每年收益增长 25% 的股票，你将会在 10 年间把 1000 美元变为 9000 多美元。

尽管 2008 ～ 2009 年经济大规模低迷，但截至 2009 年中，美国 262 家上市股票相较于过去的 10 年平均收益超过 15%，133 家公司年收益增长 20%，69 家年平均收益率超过 25%。回看过去的 5 年，177 家公司年收益增长快于 20%，109 家公司的年平均收益率超过 25%。

这只适用于截至 2009 年 5 月 14 日，股价不低于每股 5 美元，市值不低于 1000 万美元的股票。

成长型投资有关找到有令人激动的新产品和服务的公司，这些公司有能力增长水平超过均值。你并不需要寻找一只将会持续超均值增长许多年的公司。你可以从一只股票开始然后当你第一次收获时转变到另一只。

20 世纪 90 年代，成长型投资和技术投资类似，但是现在，成长型投资无处不在，部分样本如表 17-1 所示。

表 17-1　5 年年均回报 25% 及以上的部分股票样本

公司	行业	5 年年均回报（%）
孟山都	农用化学品	42
特拉工业	农用化学品	46
特拉制氮化学	农用化学品	87
马赛贝	农用化学品	34
Precision Castparts	飞机部件	29
绿山咖啡	饮料	66
汉森天然饮料	饮料制造业	76
亚力兄制药	生物技术	26
吉利德科学	生物技术	26
Illumina	生物技术	61
Myriad Genetics	生物技术	31
Vertex Pharmaceuticals	生物技术	28
FTI 咨询	商业咨询	28
Quality Systems	商业软件	44

（续）

公司	行业	5 年年均回报（%）
苹果	用户电子制造	55
Seaboard	食品制造	25
Publix Supermarket	食品杂货	71
Valmont Industries	工业产品	26
Greenhill&Co.	投资银行	32
Flowserve	机械装置	28
Nu Vasive	医疗产品	26
直觉外科公司	医疗产品	56
通用电缆	金属产品	38
Compass Minerals International	矿业	28
Arena Resources	石油／汽油	49
BP Prudhoe Bay Royalty Trust	石油／汽油	31
Oceaneering International	石油／汽油开采服务	27
Range Resources	石油／汽油探测与产品	41
Southwestern Energy	石油／汽油探测与产品	65
Core Laboratories N.V.	石油／汽油服务	32
戴蒙德海底钻探	石油／汽油服务	33
Dril-Quip	石油／汽油服务	37
Priceline.com	线上旅游代理	34
快捷药方	制药管理	26
Buckle	零售服装	30
Allegheny Technologies	钢铁	29
纽柯钢铁	钢铁	26
Stifel Financial	破产／投资银行	28
Clean Harbors	废品管理	45

　　成长型投资者享受这个过程，他们享受发现一个新的领先行业的激动。许多人遵循上至下策略。换句话说，他们想要准确挑出一个强大的行业，然后从中选出最棒的候选股。另一些人遵循下至上策略，寻找最佳的成长股而不顾行业。方法并不重要，只要你选中了最感兴趣的候选股即可。

成长候选股

对于成长型投资者来说，最理想的候选股是刚出现的、增长最快的行业中的一员。如果你可以在一个尚不完备的产业中准确挑出最终的胜利者，那么回报将会是巨大的，如戴尔、微软还有沃尔玛。

不幸的是，很难找到这些机会，下一个增长最快的候选股是已经有持续收入和利润增加历史的为现有市场提供与众不同产品和服务的公司。

最糟糕的成长候选股是那些售卖同质商品给市场，主要靠竞价占领市场份额的公司。较差的成长候选股是那些在市场中非数一数二的公司。

最好的情况，当然是你在它处于低谷时发现它，但成长型投资不追求低价买入。成长股常会涨过其基本面所能支持的价格。当某个分析师给出下调评级时，会促使它股价暂时下跌，但强大的成长股几乎不会经受持续的损失，因为它总是会被高估。当出现一些问题时，如增长放缓之类，它的股价就会跌。因此，成长型投资取得成功的关键在于，能在大众发觉其业绩增长放缓之前，提前找出危险信号。

成长分析过程

成长分析过程如下。

▶ 分析师数据解析。

▶ 估值。

▶ 确立目标价格。

▶ 行业分析。

▶ 商业计划分析。

▶ 评估管理质量。

▶ 账务健康状况分析。

▶ 盈利能力和成长性分析。

▶ 察觉危险信号。

▶ 重要股东持股分析。

▶ 股价走势图。

每一步都使用了与本书第二部分相关的分析工具。本章假设你已经对这些工具十分熟悉了。

本章包含如何发现售卖时机的线索，这也是投资过程中最困难的一步。

如果你同时在研究几只股票，你会得到最好的结果。同时，比较候选股的过程会迫使你更善于分析，做出更优的决定。也就是说，不要浪费时间分析那些没有机会通过你的分析测试的股票。先对你的候选股进行快速预审（见第 15 章），在开始这个过程之前排除明显不符合要求的候选股。

专注最强的候选股。一旦发现不符合的，就把它们排除在外，这样你就可以花更多的时间研究最佳候选股。

第一步：分析师数据解析

当你的股票吸引了越来越多的市场参与者兴趣时，成长投资的效果最好。分析师的买入 / 卖出评级和盈利预测是反映市场热情的关键指标。

情绪指数

情绪指数能告诉你市场如何看待你的候选股。情绪指数为 4 或更低意味着股票不受欢迎。然而，不要忽视那些有轻微成长潜力的候选股。当它们比预期表现得更好，令市场惊讶时，投资它们可以获得更多收益。例如，采矿设备制造商 Joy Global 在 2005 年 4 月的情绪指数为 −3，当时该公司的股价为每股 20 美元，到当年 11 月，该公司公布了 3 份好于预期的盈利报告，股价涨到了每股 29 美元，涨幅为 45%。

一般来说，你会在 0 ～ 4 的情绪指数范围内找到最可靠的成长候选股。例如，飞机零件制造商 Precision（Precision Castparts）在 2006 年 3 月股价为每股 53 美元左右时，得分为 4，其股票价格在 2007 年 10 月达到每股 150 美元的峰值，涨幅为 180%。

情绪指数即使较低也表明市场对其热情增加，同时对应更高的风险。一旦候选股得分达到 9 分或以上，它就处于高期望值区域，即风险较高。

我将使用 2 只股票，休闲餐厅 Buffalo 和成人教育机构 Strayer（Strayer Education）来演示成长分析过程。

当我做分析时，5 名分析师将 Buffalo 评为"强烈推荐买入"，8 名建议"持有"，它情绪指数为 −3。Strayer 的情绪指数为 3。通常，对于成长候选股来说，Buffalo 的分数是不够低的（尽管有 Joy Global 的例子），但 2009 年中分析师比往常更加悲观，因此 Buffalo 和 Strayer 的情绪指数看起来都不错。

分析师的盈利增长和趋势预测，更具体地说，盈利预测的变化是成长股价格的主要驱动力，因此应在你的分析中进行相应的加权。

例如，2006 年 5 月，Precision 报告 3 月份季度收益为每股 0.74 美元，比上一年同期高出 42%，比分析师预测高出 4 美分，这促使分析师提高了对其未来季度的预测。表 17-2 显示了 Precision 截至 2006 年 5 月的分析师一致预测。

表 17-2　Precision 的分析师一致预测

	2007 年 3 月	2008 年 3 月
当前估计数	3.18	3.73
7 日前	3.14	3.63
30 日前	3.14	3.63
60 日前	2.55	3.06
90 日前	2.49	3.00

尽管 Precision 收益仅提高 42%，但比预期高出很多。尽管 4 美分的涨幅仅占预期收益的 6%，但市场更关注的是金额的涨幅，而不是百分比。任何高于 3 美分的上涨都是显著的。不利的一面是，即使比预期低 1 美分也足以导致分析师下调预测，这反过来又会拉低股价。

预测利润增长和趋势

如表 17-3 所示，Precision 2007 年 3 月的盈利预测已经从 2 个月前（90 日前）的每股 2.49 美元升至每股 3.14 美元。这并不罕见，不断上升的盈利预测经常预示报告期内正向的盈利增长。

表 17-3　Precision 分析师一致预测

	2007 年 3 月	2008 年 3 月
当前估计数	3.28	3.89
7 日前	3.28	3.89
30 日前	3.18	3.73
60 日前	3.14	3.63
90 日前	3.06	3.49

收益波动引发的势头持续了一段时间。表 17-3 显示了 1 个月后，即 6 月，Precision 的分析师一致预测。2007 年的预测上升了 0.10 美元，2008 年的预测上升了 0.16 美元。

Precision 强劲的正盈利趋势标志其 6 月季度报告表现强劲。Precision 做到了这一点，其报告的收益比去年同期高出 48%，更重要的是，就股价走势而言，其比预期高出 12 美分。

表 17-4 和表 17-5 显示了 2009 年 5 月 Buffalo 和 Strayer 的分析师一致预测。

表 17-4   Buffalo 的分析师一致预测

	2009 年 12 月	2010 年 12 月
当前估计数	1.69	2.06
7 日前	1.69	2.06
30 日前	1.67	2.03
60 日前	1.67	2.03
90 日前	1.67	2.03

表 17-5   Strayer 的分析师一致预测

	2009 年 12 月	2010 年 12 月
当前估计数	7.27	8.93
7 日前	7.25	8.89
30 日前	6.99	8.62
60 日前	6.99	8.63
90 日前	6.99	8.61

仅根据盈利预测趋势来看，Strayer 似乎是更强的候选股，但 Buffalo 或多或少的持平趋势不会使其丧失候选资格。

在评估预测趋势时，应关注年度数字，忽略不到 2% 的变化。排除预测呈下降趋势的候选股，因为负面趋势可能会持续，并可能导致报告时期的负面损失。

尽管正面的预测趋势是最好的，但不要排除趋势平缓的公司。如果最终要在两家类似的公司中进行选择，那就选择正预测趋势更强的公司。

评估预测增长

通常，年同比增长预测最高的股票会受到最多的关注，因此具有最大的升值潜力。然而，如果其 1 年前的年收入很低，如 25 美分或更少，那就不适用。

虽然 10% ~ 15% 的收入增长在技术上符合成长股特征，但你最好坚持公司每年至少增长 20%，而且越高越好。年收益增长率远高于 40% 的预测是不可持续的。

增长危险信号

排除预测收入增长低于历史水平的股票，即使其预测增长水平仍然很高。例如，假设 1 只年收入增长 50% 的股票现在预计将以 25% 的速度增长。尽管 25% 的增长本身是强劲的，但市场一直按 50% 的增长为其估值。当增长明显放缓时，其股价会受到冲击。

比较同期的收益和销售增长预测。如果年预测收入增速低于上一年同期，但预测利润增速没有下降，请谨慎行事。这可能意味着盈利预测假设公司利润率有所提高，而实际上可能并未发生。

表 17-6 显示了 Precision 分析师在 2007 年 3 月对 2007 年 3 月和 2008 年 3 月年收益和收入同比增长的预测。

表 17-6　Precision 分析师年收益和收入同比增长预测

	2007 年 3 月	2008 年 3 月
预测利润增长	66%	24%
预测收入增长	52%	17%

2007 年 3 月，其预期利润增长高于预期利润增长，但并非不合理。然而在下 1 年，分析师预计其利润增长将大幅放缓。67% 的降幅（从 52% 到 17%）是一个危险信号，许多投资者没有注意到收入预测。

当该公司报告的利润增长放缓到如此程度时，其股价无疑会受到冲击。

较小的预测增长放缓，如从 25% 到 20%，在年度初期不是一个危险信号。分析师通常会在一家公司出现转机时上调明年对其的预测。如果没有，随着下一年度的临近，即使是从 25% 放缓到 20% 也是一个令人担忧的问题。

表 17-7 和表 17-8 显示了 Buffalo 和 Strayer 的收益和收入增长预测数据。

表 17-7　Buffalo 的收益和收入增长预测

	2009 年 12 月	2010 年 12 月
预测收益增长	22%	22%
预测收入增长	30%	20%

表 17-8　Strayer 的收益和收入增长预测

	2009 年 12 月	2010 年 12 月
预测收益增长	28%	23%
预测收入增长	26%	21%

Buffalo 通常每年收入增长 20%，因此，其 2009 年预期的 30% 的增长是异常的，可能是由收购导致的。我 5 月做了分析，Strayer 在 2009 年早期预期增长率下降 19%（21% 和 26% 相比）不会影响其股价。

惊喜历史

最近的收益惊喜历史经常可以用来预测未来股票的走势。最近有正向惊喜历史的公司通常会继续保持增长，反之亦然。

排除最近发生负面事件的公司。1 美分的意外下跌和 50 美分意料之中的下跌一样糟。

大多数公司会管理收益预期，因此如果一切按计划进行，它们将报告 1 美分或 2 美分的正惊喜。因此，上涨 1 美分或 2 美分并不奇怪。如果一家有 2 美分惊喜历史的公司报告的收益与预测一致，那将是一个惊喜。

持续不断的大额惊喜历史，如 15 美分或更高，可能是危险的，因为市场会预期更多的惊喜。在这种情况下，即使 5 美分的惊喜也可能会令市场失望。

最佳惊喜历史是一系列 4 ～ 9 美分的正面惊喜。这些足以在报告日公司抬高股价，而不会产生异常预期。小的（0.01 美分或 0.02 美分）正面惊喜或没有是可以的。如果过去 4 个季度的惊喜历史正负参半，那么应关注公司最近季度的表现。

表 17-9 显示了截至 2007 年 2 月财年的 Precision 的收益惊喜历史。

表 17-9　Precision 的收益惊喜历史			（单位：美元）
	2006 年 3 月	2006 年 6 月	2006 年 9 月	2006 年 12 月
预测	0.70	0.74	0.91	0.98
实际	0.74	0.86	1.03	1.15
惊喜	0.04	0.12	0.12	0.17

由于正向且不断增长的收益惊喜，Precision 的股价在 2006 年上涨了 51%。

表 17-10 和表 17-11 显示了 Buffalo 和 Strayer 截至 2009 年 5 月财年的收益惊喜历史。

表 17-10　Buffalo 的收益惊喜历史			（单位：美元）
	2008 年 6 月	2008 年 9 月	2008 年 12 月	2009 年 3 月
预测	0.27	0.31	0.39	0.46
实际	0.31	0.25	0.43	0.47
惊喜	0.04	−0.06	0.04	0.01

表 17-11　Strayer 的收益惊喜历史			（单位：美元）
	2008 年 6 月	2008 年 9 月	2008 年 12 月	2009 年 3 月
预测	1.47	0.81	1.70	1.97
实际	1.50	0.83	1.71	2.07
惊喜	0.03	0.02	0.01	0.10

Strayer 最近收益惊喜为 0.10 美元，看起来是最有希望的。然而，Buffalo 3 个季度前甚至为负惊喜，也在成长候选股的可接受范围内。

排除最近 4 个季度有 2 个或更多负面惊喜，或最近 1 个季度有负面惊喜的候选股。

研究报告

分析师的研究报告包含一家公司及其所处行业的宝贵背景信息。试着为每个候选股找到至少两份研究报告。有时你会发现报告中的详细信息与分析师的买入 / 卖出评级相矛盾。

第二步：估值

成长型投资者不像价值型投资者那样花那么多时间担心估值。这并不像听起来的那么荒谬，因为成长股的交易价格通常与其基本面不符，尤其是当它们处于快速增长阶段时。其股价降低的原因通常是增长放缓，而不是估值过高。

例如，2005 年 7 月，飞机专用显示系统制造商 Innovative Solutions & Support 的股价为每股 24 美元，P/E 为 24，P/S 为 5.9。考虑到它刚刚披露了 6 月季度同比销售收入增长 39%，收入增长 50%，公司几乎没有被高估。然而，该公司在公布这些数据后的第二天股价下跌了 22%，主要是因为新订单率预示其增长正在放缓。

尽管如此，最终股价还是反映了基本面，即使是成长股。因此，作为一个成长型投资者，你需要知道市场是如何评价你的候选股的。

合理价格增长（GARP）

大多数成长型投资者依赖于 GARP，并将股票的 P/E 与其历史或预期收益增长进行比较，以确定其估值是否合理。P/E 与预测增长率之比为 PEG。在正常市场中，当一只股票的增长率等于它的 P/E（PEG = 1）时，它被认为是公允定价的。当 P/E 超过增长率时，它被高估，反之亦然。

2006 年初，根据截至 2007 年 3 月财年的预期收益，Precision 的 P/E 为 18。当时，分析师预测其长期收益年均增长 20%。因此，它的交易价格被低估成 0.9PEG。

2009 年 5 月，根据对今年收益的预测，Buffalo 的 P/E 为 20.5。根据分析师 22% 的预测，Buffalo 的 PEG 为 0.9（20.5 除以 22）。Strayer 的 P/E 为 26，预测当年增长率为 29%，PEG 也为 0.9。

Buffalo 和 Strayer 的交易价格都略低于公允价值，由于疲软的经济压低了估值。在正常市场中，P/E 在 1.1～1.4 的股票表现优于 P/E 低于 1.0 的股票。

隐含增长率

隐含增长率是你看待股票估值的另一种方式。

隐含增长率表（见第 5 章表 5-1）使用本杰明·格雷厄姆的内在价值公式来确定股票 P/E 隐含的增长率。唯一的变量是当前 AAA 级公司债券利率。

债券利率在 2007 年 3 月徘徊在 5.5% 左右。Precision P/E 为 18，对应较低的 5% 左右的隐含增长率。

巧合的是，当我分析 Buffalo 和 Strayer 时，AAA 级公司债券利率也是 5.5%。Buffalo 的 P/E 为 21，对应 9% 的隐含增长率，Strayer 的 P/E 为 26，对应 12% 的隐含增长率。

因为 Buffalo 和 Strayer 的实际增长率都比它们 P/E 对应的隐含增长率高得多，所以用 GARP 和隐含增长率来衡量这两家公司似乎都合理。

第三步：确立目标价格

你需要做更多的工作，但是计算目标价格范围可以让你更深入地了解股票的估值。第 6 章中详细描述的计算包括选择目标会计年度、估计目标年销售收入和已发行股票数，然后用这些数字来估计目标年度每股销售收入。最后，你可以使用该数字加上历史 P/S 范围来确定公司宣布目标年度结果后一天的最高和最低目标价格。

由于大多数投资者持有成长股的时间不会超过 1 年，我在 2009 年 5 月进行了计算，并将 2010 年定为 Buffalo 和 Strayer 的目标年。因此。我计算了 2011 年 2 月的目标价格，当时 2 只股票都可能会披露 2010 年的结果。

步骤 1：目标年销售收入

表 17-12 和表 17-13 列出了历史销售数字及我对 Buffalo 和 Strayer 2009 年和 2010 年销售的预计。

表 17-12　Buffalo 历史和预计年销售和销售增长　（单位：百万美元）

	年销售	同比增长
2004 年 12 月	171.1	
2005 年 12 月	209.7	38.6
2006 年 12 月	278.2	68.5
2007 年 12 月	329.7	51.5
2008 年 12 月	422.4	92.7
2009 年 12 月	预计 493.4	预计 71.0
2010 年 12 月	预计 573.4	预计 80.0

表 17-13　Strayer 历史和预计年销售和销售增长　（单位：百万美元）

	年销售	同比增长
2004 年 12 月	183.2	
2005 年 12 月	220.5	37.3
2006 年 12 月	263.7	43.2
2007 年 12 月	318.0	78.3
2009 年 12 月	预计 403.0	预计 85.0
2010 年 12 月	预计 498.0	预计 95.0

Buffalo 和 Strayer 的销售收入都在增长，但是 Strayer 的增长近年看起来比 Buffalo 的更加稳定和强劲。我认为 Strayer 会在 2009 年加速增长，在 2010 年再次加速。Buffalo 2008 年的增长看起来异常高，所以我认为其增长会在 2009 年稍微回落，并在 2010 年适度加速。

步骤 2：已发行股票

表 17-14 和表 17-15 列出了 Buffalo 和 Strayer 的历史已发行股票和 2009 年及 2010 年的预计值。

表 17-14　Buffalo 的历史和预计发行股票　（单位：百万美元）

	已发行股票	同比增长
2004 年 12 月	16.9	
2005 年 12 月	17.0	0.1
2006 年 12 月	17.3	0.3
2007 年 12 月	17.7	0.4
2008 年 12 月	17.9	0.2
2009 年 12 月	预计 18.2	0.3
2010 年 12 月	预计 18.5	0.3

表 17-15　Strayer 的历史和预计发行股票　（单位：百万美元）

	已发行股票	同比增长
2004 年 12 月	14.7	
2005 年 12 月	14.3	−0.4
2006 年 12 月	14.3	0
2007 年 12 月	14.4	0.1
2009 年 12 月	预计 14.4	0
2010 年 12 月	预计 14.4	0

Buffalo 平均每年发行股票 30 万美元，而 Strayer 近年来的股票发行水平基本保持稳定。

步骤 3：每股目标销售收入

我估计 Buffalo 2010 年的目标年销售收入为 5.734 亿美元，发行股票 1850 万美元，每股销售收入为 30.99 美元。

Strayer 预计目标年销售收入为 4.98 亿美元，发行股票 1440 万美元，每股销售收入为 34.58 美元。

步骤 4：预期目标 P/S

表 17-16 和表 17-17 列出了 2 只股票近年来的历史平均 P/S。

Buffalo 的预计 P/S 范围是 1.3 ～ 1.7。

表 17-16 Buffalo 历史平均 P/S	
	平均 P/S
2004 年 12 月	1.7
2005 年 12 月	1.4
2006 年 12 月	1.7
2007 年 12 月	1.3
2008 年 12 月	1.1

表 17-17 Strayer 历史平均 P/S	
	平均 P/S
2004 年 12 月	9.0
2005 年 12 月	6.3
2006 年 12 月	5.8
2007 年 12 月	7.8
2008 年 12 月	7.7

Strayer 的预计 P/S 范围是 6.0 ～ 7.8。

Buffalo 的 P/S 通常低于 Strayer 的。其 2008 年低于平常的 P/S 可能反映了疲软经济引发的对餐饮股的负面情绪。我认为当经济复苏时，Buffalo 的 P/S 不会那么低。

Strayer 在 2008 年没有遭遇像 Buffalo 一样的命运，因为教育股被认为是不受经济衰退影响的。Strayer 2006 年的 P/S 看起来异常低，所以我把可能的低 P/S 设为 6.0，而不是 5.8。同样，我认为 P/S 在未来也不会为 9.0，所以我把高 P/S 设为 7.8。

步骤 5：目标价格

目标价格是每股销售收入乘以 P/S。

对于 Buffalo：

低目标价格为 30.99 美元 ×1.3=40.29 美元。

高目标价格为 30.99 美元 ×1.7 美元 =52.68 美元。

对于 Strayer：

低目标价格为 34.58 美元 ×6.0=207.48 美元。

高目标价格为 34.58 美元 ×7.8=269.72 美元。

当我计算时，Buffalo 的交易价格是 35 美元。因此，它的理论价格升值潜力为 15% ～ 51%。

Strayer 的交易价格是 193 美元。所以它的升值潜力为 8% ～ 40%。

第四步：行业分析

分析候选股所处行业的前景和其竞争地位是成长分析过程的重要组成部分。

行业

我从公司官网和晨星的公司简介中了解到，Buffalo 是一家休闲餐饮连锁店，主营运动酒吧，专门供应鸡翅和其他休闲食品及酒精饮料。在 Buffalo 的 500 多家餐馆中，大约三分之二是特许经营的，其余为母公司所有。

Strayer 为工作的成年人提供教育项目。它专注商业管理、会计、信息技术、健康和公共管理领域，通过在线和位于 15 个州的实体学校提供教学服务。

行业增长

MSN Money 的收益增长率报告指出，Buffalo 属于餐饮业，分析师预计该行业的长期年收益增长率为 15%。Strayer 属于教育行业，分析师预计其年收益将增长 24% 左右。

按分析师收益增长预测为 30% 计算，餐饮业和教育行业的年销售收入增长分别为 11% 和 17%。

第 7 章中的表 7-1 将餐饮业 11% 的增长定义为"中等"，对成长候选股而言，很一般。它将教育行业 17% 的增长归类为"快速"，这对于成长候选股来说是一个很好的分类。

行业集中度

餐饮业竞争非常激烈，参与者很多。然而，Buffalo 已经定义了一个独特的生态位，几乎没有其他的全国性体育酒吧连锁店。Buffalo 主要与当地的体育酒吧竞争。然而，从更广泛的意义上来说，Buffalo 与众多休闲连锁餐厅争夺餐饮市场。

Strayer 面临几个主要竞争对手，包括阿波罗集团、DeVry、ITT 教育服务、Capella 教育等。

挑选行业赢家

Buffalo 在一个成熟的行业中运作，行业中有许多更大、更成熟、更多样化的竞争者。然而，Buffalo 严格来说是一个蓝海玩家。它将继续增长，直到其所处的市场出现饱和，或者出现运营失误，引发意想不到的增长放缓。

相比之下，Strayer 正与所有面对相同客户群的类似公司竞争。表 17-18 显示了 Strayer 与竞争对手的财务数据。

表 17-18　Strayer 与竞争对手的财务数据

公司	年收入（百万美元）	收入增长率（%）	营业利润（百万美元）	SG&A 占销售收入的百分比（%）
Strayer	396	25	32.0	35.0
阿波罗集团	3141	15	23.9	32.5
Capella 教育	272	20	14.7	41.1
Career 教育	1075	−2	4.6	52.1
Corinthian College	1069	16	4.2	36.7
DeVry	1092	17	14.9	38.7
ITT 教育	1015	17	32.3	29.9
Lincoln 教育	377	15	9.4	49.8

就市场份额而言，阿波罗集团是行业领导者，Strayer 是最小的参与者之一。然而，Strayer 是增长最快的。在其他条件相同的情况下，增长最快的公司通常是最佳的成长候选股。

营业利润率显示扣除所得税和某些利息费用之前公司的盈利能力。在这方面，Strayer 仅次于 ITT 教育，比其他公司盈利更多。

SG&A 占销售收入的百分比衡量开销，该比率越低越好。按照这一标准，Strayer 比收入相近的竞争对手更好，但不如阿波罗集团和 ITT 教育，这两家公司有更大的销售基础来平摊间接成本。

行业评价

大多数在线点评网站给 Buffalo 打了高分，尽管各店服务可能参差不齐。未发现特许经营者有重大投诉。

Strayer 也是如此。除了学生偶尔抱怨老师的行为之外，我没有发现任何迹象表明 Strayer 有潜在问题。

行业总结

Buffalo 是一个成熟行业中的蓝海参与者，有许多成熟的竞争对手。然而，在其细分蓝海市场，Buffalo 的主要竞争对手主要是当地餐馆。

Strayer 为同一批客户与规模更大的竞争对手作战。

然而，Strayer 的增长速度更快，利润也比竞争对手更高。

第五步：商业计划分析

商业计划计分卡

商业模式分析评估可能影响公司成功的商业计划的质量。使用商业计划计分卡将每个类别的得分制成表格。使用 1、−1 或 0 分给每个类别打分，分别对应优势、劣势或不适用。

Buffalo 在其市场中具有强大且普遍的品牌辨识度，加 1 分。Strayer 本身不是特别出名，也不被客户认为比其竞争对手更好，另外 Strayer 的竞争对手也没一个具有强大的品牌认同度，不加分。

其他进入壁垒

一方面，任何一家大型上市餐饮运营商，如果愿意都可以效仿 Buffalo 的经营理念。因此，Buffalo 无法阻止竞争对手进入其市场。另一方面，没有任何壁垒能阻止 Buffalo 进入新的市场领域，不加分。

Strayer 也没有特别的壁垒来阻止竞争对手入侵其市场。但是就像 Buffalo 一样，没有任何阻碍 Strayer 进入新市场的壁垒。不加分。

分销模型 / 分销渠道

Buffalo 开拓分销渠道方面运营照旧，不加分。

同样，Strayer 也一样，不加分。

产品使用寿命 / 产品价格

Buffalo 的产品价格低廉，大多为食物。因此，它的产品具有非常短的使用寿命，加 1 分。

一旦学生完成了一门课程，他们可能至少不会回来上同样的课程。Strayer 的产品有很长的寿命，但并不像汽车或娱乐设备那种可买可不买的产品，不加分。

供应渠道 / 供应商数量

获得经营业务所需的食物和其他产品对 Buffalo 来说属于正常运营，不加分。

获得供应商对 Strayer 也不是优势，不加分。

可预测的收入流

Buffalo 的产品和服务实际上和流行趋势有关，收入是不可预测的，减 1 分。

Strayer 也没有可预测的收入来源，减 1 分。

客户数量

Buffalo 为成千上万的客户服务，因此不依赖少数大客户，加 1 分。

Strayer 也为成千上万的学生服务，加 1 分。

产品周期

Buffalo 的辣鸡翅不太可能很快过时，加 1 分。

Strayer 也销售长生命周期的产品，加 1 分。

产品与市场多样化

Buffalo 出售各种休闲食品，如果辣鸡翅过时，它可以很容易地开发出别的产品，虽然 Buffalo 处于单一的细分市场（运动酒吧）。不减分。

对 Strayer 来说，产品和市场多样化不是问题，不减分。

原生增长与收购增长

尽管 Buffalo 进行了一些收购，但它主要是通过开新餐馆增长的。商誉和无形资产仅占其总资产的 4%，加 1 分。

Strayer 没有进行重大收购，其商誉和无形资产占总资产的 0%，加 1 分。

商业模式分数

Buffalo 的商业模式得分为 4 分，高于平均水平，而 Strayer 的得分为 2 分，你可以使用商业模式得分来比较你正在评估的候选股。

第六步：评估管理质量

核心高管和董事会质量

Buffalo 的 CEO 虽然以前没有经营餐厅的经验，从 1996 年开始经营公司，并打造了公司现有的扩张商业模式。她还担任全国餐饮协会的董事会成员。Buffalo 的高级副总裁是唯一一个有餐饮业经验的其他高管，以前曾在 Denny's 和汉堡王担任过不同的行政职务。Buffalo 的董事会成员均没有餐饮业经验。我认为其高管和董事会质量一般。

Strayer 的 CEO 自 2001 年上任，但之前在教育行业没有任何经验。只有一位 Strayer 高管，即执行副总裁兼首席行政官，在营利性教育行业具有丰富的经验。另外，两名董事会成员是专业教育工作者。我认为 Strayer 的高管和董事会质量还可以。

清洁会计 / 收益增长稳定性

清洁会计测试加总公司在年度利润表中的一次性费用，并将其与年销售收入进行比较。如果持续的一次性费用超过销售收入的 3%，则公司会计不清洁。

Buffalo 的一次性费用占 2008 年销售收入的 0.5%，占 2007 年销售收入的 0.3%，占 2006 年销售收入的 0.4%，占 2005 年销售收入的 0.9%，其会计是清洁的。

Strayer 的一次性费用在所有被检查的年份中均为 0。因此，Strayer 的会计也是清洁的。

收益增长稳定性测试查看季度收益历史，以衡量波动性。表 17-19 显示了 Buffalo 的季度收益（EPS）。为避免季节性扭曲，我们始终比较不同年份的同一季度，如 2009 年第一季度和 2008 年第一季度。

表 17-19　Buffalo 的季度收益（EPS）　　　　　（单位：美元）

	2006 年	2007 年	2008 年	2009 年
第一季度	0.20	0.32	0.36	0.47
第二季度	0.14	0.22	0.31	
第三季度	0.20	0.24	0.25	
第四季度	0.39	0.33	0.43	

资料来源：Smart Money。

Buffalo 的收益相当稳定，没有出现负数。2007 年第四季度是其唯一一个没有超过去年同期数字的季度。请注意，就每年的收益而言，第四季度总是金额最大的一个季度。

表 17-20 显示了 Strayer 的季度收益（EPS）数据。

表 17-20　Strayer 的季度收益（EPS）　　　　　（单位：美元）

	2006 年	2007 年	2008 年	2009 年
第一季度	1.10	1.30	1.64	2.07
第二季度	0.97	1.20	1.50	
第三季度	0.44	0.64	0.83	
第四季度	1.11	1.34	1.70	

Strayer 的收益数据甚至比 Buffalo 的更稳定，每季度的表现都超过了上一年。注意季节性因素，第四季度总是最好的季度，而第三季度总是最糟糕的。

股权

Buffalo 的 CEO 持有 12.3 万股股票和 6.5 万股的期权，CFO 持有 9 万股股票和 4.2 万股的期权。其他核心高管持有总计至少 10 万股的股票和期权。

Strayer 的 CEO 持有 19 万股股票和 50 万股的期权，CFO 持有 1.4 万股股票和 11 万股的期权。

Buffalo 和 Strayer 的两位主要高管（CFO 和 CEO）都有足够的资本来影响股价。

总结

我认为 Buffalo 和 Strayer 的核心高管和董事会质量都一般，但两者都表现出了清洁的会计和出色的收益稳定性。而且，两家公司的 CEO 和 CFO 都持有大量股票和股票期权。

第七步：财务健康状况分析

确保你的候选股票不是破产候选股是你分析的一个重要部分。根据候选股的负债水平不同，你需要进行不同的财务健康测试。

使用 MSN Money、晨星或福布斯发布的财务杠杆率来确定受挫烧钱公司分析是否足够，或者是否需要进行详细的财务健康检查。

对负杠杆率，或 2.5 及更高比率的候选股，需要进行详细的财务健康检查。否则，受挫烧钱公司分析就足够了。

Buffalo 的财务杠杆率为 1.4，Strayer 的财务杠杆率为 2.1。所以两家公司都适用受挫烧钱公司分析。

受挫烧钱公司分析

第一步是评估每只股票的经营现金流历史。图 17-1 显示了 Buffalo 晨星 5 年重述报告的相关内容。Buffalo 表现不错。

报告显示公司每年经营现金流均为正，且过去 12 个月的现金流总计 6900 万美元。基于这些数字，可以假设，除非发生意外事件，Buffalo 将在未来继续产生正现金流。

Cash Flow $Mil				
Fiscal year-end: 12				TTM = Trailing 12 Months
	2006	2007	2008	TTM
Operating Cash Flow	33	44	66	69
- Capital Spending	24	41	67	76
= Free Cash Flow	9	2	-1	-7

Balance Sheet				
Assets	$Mil	Liabilities and Equity		$Mil
Cash	7.0	Current Liabilities		38.2
Other Current Assets	55.0	Long-Term Liabilities		32.6
Long-Term Assets	190.0	Shareholders' Equity		180.7
Total	251.5	Total		251.5

图 17-1　晨星 5 年重述报告（Buffalo，2009 年 5 月）

Buffalo 的现金和其他流动资产总计 6200 万美元，而流动负债为 3820 万美元。因此，Buffalo 的营运资本总计 2380 万美元。

因此，Buffalo 以正现金流和正经营现金流的理想组合，通过了受挫烧钱公司分析。

图 17-2 显示了 Strayer 晨星 5 年重述报告的一部分。

Cash Flow $Mil				
Fiscal year-end: 12				TTM = Trailing 12 Months
	2006	2007	2008	TTM
Operating Cash Flow	62	81	89	101
- Capital Spending	13	15	21	22
= Free Cash Flow	49	66	68	79

Balance Sheet				
Assets	$Mil	Liabilities and Equity		$Mil
Cash	32.0	Current Liabilities		148.2
Other Current Assets	192.0	Long-Term Liabilities		11.5
Long-Term Assets	78.0	Shareholders' Equity		143.7
Total	303.4	Total		303.4

图 17-2　晨星 5 年重述报告（Strayer，2009 年 5 月）

Strayer 在过去 12 个月及表中的 3 年，经营现金流也为正。由于资产为 7580 万美元，Strayer 也通过了测试，符合财务健康条件。

第八步：盈利能力和成长性分析

成功的成长型投资是选择增长符合市场预期，且在理想情况下能优于市场预期增长的候选股。第七步检查了营运资本和现金流，以确保你的候选股财务状况良好。在这一步中，你将分析有助于评估候选股收入前景的因素。

当你发现 1 只股票时，它过去的表现已经被反映在盈利增长预期中。但那些预期很可能是错误的！如果市场预期偏低，当你持有股票时，股价可能会上涨。相反，如果预期过高，你无疑会亏损。

让趋势成为你的朋友

在一个时间点上分析盈利能力，你不会知道很多关于未来的事情。相反，你必须从趋势的角度来分析每件事。影响盈利能力的因素是朝着未来业绩改善还是恶化的方向发展。

销售增长

假设稳定的利润率、销售增长能直接转化为利润增长，并影响股价。在实践中，如表 11-1 所示（见第 11 章），这种关系通常保持得相当好。

例如，3B 家居过去 10 年的平均年销售收入增长为 18%，转换为 17% 的利润增长。在过去 10 年中，高知特的销售收入和利润平均每年增长 47%。Exelon 近 10 年的年销售收入和利润增长均为 14%。

通常，利润增长会引发对应的股价增长。然而，当我统计 2009 年 5 月的数据时，由于市场较 2007 年 10 月的高点下跌了 43%，上述 3 只股票的股价增长都不及利润增长。

无论如何，关键在于，想挑选好的成长股首先要确定哪些候选股具有强劲的销售增长潜力。

表 17-21 和表 17-22 显示了 Buffalo 和 Strayer 近期的销售数据。

表 17-21 Buffalo 近期销售数据

	2005 年	2006 年	2007 年	2008 年
年销售收入（百万美元）	209.7	278.2	329.7	422.4
同比销售增长（%）	23	33	19	28

表 17-22 Strayer 近期销售数据

	2005 年	2006 年	2007 年	2008 年
年销售收入（百万美元）	220.5	263.6	318.0	396.3
同比销售增长（%）	20	20	21	25

2 只候选股的历史收入数据都证明它们是增长强劲的候选股。在这 2 只候选股中，Strayer 看起来更好，因为它的收入增长在 2007 年和 2008 年加快了。Buffalo 的增长忽上忽下，这可能会在下跌的年份引发股票抛售。

下一步，我们研究最近的季度销售数据，以确定长期趋势是波动（坏）、持续（好）还是加速（最好）。

表 17-23 显示了 Buffalo 的季度销售收入。

表 17-23 Buffalo 的季度销售收入　　（单位：百万美元）

	2006 年	2007 年	2008 年	2009 年
第一季度	64.3	79.9	97.3	131.6
第二季度	62.3	76.0	97.9	
第三季度	68.4	82.4	106.1	
第四季度	83.3	91.4	121.2	

销售数字本身难以分析，可以通过将数字转换为季度同比销售增长来显示更多的信息，如表 17-24 所示。

表 17-24 Buffalo 季度同比销售增长

	2007 年	2008 年	2009 年
第一季度	24%	22%	35%
第二季度	22%	29%	
第三季度	20%	29%	
第四季度	10%	33%	

表 17-25 和表 17-26 显示了 Strayer 的相关数据。

表 17-25　Strayer 的季度销售收入 （单位：百万美元）

	2006 年	2007 年	2008 年	2009 年
第一季度	67.1	80.2	97.1	124.5
第二季度	65.6	78.9	97.9	
第三季度	56.7	69.8	87.0	
第四季度	74.3	89.1	114.3	

表 17-26　Strayer 季度同比销售增长

	2007 年	2008 年	2009 年
第一季度	20%	21%	28%
第二季度	20%	24%	
第三季度	23%	25%	
第四季度	20%	28%	

Buffalo 2007 年第四季度的表现可能会让你怀疑其 2008 年第四季度的季度同比增长看起来不错，只是因为以前表现太差。然而，2009 年第一季度其强劲的表现至少在一定程度上缓解了这种担忧，特别是在经济处于低迷时期的 2009 年初。

数据显示，Buffalo 和 Strayer 的收入增长都在加速。对于成长型投资者来说，强劲且加速的收入增长是最好的。

利润率分析

恶化的利润率可能会引发负面事件，即使公司符合销售增长预期。相反，利润率的提高会带来正面事件。分析利润率和管理费用趋势可以帮助你确定利润率在未来几个季度是更有可能改善还是恶化。

表 17-27 显示了 Buffalo 近年的毛利率、营业利润率和 SG&A 占销售收入百分比，表 17-28 显示了 Strayer 的数据。

营业利润率是最重要的，因为它反映毛利率和 SG&A 的变化。季节性因素会影响利润率，因此使用同比而不是环比。

表 17-27　Buffalo 的毛利率、营业利润率和 SG&A 占销售收入百分比

	2007 年	2008 年	2008 年 3 月	2009 年 3 月
毛利率	25.4%	25.8%		26.0%
营业利润率	8.1%	8.9%	9.8%	9.8%
SG&A 占销售收入百分比	12.2%	11.4%	10.8%	10.5%

注：Buffalo 2008 年 3 月的毛利率不可用，2007 年 3 月的毛利率是 25.7%。

表 17-28　Strayer 的毛利率、营业利润率和 SG&A 占销售收入百分比

	2007 年	2008 年	2008 年 3 月	2009 年 3 月
毛利率	68.4%	66.8%	69.7%	71.1%
营业利润率	30.7%	29.3%	36.6%	38.2%
SG&A 占销售收入百分比	35.1%	35.0%	30.8%	30.4%

与 2007 年相比，Buffalo 2008 年的营业利润率有所上升，但 2009 年 3 月与 2008 年 3 月情况相同。Buffalo 的管理费用占比呈下降趋势，表明管理层在控制成本方面做得很好。

Strayer 的营业利润率在 2008 年下降了 5%（29.3% 比 30.7%），但在 2009 年 3 月有所上升。

利润率上升预示着在报告期内可能会出现正向的盈利惊喜，利润率持平是可以接受的，但要避开利润率大幅下降的公司。根据经验，在比较年营业利润率时，5% 的降幅（如 9.5 相比于 10.0）就是显著的。在比较季度数据时，10% 的降幅（如 9.0 相比于 10.0）是显著的。

ROA

到目前为止，我们所做的盈利能力分析都是将一家公司近期的业绩与其自身的历史进行比较，而 ROA 以绝对值衡量盈利能力。

应使用年度 ROA，因为季度数据波动太大。表 17-29 显示了 Buffalo 和 Strayer 近年的 ROA。

表 17-29 Buffalo 和 Strayer 近年的 ROA

公司	2006 年	2007 年	2008 年
Buffalo	10.1%	10.0%	10.0%
Strayer	19.3%	18.9%	24.9%

Buffalo 的 ROA 一直在 10% 上下，优于行业平均水平。

Strayer 2006 年和 2007 年 19% 上下的 ROA，已经高于大多数成长股。它的 ROA 在 2008 年飙升至约 25% 只是锦上添花。

综上所述，这 2 只股票在盈利能力方面都符合成长候选股要求。

现金流

因为现金流必须与银行账户的实际余额相一致，所以许多基金经理认为经营现金流是最好的收益衡量标准，它是公司主要业务产生的现金。自由现金流是指经营现金流减去用于收购和资本支出的资金。自由现金流是超过现有业务所需现金的剩余现金。

表 17-30 显示了 Buffalo 的现金流情况，表 17-31 列出了 Strayer 的情况。

表 17-30 Buffalo 的现金流 （单位：百万美元）

	2006 年	2007 年	2008 年
经营现金流	33.0	43.6	66.1
收购			23.1①
资本支出	23.8	41.4	67.4
自由现金流	9.2	2.2	−24.4

①用于收购特许餐厅。

表 17-31 Strayer 的现金流情况 （单位：百万美元）

	2006 年	2007 年	2008 年
经营现金流	61.8	80.8	88.6
收购			
资本支出	13.2	14.9	20.7
自由现金流	48.6	65.9	67.9

Buffalo 几乎把所有可用现金都花在了扩张上，这对于快速增长模式的公司来说是很常见的。Buffalo 在 2008 年收购了特许餐厅。如果继续收购特许餐厅，它将不得不通过借入或出售更多股份来筹集现金。

Strayer 强大的自由现金流表示其产生的现金比它花的要多，这是好事。它可以将多余的现金用于收购新企业、支付股息，或者其他可以提高股东价值的途径。

第九步：察觉危险信号

现在，检查一下本季度或下一季度是否出现预示收入下滑，以及潜在长期问题的危险信号。你可以将净利润与经营现金流进行比较，如果你的候选股通过了该测试，则跳过应收账款和存货测试。

销售增长

历史销售增长率放缓是一个危险信号，但如果它存在，你会在第八步发现。在这一步中，将预测销售增长与历史趋势进行比较。预测销售增长明显低于历史水平是一个危险信号。

表 17-32 和表 17-33 显示了第八步中 2 只股票的年销售收入和同比销售增长，并增加了分析师 2009 年和 2010 年的一致预测。

表 17-32　Buffalo 年销售收入和同比销售增长

	2005 年	2006 年	2007 年	2008 年	2009 年	2010 年
年销售收入（百万美元）	209.7	278.2	329.7	422.4	547.7	658.1
同比销售增长（%）	23	33	19	28	30	20

注：2009 年和 2010 年的数据来自分析师一致预测。

表 17-33　Strayer 年销售收入和同比销售增长

	2005 年	2006 年	2007 年	2008 年	2009 年	2010 年
年销售收入（百万美元）	220.5	263.6	318.0	396.3	501.0	607.7
同比销售增长（%）	20	20	21	25	26	21

注：2009 年和 2010 年的数据来自分析师一致预测。

分析师预计，Buffalo 2009 年的增长速度将继续保持 30%，与 2008 年一致。然而，他们预测其 2010 年的销售增长率为 20%，放缓 33%（20% 相对于 30%）。我在 2009 年 5 月做了这个分析。当一家公司公布强劲的本年度数据时，分析师通常会上调对其下一年的预测。因此，Buffalo2010 年的预计增长率为 20%，虽然在 5 月并不是一个危险信号，但在年底时将引起关注。

对于 Strayer，分析师预计其 2009 年的增长与 2008 年一致，2010 年 21% 的增长率可能会随着时间的推移增加到 25% 左右。

在 9 月公布业绩后，将销售增长预期下降 25%（如 20% 相对于 25%）看作未来会出现问题的危险信号。

净利润与经营现金流

净利润或税后利润是利润表的最后一行和现金流量表的第一行。经营活动产生的现金流通常大于净利润，因为折旧和摊销是从净利润中减，而不是从经营活动产生的现金流中减。经营现金流占净利润的比例应增加。

表 17-34 和表 17-35 显示了 Buffalo 和 Strayer 的净利润和经营现金流。

表 17-34   Buffalo 的净利润和经营现金流   （单位：百万美元）

	2005 年	2006 年	2007 年	2008 年
净利润	8.9	16.3	19.7	24.4
经营现金流	24.6	33.0	43.6	66.1

表 17-35   Strayer 的净利润和经营现金流   （单位：百万美元）

	2005 年	2006 年	2007 年	2008 年
净利润	48.1	52.3	64.9	80.8
经营现金流	55.1	61.8	80.8	88.6

Buffalo 和 Strayer 的经营现金流都大于净利润。然而，2008 年，Strayer 的经营现金流仅增长了 10%，而净利润增长了 24%。尽管这不是一个危

险信号，但值得注意的是，如果经营现金流大于净利润，则可以不进行以下应收账款和存货分析。然而，这些分析当净利润超过经营现金流时是必要的。

应收账款 / 存货

现在将应收账款和存货的增长与销售收入的增长相比较。通常，应收账款和存货或多或少地和销售情况相一致。

应收账款或存货在过去 12 个月的增长速度明显快于销售收入是一个危险信号。确定这种情况是否发生最简单方法的是计算应收账款与销售收入的比率和存货与销售收入的比率，并将计算结果表示为其占销售收入百分比。例如，如果应收账款为 100 美元，销售收入为 1000 美元，则应收账款占销售收入的 10%，将最近的比率与上年同期的数字相比较，可以看出应收账款或存货的增长速度是否快于销售收入。

表 17-36 显示了 Buffalo 的季度销售收入、应收账款和存货情况。表 17-37 显示了 Strayer 的情况。

表 17-36　Buffalo 的季度销售收入、应收账款和存货

	2008 年第三季度	2009 年第三季度
销售收入（百万美元）	97.3	131.6
应收账款（百万美元）	7.7	9.0
应收账款占销售收入百分比（%）	7.9	6.8
存货（百万美元）	2.6	3.5
存货占销售收入百分比（%）	2.7	2.7

表 17-37　Strayer 的季度销售收入、应收账款和存货

	2008 年第三季度	2009 年第三季度
销售收入（百万美元）	97.1	124.5
应收账款（百万美元）	103.5	134.3
应收账款占销售收入百分比（%）	106.6	107.9
存货	0	0

Buffalo 和 Strayer 都没有大量存货，Buffalo 账面上的应收账款很少。

然而，Strayer 却持有大量应收账款。其应收账款占销售收入百分比在 2009 年 3 月比 1 年前增加了 1%（107.9 比 106.6）。数字显示，Buffalo 和 Strayer 一切正常。

养老金计划收入

Buffalo 和 Strayer 都是相对较新的公司，为员工提供 401（k）固定缴款计划。因此，两者都很难在养老金计划收入上造假。

关注信号

接下来的两项是潜在的关注信号。它们可能引发长期问题，但不意味着公司一定会在下一次财报发布时有负面消息。

资本支出与折旧

一个公司必须继续投资于它的业务来持续经营。

资本支出衡量公司投资新工厂和设备的数量，而折旧则告诉你它正在注销现有资本设备的速度。公司折旧一直超过资本支出是一个关注信号。你可以在现金流量表上找到这两个项目。使用年度数据，因为资本支出是以离散的增量递增的，季度数据波动性太大。

表 17-38 和表 17-39 显示了 Buffalo 和 Strayer 的折旧和资本支出。

表 17-38 　Buffalo 的折旧和资本支出 　　（单位：百万美元）

	2005 年	2006 年	2007 年	2008 年
折旧	11.8	14.5	17.0	23.4
资本支出	21.9	23.8	41.4	67.4

表 17-39 　Strayer 的折旧和资本支出 　　（单位：百万美元）

	2005 年	2006 年	2007 年	2008 年
折旧	6.6	7.1	8.5	10.8
资本支出	12.3	13.2	14.9	20.7

Buffalo 和 Strayer 都在迅速扩张，资本支出的支出远高于折旧。

所得税率

大多数公司缴纳的所得税相当于税前收入的 35% ~ 40%，异常低的所得税税率可以暂时提高报告的收入。

表 17-40 显示了 Buffalo 和 Strayer 的企业所得税税率。

表 17-40　Buffalo 和 Strayer 的企业所得税税率

	2004 年	2005 年	2006 年	2007 年	2008 年
Buffalo	36%	38%	32%	31%	33%
Strayer	39%	38%	38%	38%	38%

Strayer 的税率更高，但两家公司最近的税率都在历史范围内。税率通常每年有所不同。如果最近的利率比历史利率低 15% 或更多（如 29% 相对于 35%），则将其视为一个关注信号。

如果税率异常低，请查看年度报告中的管理层讨论。如果管理层认为税率会保持在低位，这就不是问题。

第十步：重要股东持股分析

机构和内部人士持股比例是成长型投资者需要考虑的重要因素。

机构持股水平

机构持股水平高意味着它们已经分析了你的候选股，并偏好这只股票。

机构持股比例低表明它们看到了一些不喜欢的东西。机构持股比例为发行股票数的 40% 及以上是最佳选择。如果机构持有比例低于 30%，就不要买入。

2009 年 5 月，机构持股比例为 Buffalo 和 Strayer 已发行股票数的 77% 和 95%。

内部人士持股水平

超过 55% 的内部人士持股水平可能表明持有大量股份的投资者正在等待出售其股份的机会。如果内部人士持有超过 55% 的股份，使用 MSN Moneys 所有权报告查看是谁在持有股票。

如果公司创始人持有大部分股份，这可能不是问题。但如果个人投资者是公司股份主要的持有者，这就是一个问题。

截至 2009 年 5 月，内部人员持有 Buffalo 7% 的流通股和 Strayer 5% 的流通股。

第十一步：股价走势图

在买入前先看一下价格走势。成长股应该处于上升趋势，这意味着其当前价格应该高于 50 日和 200 日移动均线。一些图表专家认为，理想的买入点是 50 日移动均线最近突破 200 日移动均线时。如果股价已经大幅上涨，也就是说，如果股价高于 200 日移动均线 50% 以上，风险就会增加。你可以在雅虎的关键数据报告中查看日均数据。

当我进行分析时，Buffalo 的股价为每股 34.50 美元，比 50 日移动均线低 9%，但比 200 日移动均线高 19%。

Strayer 每股 193.00 美元，较 50 日移动均线上涨 7%，但较 200 日移动均线下跌 2%。

总结

基于本章的分析，Buffalo 和 Strayer 都有资格成为成长候选股。然而，由于 Buffalo 跌破 50 日移动均线，而 Strayer 则在 200 日移动均线附近徘徊，因此明智的做法是，等它们的价格走势看起来更为强劲后再买入。

何时卖出

卖出成长股的时机可能会迅速消失，而你的第一笔损失往往是你能接受的损失。制定严格的卖出指导原则，当其中一个指导原则被触发时，不要拖延。

超过目标价格或钉住汇率上限

在采取行动之前，请检查你的目标价格假设。可能你最初的销售或 P/S 范围假设已经过时，应该修改。

超过你的目标价格意味着股票进入了一个风险更高的区域，而不是说它不会涨得更高。成长股往往有发展强劲的势头，远远超出基本面分析所应有的水平。是卖掉你的部分还是全部头寸，取决于你的风险承受能力和你追踪股票的能力。

任何危险信号

快速增长的股票会因任何可能出现的危险信号而跌停。你不会有时间在事情发生时做出反应。在每一份季度报告之后对公司进行分析，就像它是一个新的候选股一样，并在任何危险信号出现时卖出。

销售收入或利润预测下调

销售收入或利润预测的下降会导致股价下跌，通常随后会有更多相同的情况发生。你的股票在此消息出现时就会下跌，但可能还会继续下跌，不要拖延，在任何重大预测下调时卖出。

行业中任一家竞争者未满足预测

当行业中一家公司警示说它将难以满足预测时，分析师通常会说问题是公司特有的，但他们几乎总是错的。行业中所有相互竞争的公司都面临同样的市场状况。如果你持有其中之一，且没有首先受到冲击，就把它当成一份礼物。立即卖出。

连续的负面惊喜

连续两次的负面惊喜，无论其规模大小，都是一种趋势，立即卖出，因为事情只会变得更糟。

收购

如果你的公司收购了一个比公司至少大 25%（销售收入或市值）的其他公司，那么就卖出。如果公司进行了一系列规模较小的收购，加起来占公司原来规模的 25%，那么就卖出。不过在这种情况下，并不用急于出售。要过几个月，市场才会意识到这次收购是个大错误。

基本面恶化

如果资产收益率、经营现金流或营业利润率在连续两个季度内显著恶化，则卖出。

重述先前的财务状况

向下重述先前报告的结果是危险信号，应卖出。除非公司更换了新管理层，只是修正原来的错误陈述。

同店销售收入增长下滑

同店销售适用于零售店和餐厅。它衡量了运营至少 1 年的地区的销售收入同比增长。新地区的销售收入不算在内。对于成功的运营商来说，同店销售收入通常在十位数的范围内增长，但有时会高得多。同店销售出现负增长，预示着未来的盈利会下跌。如果同一家商店的销售收入连续两个季度下降，则卖出。

持续的大额一次性费用

屡屡发生的巨额非经常性费用意味着管理层正忙于满足机构预测，灾难迫在眉睫。在公司第二次产生大额一次性（非经常性）费用时卖出。

总结

正如"树长不到天"（trees don't grow to the sky）这句话所暗示的那样，几乎所有最终没有达到预期的成长股，在你做出反应之前都下跌了25% ~ 50%。成功的成长型投资者必须学会识别危险信号，并在股价受影响前卖出。

第 18 章

分析计分卡

价值和成长分析计分卡遵循相应章节的步骤。在分析候选股时，使用计分卡记录你的结论。

一个分析步骤可能涉及多个计分卡条目。例如，计分卡第四步（行业分析）就包括第 7 章中描述的两个测试：行业增长和行业集中度。

总的来说，总分数越高，说明候选股越好。但计分卡只是指导，不能作为最终决策的依据，因为它不能涵盖研究的所有细微之处。

在分析一家公司之后，检查一下你的候选股在哪里不够好，并尝试找到没有这些缺点的类似公司。

不管你是否决定购买股票，都要保存计分卡。几个月后，根据公司随后的股价表现，回顾你的计分卡，你会惊奇地发现自己收获颇丰。

价值股分析计分卡

我将使用沛齐这家公司来说明价值分析过程，并描述如何给一个候选股的价值打分。

第一步：分析师数据解析

最有价值的成长股是股票分析师不太看好的股票。情绪指数反映分析师的买入/卖出评级，越低越好。沛齐的情绪指数为 −8，加 1 分。

沛齐今年的盈利增长预测为负值，不加分。

由于当前财年的盈利预测趋势持平，沛齐的盈利预测趋势得分为 0。

第二步：估值

候选股估值应该反映低增长预期。隐含平均年收入增长率低于 5% 的候选股加分，隐含增长率超过 10% 的候选股扣分。

因此，沛齐 7% 的隐含增长率得分为 0。

第三步：确立目标价格

以正确的价格购买股票对于价值投资的成功至关重要。目标价格公式确定了最高买入价格。但这不是筛选测试。如果一只股票的交易价格超过了它的最高买入价格，继续分析。但是不要购买股票，直到它低于最高买入价格。

当我做目标价格分析时，沛齐的交易价格已经高于最高买入价格。

第四步：行业分析

尽管高增长的行业是值得关注的，但最有价值的候选股是处于中等增长（9% ～ 14%）行业中的。停滞或衰退的行业是不理想的。处于年增长率低于 3% 的行业的公司减 1 分，处于中等增长行业的公司加 1 分。

沛齐是计算机服务行业中的公司，预计其所处行业年销售收入将会增长 11% 左右。因此，沛齐加 1 分。

处于集中行业的候选股加 1 分。我评估了沛齐所在的工资代发子行业，行业中只有为数不多的竞争者。因此，沛齐也在这一项中加 1 分。

第五步：商业计划分析

将分析过程中计算的商业计划分数转移到计分卡上，最高可达正负 4 分。沛齐的商业计划得分总计 4 分。

第六步：评估管理质量

好的管理可以让一个公司变得更好，所以那些拥有非常好的核心高管和董事会成员的公司加分。无效管理的负面结果将会体现在其他绩效衡量标准中，所以这项记分不减分。我认为沛齐的管理一般，所以不加分。

大多数公司的会计处理都是清洁的，并表现出了合理的收入增长稳定性，所以给那些没有通过测试的公司扣分，但不给那些通过测试的公司加分。

我认为沛齐的会计是清洁的，其收益增长的稳定性也很好，所以不扣分。

第七步：财务健康状况分析

未通过财务健康测试的公司，将会被取消候选股资格。我测试了沛齐，结果它通过了。

第八步：盈利能力和成长性分析

最有价值的候选股从前利润很高，且有望回到以前的盈利水平。给预期 ROA 高于 14% 的公司加分，给低于 6% 的公司减分。

沛齐最近的 ROA 在 10% 左右，高于 8% 的历史水平。我假设沛齐的 ROA 将继续为 8% ～ 10%，所以不加分。

第九步：察觉危险信号

根据定义，由于价值候选股表现不佳，资产负债表存在收入增长危险信号并不会影响得分。

但是折旧与资本支出的关注信号测试确实适用。如果一只股票没有通过测试，减 1 分。沛齐通过了，所以不减分。

第十步：重要股东持股分析

非常高的内部人士持股水平意味着高风险。沛齐 11% 的内部人士持股水平远低于 55% 的减分上限，因此不减分。

第十一步：股价走势图

一个强有力的价格走势代表你的候选股有良好的复苏前景，购买这只股票的最佳时机可能已经过去了。这对股价高于 200 日移动均线 10% 或以上的公司不利。

当我进行分析时，沛齐的交易价格接近 200 日移动均线，因此不减分。

总结

沛齐在整体的计分卡中一共得了 7 分。同样，你可以使用这些分数来比较你正在评估的候选股票。

价值股分析计分卡

公司：＿＿＿＿＿＿＿＿＿＿＿＿　日期：＿＿＿＿＿＿＿＿＿＿＿＿

第一步：分析师数据解析

- 情绪指数

情绪指数得分在 –3 以下加 1 分。

如果指数大于 2，减 1 分。

- 收益增长

预计盈利增长超过 4 %，减 1 分。

- 盈利预测趋势

如果 EPS 预测在过去 90 日上涨超过 0.01 美元，减 1 分。

第二步：估值

- 隐含增长

隐含增长率低于 5% 加 1 分。

隐含增长率为 10% 以上减 1 分。

第三步：确立目标价格

- 当前价格对目标购买价格

如果当前价格高于目标购买价格，请不要买入。

第四步：行业分析

- 行业增长

如果行业销售收入增长 9% ～ 14%，加 1 分。

如果行业销售收入增长低于 3%，减 1 分。

- 行业集中度

如果该行业的主要竞争者少于 5 个，加 1 分。

第五步：商业计划分析

- 商业计划得分

记录商业计划得分（-4～4）。

第六步：评估管理质量

- 关键高管和董事会质量

质量非常好或优秀的，加 1 分。

- 清洁会计/收益增长稳定性

非经常性收益超过 3% 或收益增长稳定性差的，减 1 分。

第七步：财务健康状况分析

- 取消未通过测试的候选股的资格。

第八步：盈利能力和成长性分析

- 预期 ROA

ROA 超过 14%，加 1 分。

ROA 低于 6%，减 1 分。

第九步：察觉危险信号

- 资本支出与折旧

折旧/资本支出含关注信号，减 1 分。

第十步：重要股东持股分析

- 内部人士持股水平

如果内部人士持股水平超过 55%，则减 1 分。

第十一步：股价走势图

- 股价对移动均线

如果股价超过 200 日移动均线的 10%，减 1 分。

总分

成长股分析计分卡

我将使用 Buffalo 来描述如何填写成长股计分卡。

第一步：分析师数据解析

最佳成长候选股的情绪指数应相对适中，代表盈利增长前景强劲。

情绪指数为 0 ～ 4 的公司加分，低于 -3（太弱）和高于 8（太强）的公司减分。

预测年度增长低于 15% 的公司减分。

负的收益预测趋势或负收益历史会自动取消成长候选股的资格。

Buffalo 的情绪指数为 -3，不减分，其预测年收益增长为 26%，不减分。

Buffalo 的盈利预测呈上升趋势，其历史是可以接受的。

第二步：估值

在成长股市场中，适度被高估的股票往往多于被低估的股票。也就是说，势头往往会将成长股推高至不切实际的估值。

以 1.1 ～ 1.4 倍 P/E 交易的股票加分，以高于 2.0 倍 P/E 交易的股票减分。

Buffalo 的 PEG 为 0.9，不加分。

第三步：确立目标价格

成长股通常以与基本面不一致的价格交易。

当股价在目标卖出价格范围内或高于目标卖出价格范围时，减 1 分。

Buffalo 的交易价格低于其最低目标卖出价格。因此，它不减分。

第四步：行业分析

良好的成长候选股通常出现在高增长、高集中度的行业中。增长速度超过 20% 的公司加分，年增长率低于 10% 的公司减分。处于集中行业的公司加 1 分。由于大多数行业不符合这一要求，处于分散行业的公司不会因此减分。

我估计 Buffalo 所在的餐饮业增长率为 11%，所以它没有加分，也没有减分。

由于 Buffalo 在分散的行业中运营，它未加分。

第五步：商业计划分析

将分析过程中计算的商业计划分数（-4 ～ 4）转移到计分卡上。

Buffalo 的商业计划得分为 4 分，在这一步中加 4 分。

第六步：评估管理质量

成长型投资者和价值型投资者同样受益于选择管理质量高的公司。那些有优秀的核心高管和董事会成员的公司加分。

我认为 Buffalo 的管理和董事会质量一般，所以它不加分。

由于清洁的会计和合理稳定的收益增长是常态，没有通过测试的公司减 1 分。通过的公司不减分。

我认为 Buffalo 的会计是清洁的，收益增长是稳定的，所以它不减分。

第七步：财务健康状况分析

未通过财务健康测试的公司，将会被取消候选股资格。Buffalo 通过了测试。

第八步：盈利能力和成长性分析

强劲的销售收入增长和利润率是有前途的成长候选股的标志。增长超过 25% 的公司加分，增长低于 15% 的公司减分。

同样，拥有 14% 以上 ROA 的公司加分，ROA 低于 6% 的公司减分。

不断恶化的营业利润率预示着未来的问题。利润率大幅下降会使候选股丧失资格。此外，"烧钱"的公司投资风险更高，也会被取消资格。

Buffalo 最近同比销售收入增长 30%，加 1 分。

Buffalo 的营业利润率一直呈上升趋势。

由于 Buffalo 一直产生正现金流，它通过了利润率和现金流测试，没有被取消资格。

Buffalo ROA 一直为 10%，较低，不加分。

第九步：察觉危险信号

危险信号预示股票未来的增长趋势会放缓，这对成长股来说是个坏消息。因此，任何危险信号都会使一个成长候选股失去资格。指向长期问题的关注信号表示风险增加，但不一定会取消 1 只股票的资格。每个关注信号减 1 分。

我的分析显示 Buffalo 没有危险信号，所以它没有被取消资格。

同样，我也没有发现 Buffalo 关注信号，所以它在这步中未减分。

第十步：重要股东持股分析

机构，比如共同基金，通常会买入成长股。如果机构不买入这只股票，这就是危险信号。取消机构持股比例低于 30% 的成长候选股的资格。

非常高的内部人士持股比例可能意味着大股东在等待减持机会。如果公司内部人士持股比例超过 55%，减 1 分。

当我检查时，由于机构持有 Buffalo 77% 的股份，它通过了测试，并没有被取消资格。

第十一步：股价走势图

成长股的价格应该上涨，而不是下跌。然而，价格远高于 200 日移动均线的股票比刚刚开始上涨的股票风险更高。

为了避免股价疲软，如果股价低于 200 日移动均线，减 1 分。

为了避免股价上涨过快，如果股价高于 200 日移动均线 50% 以上，减 1 分。

当我检查时，Buffalo 的交易价格比 200 日移动均线高出 19%，所以它通过了检查，不减分。

总结

Buffalo 的分数总计 5 分，但是分数本身没有什么意义。这些分数是为了帮助你比较正在评估的各种候选股。

成长股分析计分卡

公司：_____　　日期：_____

第一步　分析师数据解析

- 情绪指数

得分为 0 ~ 4，加 1 分。得分低于 −3 或高于 8，减 1 分。

- 收益增长

如果预测的年平均 EPS 增长率低于 15%，减 1 分。

- 盈利预测趋势

如果当年 EPS 下跌 0.03 美元或以上，则取消资格。

- 收益惊喜历史

如果最近 4 个收益惊喜中有 2 个为负，则取消资格。

第二步　估值

PEG 为 1.1 ~ 1.4，加 1 分。PEG 在 2.0 以上，减 1 分。

第三步　确立目标价格

如果当前价格超过最低目标买入价格，减 1 分。

第四步　行业分析

- 行业增长

如果增长率超过 20%，加 1 分。

如果增长率小于 10%，减 1 分。

- 行业集中度

如果该行业的主要竞争者少于 5 个，加 1 分。

第五步　商业计划分析

- 记录商业计划得分（−4 ~ 4）。

第六步　评估管理质量

- 核心高管和董事会质量

如果核心高管和董事会的质量被评为优秀，加 1 分。

- 清洁会计 / 收益增长稳定性

如果非经常性收入超过销售收入的 3% 或 EPS 稳定性差，减 1 分。

第七步　财务健康状况分析

取消未通过测试的候选股的资格。

第八步　盈利能力和成长性分析

- 销售增长

如果销售收入增长超过 25%，加 1 分。

如果低于 15%，减 1 分。

- 营业利润率

如果营业利润下降，取消候选股资格。

- 资产回报

如果 ROA 超过 14%，加 1 分。

如果 ROA 低于 6%，减 1 分。

- 经营现金流

如果经营现金流在过去 3 年中有 2 年为负，则取消资格。

第九步　察觉危险信号

- 危险信号

如果发现了任何危险信号，取消资格。

- 关注信号

每个关注信号减 1 分。

第十步　重要股东持股分析

- 机构持股比例

如果机构持股比例低于 30%，则取消资格。

- 内部人士持股水平

如果内部人士持股水平超过 55%，减 1 分。

第十一步　股价走势图

- 股价对移动均线

如果价格低于 200 日移动均线或高于其 50%，减 1 分。

总分

附　　录

行 业 信 息

　　分析 1 只股票，需要站在其所在行业的前沿，并弄清楚该公司如何能走到前沿。下面是一些能帮助你找到相关信息的网站。

美国银行协会在线银行（www.banking.com/aba）由美国银行协会主办，提供最新资讯和行业趋势分析。

访问控制和安全系统（www.securitysolutions.com）覆盖访问控制、身份识别和入侵检测系统等安防行业。网站由许多最新事件和专题文章组成，能给你一些投资的启发。你也能找到某个领域的企业动态，如人脸识别系统。要找到它，可以选择"Research & tools"（研究和工具），点击"Supplier Directory"（供应商目录），然后选择"Security"（安全）。

广告时代（www.adage.com）虽然表面上是关于广告业务的，但能让你保持对很多行业的关注度。

美国印刷杂志（www.americanprinter.com）涵盖传统印刷和数码印刷行业。

服装（www.apparelmag.com）聚焦于对服装行业有影响的商业和技术事件。

生物技术（www.biospace.com）是寻找生物技术行业新闻的好地方。投资者应尤其关注涉及临床试验的新闻，特别是第三期临场试验。研发新药物的许可审批周期常常长达数年。当第三期临床试验（最后一个阶段）的审理结果出来时，无论是好是坏，都会对股价产生巨大影响。

字节和开关（www.byteandswitch.com）提供关于存储网络行业的新闻。

首都联运（shipping.capitallink.com）是了解任何类型海洋运输企业概况和新闻头条的好地方，包括干散货、LNG、油轮和集装箱航运商。上面也有最新的以及历史的干散货和原油油轮运输的日费率。尤其应查看"Industry Reports"（行业报告）板块的分析报告，我从未在其他任何地方看到这样的报告。

连锁药店评论（www.chaindrugreview.com）能让你追踪药店行业发展。

连锁店时代（www.chainstoreage）是研究零售行业的好地方，也包括提供电脑、收银系统给零售商店的企业。

牙科经济（de.pennet.com）是一个可以了解提供给牙科医生的最新产品的地方。

药物主题（www.drugtopics.com）是药物主题杂志的官网。虽然它的目标群体是药店，但它是一个提供质量上乘、易于理解的药店行业新闻的渠道。

埃德蒙兹汽车观察者（www.autoobserver.com）是一个可以跟踪全球汽车行业新闻的地方。

国际能源情报局（www.eia.doe.gov）是一个美国政府机构网站，有各种关于原油、天然气及电力的生产、供应和消耗的数据。你可以在这里查找燃煤、原油和燃料油的最新和历史价格。在这里你还可以找到原油价格预测，以及能源消费量的历史数据和其一直到 2030 年的预测值。

能量脉冲（www.energypulse.net/centers）是一个致力于提供关于全球能源工业评论的网站，非常棒！

农业新闻（www.farmindustrynews.com）包含对农业，尤其是对农业设备供应商的新闻和评论。

美食导航网（www.foodnavigator-usa.com）是了解关于食品和饮料发展新闻的好渠道。它最好的一点是提供关于食品发展的科学和营养方面的报道，这是当今全行业关注的焦点。

食品加工杂志（www.foodprocessing.com）刊登关于食品厂和食品杂货店的新闻和专题文章。

健康数据管理（www.healthdatamanagement.com）提供关于医疗保健行业如何快速接受信息系统，以减少文书工作、改进病患护理水平的信息。新系统使得医生可以在全球任何地方查看病者的药物历史、检查结果、目前状况及治疗方案。这个网站是为使用这些类型系统的医疗管理人员服务的。对这个领域的公司感兴趣的投资者来说，这个网站是个很好的信息源。

保险期刊（www.insurancejournal.com）提供有关保险产品和保险公司的信息。

读光（www.lightreading.com）提供关于光网络行业的新闻和分析。这个网站介绍各种各样的技术，并且能够识别各个领域的重量级公司。

现代医疗（www.modernhealthcare.com）对那些对医疗领域和医疗设备领域感兴趣的投资者来说，是个很好的信息源。网站提供医院、诊所、药店和其他供应商的信息。

国家地产投资者（www.nreionline.com）提供关于商业地产、多户家庭型房地产投资信托和 REITs 的信息。

全国餐饮新闻（www.nrn.com）提供非常卓越的关于餐饮行业的新闻，尤其是从投资者角度来说。

新闻字典（www.newsdirectory.com）是寻找贸易杂志的好地方。选择"Browse Magazines"（浏览杂志），然后点击"Industry Trade Publications"（工业贸易出版物），就可以看到一个有超过 70 家美国贸易杂志的名单。

北美风电（www.nawindpower.com）提供关于北美地区风力发电行业的新闻和分析。

油气投资者（www.oilandgasinvestor.com）主要提供订阅服务，也提供很多免费信息。

油气周刊（http://ogj.pennnet.com）提供关于油气行业的新闻和研究，包括勘探、开采、生产和销售。

外包中心（www.outsourcing-center.com）监控外包——通过将制造和客户支持呼叫中心等环节分包给第三方，以减少成本。这个网站覆盖了外包的双方、第三方承包商及将业务外包出去的企业。外包是增长最快的商业领域之一。作为投资者，通过观察那些将业务外包出去以增强竞争力的企业，以及确定从这一趋势中受益的公开交易承包商，你会有所收获。

登记册（www. theregister.co.uk）是一个英国网站。它的标志是"Biting the hand that feets it."（咬住喂它的手），描述其故意挑衅的做法。登记册主要用原创故事来分析科技。它不是一本科技迷的杂志，它聚焦于科技商业的一面。登记册通常非常有趣，但有时候会把事情弄错。

零售交通杂志（www. retail traffic mag.com）关注影响零售连锁和大型购物广场的趋势。零售交通杂志专注于对新闻给出解释，而不仅仅是呈现新闻。这对于那些对购物中心房地产投资信托感兴趣的投资者尤其有用。

射频识别日报（www.rfidjournal.com）主要提供关于一种将来可能取代无处不在的条码系统的射频识别（RFID）技术的信息。这份杂志有你想要了解的关于射频识别的所有信息，包括行业内在做什么的独家新闻。

太阳舆论（www.solarbuzz.com）提供关于太阳能领域的新闻和评论。

钢铁大师（www.steelguru.com）的主要目标群体是在钢铁行业工作的人，但仍然是了解钢铁行业新闻的好地方。

科技新闻网（www. technews world.com）是分析科技世界发生了什么的好

消息渠道。

科技网（www.techweb.com）上有涉及电脑和通信领域的大量新闻和专题报道。

在线通信（www.telecommagazine.com）定位专业，有时候给出的细节超出你的想象。

托托惠顿研究（tortowheatonresearch.com）专长于办公楼和工业厂房地产研究。里面大多数报告价格高昂，但 TWR 周报地产专栏是免费的，并且信息丰富。

运输主题（www.ttnews.com）是一个提供卡车行业信息的地方。

垂直网络（www.verticalnet.com）里面有超过 60 多个链接，通向独立的网站。这里的要旨是促进不同行业参与者之间开展电子商务。但这个网站也提供丰富的行业新闻，提供免费的电子邮件推送。

雅虎行业中心（finance.yahoo.com）是一个开启行业研究的好地方。对每个行业，雅虎都会列出市值前 10 位的企业、最新新闻故事、即将披露的业绩报告日程，以及分析师对行业内公司最新上调或下调评级的列表。尤其有价值的是行业概况，可以点击每个行业概述页底部的链接查看。

沃德汽车世界（www.wardsdealer.com）提供关于汽车工业的信息，主要以经销商的视角。

废物时代（www.wasteage.com）提供关于废品回收和废物清除行业的新闻和分析。

风能月刊（windpower-monthly.com）包含关于全球视野的风力发电行业的新闻和分析。

世界石油网（www.worldoil.com）包含行业新闻、深度报道、最新价格和预测等。很难想象有什么不能在这个网站找到的，它包括你想要了解的关于石油行业的所有内容。

经 济 数 据

　　如果你想尝试预测经济，这份附录表里面的免费网站资源可以为你提供帮助。

劳工统计局（stats.bls.gov）是美国就业信息、消费者支出和通胀数据的最佳来源。

连锁店时代（www.chainstoreage.com）提供的每周领先指标报告能帮助你追踪零售业的发展。

美国经济咨商局（www.conference-board.org）提供消费者信心调查数据。

商务部经济分析局（www.bea.gov）是了解美国详细经济数据的好渠道，包括国内生产总值（GDP）、个人收入、企业利润、国际收支差额等。

Economagic（www. economagic.com）提供各种各样的经济数据。更好的是，你可以将所有数据图表化。

EconomicIndicators（www. economicIndicators.gov）列出未来即将披露数据的日期，并给出 18 个左右经济指标的最新报告，如美国政府机构编制的新建住宅、零售电子商务等指标。你还能在网站注册报名，这样当报告发布时，你能及时通过邮件收到。

联邦储备（www.federalreserve.gov）是经济界的宇宙中心。你可以在这里找到 1996 年贴现利率会议的记录，以及传说中描述了 12 个联邦储备区经济状况的黄皮书报告。

联邦统计局（www.fedstats.gov）是一个可以查找 100 多个美国政府机构收集的经济统计数据的网站，很适合你查找联邦政府收集的令人惊讶的数据。即使是随便看看也很有意思。

金融预测中心（forecasts.org）主要提供电脑生成的关于利率、股市指数、零售消费和其他很多数据的预测情况。查看 6 个月的预测是免费的，但长期预测则需要订阅。

金融趋势预报员（www.fintrend.com）是摩尔通货膨胀预测（Moore inflation predictor）的发源地，据称对未来 1 年的通胀率的预测有 90% 的准确度。

盖洛普（www.galluppoll.com）每月调查投资者乐观情绪。许多分析师把投资者乐观情绪指标当作反向指标。也就是说，投资者乐观情绪指标越高，意味着股票市场未来越可能下跌。反之则相反。

全国住房建筑商协会（www.nahb.com）提供每月住房市场的预测，以及住房市场指数。查看指数中潜在的买家的数量，你可以对未来有所了解。

美国法院（www.uscourts.gov）有所有破产公司的名单，因为它们必须向联邦法院备案。在这里可以找到每季度美国破产公司的统计情况。

美国劳工部（www.ows.doleta.gov）披露每周失业报告。

盈利报告和电话会议

美国证券交易委员会要求上市公司在每季度结束后 45 日内及财务年度结束后 90 日内，提交对应财务报告。不过大多数公司会在季度结束后几星期内召开一次新闻发布会，对外报告它们最新的盈利报告。因此，大多数时候，新闻发布会公布的数据就是你所需要的。

企业通常还会在盈利报告公布后数小时内召开一次分析师电话会议。任何人都可以在线实时收听这个会议，或者在随后至少一个月内通过互联网浏览器收听录音。通常，你可以通过企业网站的投资者板块找到接入电话会议的链接并收听录音记录回放。

所有的电话会议都按照相同的形式进行。最开始，CEO 和 CFO 朗读盈利报告的内容，通常里面会有很多新闻发布会没有提及的细节；紧接着是问答环节，这是电话会议中信息最丰富的部分。通常，只有分析师才被允许提问。

不仅仅要关注回答，还要关注提问的分析师对于回答是什么反应。通常，分析师出现的怀疑态度应该成为你重新考虑在这只股票上仓位的第一条线索。

有时候，一个狡猾的问题能够揭露出令人吃惊的信息。比如说，在一次电话会议里，我听到公司一位重要员工承认他数年前曾经是另一家被指控进行医疗保险欺诈的企业的 CEO。这是一条重要的新闻，因为他目前的老板正在否认相同的指控。

有些专家相信，通过研究企业重要高管如何处理麻烦的提问，可以了解企业管理质量。但这并没有什么用，最健谈的人通常是最大的骗子。不要认为你可以通过人的语气、音色及声音中传递的真诚来判断一个人的道德品质。你做不到。你能做到最好的就是专注于数字。

应分析最新的季度数据，即使这个公司同时披露财务年度数据。使用第 12 章所描述的分析策略。接下来的内容，将给你一些建议。

盈利报告

许多公司披露 2 个盈利数字：预计（pro forma）、经营（operating）或类似模糊术语下的盈利，以及符合 GAAP 的盈利。

预计

报告的预计或经营盈利，通常将管理层认为的非经常性成本和收入排除在外。以我的经验，大多数企业在披露预计盈利时，并没有试图去欺骗投资者。相反地，它们所呈现的数字是它们相信最有助于用以评估企业经营成功和基本概况的。

然而，也并不总是这样。最近，许多公司将员工股权激励费用从预计盈利中扣除。你可能想争论，这些是不是真实的费用支出。但实际上这些确实会产生成本。另外有些公司习惯性地排除那些在一个普通的观察者来看像是做生意的正常成本的项目。

不幸的是，许多分析师接受了管理层所说的哪些是反复出现的项目而哪些不是。他们将公司的预计盈利与自己的预测进行比较，来判断公司经营是否达到自己预期。在许多情况下，你会发现虽然媒体报道说某个公司盈利达到或超越了分析师的预期，但实际上它并没有。

尽管如此，当分析师一致预期和预计盈利的差异在公司新闻发布会上成为新闻焦点时，股价会对感知到的惊喜立即做出反应。

GAAP

GAAP 下的盈利是按照标准会计准则进行计算的。美国证券交易委员会要求公司在季度财报中披露 GAAP 下的盈利。大多数盈利报告发布会都会披露完整的符合 GAAP 的利润表，以及至少部分资产负债表科目。有些公司甚至会将现金流量表一起披露。

可以忽略预计财务报表，专注于符合 GAAP 的财务报表。接下来的内容将告诉你应该看什么。

销售收入

披露的销售收入是否符合预期？将刚刚披露的收入同比增速与去年同期增速进行对比，收入增速大幅下滑是危险信号。

营业利润

将刚刚披露的季度营业利润与去年同期利润进行比较。去年同季度利润表的数字可以在刚刚披露的数字旁边找到。

营业利润的大幅下降也是一个危险信号。不要被管理层对低于预期的表现给出的充满合理性的解释说服，你需要自己去检查利润表找到真相。

毛利率下滑的原因通常要么是成本上升，要么是弱势的竞争地位引发的降价。销售管理费用（经常性的）支出上升可能意味着竞争环境趋于恶化，广告成本增加，或者成本管理失控。

在导致营业利润率下滑的原因中，少有的一种无可厚非的理由是与新产品开发有关的研发费用支出。

应收账款和存货

计算应收账款和存货的销售百分比，并与 1 年前的数字进行对比。你可能需要将 1 年前的资产负债表项目从财经网站上下载下来。通常，新闻发布会披露的数字仅仅包括最新季度和最近财务年度的数字。

无论是应收账款还是存货增速大幅超过收入增速，都是潜在危险信号，需要进一步调查。

前瞻

在财务报告或电话会议中，许多企业会例行披露未来 1 个季度的收入和利润的前瞻数字（预测）。多数分析师会据此调整他们的预期。将最新的前瞻与之前的预测进行对比，尤其留意未来 2 个季度的销售收入预测，大幅减少的出现就是危险信号。

分析师研究报告

对企业进行跟踪的分析师通常会在企业发布盈利报告后一两天内发布他们的看法。大多数是很套路化的。如果企业公布的信息很差，他们会削减预期，反之则相反。虽然这样，但是有些分析师会指出你没有留意到的信息，或者以你没有想到的方式解释结果。在你对盈利报告采取行动之前，对照尽可能多的分析师报告。

总结

参加电话会议，仔细分析新闻发布会的内容，以及回顾分析师对盈利报告的解释，你可以发现潜在的问题，或者在美国证券交易委员会披露企业正式财报之前的数星期调整你的组合。

侦破欺诈、诈骗和拉高出货

和我一样,你应该也经常会收到莫名其妙的人发来的邮件,建议你买入你从未听说过的股票。这些信件读起来像是专业股票市场分析师写的研究报告,描述某家公司刚刚开发出令人激动的新产品或者服务,且有着巨大的市场前景。

比如说,最近我的新朋友给我发送了以下提示信息。

▶ 某家"有名的"计算机厂商刚刚开发出一系列笔记本电脑,这些笔记本电脑具有令人震惊的特点,其他厂商完全无法比拟。

▶ 某家公司正要引入一种基于互联网的远程电话服务,来提供"9·11"紧急服务。

▶ 某家公司刚刚成功完成一项产品的测试,它可以将 MM 巧克力豆通过联合包裹服务进行运输,取代之前的冷链物流。

我知道这些邮件能起到作用,因为我偶尔也会查看这些被推销的股票的成交量。通常,在我收到邮件后,股票的日成交量会在数天后提升 5 倍以上。

这些故事总是会非常诱人。伴随着非常便宜的股价,如果我们非常幸运，其中 1 只股票上涨了，我们甚至可以从此辞掉日常工作了。然而，这些令人激动的故事最终只是用来帮助庄家拉高出货的故事而已。

在拉高出货中，庄家控制了一家可能处于休眠状态的小型上市公司的大部分股份。庄家通过发布新闻大肆宣传这家公司开展了一系列有前景的业务，来推高其股价。

这些新闻稿成为通过电子邮件发送报告的虚假分析师，以及收费宣传股票的网站的原材料。它们并不管股票的真实基本面情况如何。

推广的结果是创造出对这些股票的需求，使得庄家获得倾销手中持仓的机会。最终，庄家清空股票并停止"拉升"股价，这些股份重新变得几乎毫无价值。

但即使庄家没有进行拉高出货式的推销，许多便宜股票也确实有很多故事可讲，但成功的概率很小。

值得庆幸的是，发现这些危险是很容易的。本附录给出了 6 个检查规则，可以用来快速排除危险股票，无论是拉高出货的还是仅仅是公司出来个"馊点子"。你可以在雅虎关键统计（Yahoo!'s Key Statistics）报告或许多其他财经网站上找到所需的数据。你并不需要列表格去统计得分，股票有任何一项检查不合格就可以直接剔除掉了。

规则 1：最新股价高于 0.5 美元

大多数值得你关注的股票，股价都高于每股 5 美元。股价在每股 5 美元以下的股票被称为"仙股"，风险厌恶型的投资者不会去沾这类股票。

虽然这是一个高风险的领域，但股票交易价格为每股 3 ～ 4 美元，甚至更低范围内的公司的业务还是很稳定的。然而，股价越低，你遇到出馊主意的公司的概率就越大。一旦到了每股 0.5 美元，依据我的经验，绝大多数的可能性都对你不利。

研究这些股票纯粹是在浪费你的时间，所以直接排除这些股价低于每股 0.5 美元的股票。

规则 2：过去 12 个月的销售收入至少有 2500 万美元

大多数"馊主意股票"都只有很少或者干脆没有营业收入。它们发布了大量新闻，宣告很多令人激动的新产品，并且与全世界的分销商打交道来销售这些产品。然而，这些伟大的新产品从未成功地向市场销售过，分销也带不来显著的收入。

大多数公开交易的公司，真实业务年收入至少都有 5000 万美元，通常是 1 亿美元或更多。因此，排除那些过去 4 个季度（连续 12 个月）收入低于 2500 万美元的公司。

规则 3：市值至少 5000 万美元

市值是你需要用多少钱才能将一个公司的所有存量股份都买下来。通常来说，市值越小，股票风险越大。风险厌恶型的投资者通常会回避市值小于 10 亿美元的股票，而多数精明的投资者会排除市值大约在 2 亿美元以下的股票。

尽管如此，要求最小市值在 5000 万美元以上，已经足够排除拉高出货的股票和"馊主意股票"。所以，回避市值小于 5000 万美元的股票。

规则 4：机构投资者持股比例超过 5%

机构投资者是指共同基金、对冲基金、养老计划和其他大型投资者。因为它们产生巨额的交易佣金，这些大家伙比你所能想象的更了解市场。没有任何公开交易的股票会逃出它们的关注，因此，如果机构不持有某只股票，是因为没有谁认为拿这些股票能赚钱。

机构持股比例是指在企业发行股份中，被这些大家伙所持有的比例。通常范围是 30% ～ 95%。如果某只股票的机构持股比例低于 25%，通常它可能是个"馊主意股票"。然而，设置最低 5% 的比例足以排除那些没有实际业务的股票。所以，回避机构持股比例低于 5% 的股票。

规则 5：债务权益比率低于 3

正因为它们只产生费用支出而没有收入，所以拉高出货的股票或者一些"馊主意股票"通常债务很高。债务权益比率是长期债务除以股东权益。如果是零，意味着没有债务。比率越高，债务越重。通常，比率高于 1 倍已经是高负债的信号了。因此，设定最高 3 倍的比率足以排除那些可能通过其他检查的危险股票。

规则 6：P/B 不超过 30 倍

P/B 是最新股价比股票账面价值（以每股为单位的股东权益）。由于"馊主意股票"通常没有或者只有很少的收入或盈利，P/B 是唯一有效的估值工具。对大多数股票而言，P/B 低于 1 倍为价值型股票，约 20 倍为成长型股票。

因为没有重要的资产，危险股票的 P/B 会异常高。我设定的最高 P/B 为 30 倍。股票 P/B 太高不是件好事，排除那些 P/B 超过 30 倍的股票。

总结

这 6 个检查可以帮你排除没有真实业务的股票，但也只能做到这些，并不意味着你可以在这些通过了检查的股票上赚钱。你需要阅读第 1 章～第 18 章，来找到能脱颖而出的股票。

如何阅读财务报表

美国证券交易委员会要求公众公司每年提交 4 次（每季度）财务报表。季度报告（10Q）必须要在每季度结束后的 45 日内提交，年度报告（10K）必须在公司财年结束后的 90 日内提交。

提交给美国证券交易委员会的财报是电子格式，可以在美国证券交易委员会专门的 EDGAR 数据库（www.sec.gov）里找到。任何人都可以直接访问美国证券交易委员会的数据库。当然，你可以通过财经网站去找这些财报，如雅虎、MSN Money 等。

数据服务，比如路透社等，会将 EDGAR 数据编译成更加易于访问的格式，以在主要财经网站上展示。这些报告通常会在一个表格中展现最近 5 个季度或年度的数据，以方便对比。

由于许多企业会在季度财报新闻发布会之后的数日或数周才提交美国证券交易委员会报告。因此，路透社或其他数据编译机构会暂时使用新闻发布的数据来作为过渡。

美国证券交易委员会要求每个季度和年度报告中包含 3 种财务报表。

▶ 利润表显示报告期的销售收入、支出、净利润和 EPS。

▶ 资产负债表显示报告期最后 1 日企业的财务状态。

▶ 现金流量表显示报告期的现金变化情况。

利润表

利润表列出当季度或财年，以及上年同期的销售收入和支出情况。接下来的名词通常会出现在利润表中。

▶ 营业收入是期间全部销售收入。有些企业会将各个主要业务类型的收入分别列出来。

▶ 营业成本是和卖出产品相关的直接材料和劳务支出成本。对于制造业企业，营业成本包括生产资产的折旧和摊销。营业成本并不包括销售费用、研发支出或其他间接费用。

▶ 毛利是营业收入减去营业成本。

▶ 研究和开发费用是开发新产品和服务产生的成本。

▶ 销售费用通常和管理费用结合在一起。

▶ 管理费用是所有其他没有独立列出来的费用。

▶ 折旧和摊销是非现金会计科目。折旧代表的是诸如房屋和机器设备等有形资产在报告期内理论上的损失。摊销代表的是诸如商业机密、专利、商标等无形资产在报告期内的理论上的损失。

▶ 利息支出是企业为主要业务而贷款需要付出的利息。

▶ 总营业成本是上面所有列出来的费用和成本支出之和，包括营业成本。

▶ 营业利润指营业收入减去营业成本，也被称为息税前利润（EBIT）。

▶ 利息收入 / 支出指不与公司主要业务相关的利息收入或支出。

▶ 税前利润指营业利润减去利息支出。

▶ 所得税指报告期发生的税收支出（不是已付的）。

▶ 净利润是税前利润减去所得税，是利润表的最后一排。

▶ 平均股数是报告期股票数量的平均水平。

▶ EPS 是净利润除以平均股数。

资产负债表

资产负债表包含三种不同的类别：资产、负债和股东权益。会计准则要求资产必须等于负债加股东权益。资产通常大于负债，股东权益为正数。然而，当负债超过资产时，股东权益是负的。

资产和负债都被分为：流动和非流动。

流动资产包括现金、应收账款、存货和短期投资。非流动资产包括固定资产、无形资产、长期投资和商誉。

流动负债包括短期债务，如应付账款、短期贷款、1 年内到期的非流动负债（长期债务、租赁负债或其他）。非流动负债包括租赁负债、债券债务和其他长期贷款。

流动资产

▶ 货币和现金等价物是现金和高流动性的、期限在 3 个月以内的固定收益投资工具。

▶ 短期投资包括股票和其他可转让证券。

► 应收账款是收到货物的客户未给付公司的款项。

► 存货是原材料、在制品和已完成产品。

非流动资产

► 固定资产指全部有形资产，如建筑、飞机和设备。

► 商誉是并购的副产品，是被收购公司的购买价格和账面价格的差值。

► 无形资产包括知识产权、专利、商标和商业机密。

► 长期投资指企业打算持有超过1年的投资，包括其他公司的股票、债券。

流动负债

► 应付账款指企业未给付供应商、咨询机构或承包商等的款项。

► 应付费用类似于应付账款。

► 短期债务是借入的，并需要在1年内偿还的资金。

► 1年内到期的非流动负债指长期债务的本金和利息即将在1年内到期的部分。

► 资本租赁是1年内需要支出的租赁费。

非流动负债

► 长期债务包括债券、票据和其他长期信贷。

► 资本租赁负债：如果企业签了一笔10年的租赁，那么近12个月的支出被列为流动负债，而其余9年的支出被列为非流动负债。

► 递延所得税指到期但尚未支付的税款。

▶ 其他递延事项是指任何利润表上列出的但尚未实际支出的费用。

▶ 其他负债是指其他非流动债务。

▶ 总负债是流动负债和非流动负债的总和。

股东权益

留存收益、股票票面价值，以及其他一系列会计科目归到这部分。总负债加股东权益应等于总资产。

现金流量表

这张表显示的是因企业的经营、投资或融资活动所产生或消耗的资金。现金流量表由三个部分组成。

▶ 经营活动现金流。

▶ 投资活动现金流。

▶ 融资活动现金流。

与季度利润表展示每季度的情况有所不同，季度现金流量表列示的是本报告期每个科目的累计值。

经营活动现金流

经营活动现金流量表第一列显示的是净利润，加上利润中扣除的非现金会计科目，减去根据会计准则不从利润中扣除的真实现金支出项目。

▶ 净利润即报告的税后利润。

▶ 折旧和摊销抵消了营业成本中的非现金支出。如果折旧和摊销没有被列为一个单独的利润表科目，那它就会被记入营业成本，从而降低毛利的规模。

▶ 递延所得税是指从利润中扣除但还没有支付的税项。

▶ 股票报酬是从利润中扣除的雇员支出，但是以公司股票形式支付的。

▶ 递延收入指已经收到，但没有列入利润表中的收入，通常是因为其对应的服务公司还没有提供。

▶ 应收账款和存货：如果这些营运资本项目在期间有所增加，将显示为负数（减去），反之则相反。如果企业将应收账款卖给了第三方，即保理（factoring），从第三方收到的资金将提高企业经营现金流。

▶ 应付账款：如果企业欠别人的款项在借款期间上升了，将增加经营现金流。反之则相反。

▶ 经营活动现金流是将报告净利润通过经营现金流科目进行调整。有些投资者认为经营活动现金流是衡量企业真实盈利水平的最好标准。

投资活动现金流

投资活动现金流包括资本支出和其他投资。

▶ 资本支出是对建筑和设备的净投资。经常为大家所用的自由现金流，并不会出现在现金流量表中，它是经营活动产生的现金减去资本支出。

▶ 软件开发成本可以被资本化，而不是作为利润表里的费用。如果这样处理，被资本化的软件开发支出将被列入投资活动。将软件开发成本资本化比将其费用化，企业会有更高的经营活动现金流。

▶ 并购指产生于并购活动和出售子公司或合伙企业产生的现金流。

▶ 购买许可证：思科或其他公司会列出单独的购买许可证项目。在计算自由现金流时，将这些或类似科目作为资本支出计算。

▶ 投资的购买和销售是与公司主营业务没有直接关系的投资。

融资活动现金流

这里指扣减应给付的债务和分红后，通过销售公司股票或者发行新债务所筹集的资金。

现金流净额

这一行是企业的经营、投资和融资等活动对现金头寸的总影响。

查找数据

美国证券交易委员会报告所披露的财务报表数据比大多数网站上的要多很多细节。不过，财经网站通常会将数据整理成更适合分析师的格式。比如，大多网站都会将多个季度或年度的数据并排陈列，使得分析师更容易找到趋势变化。行家网（www.smartmoney.com）、福布斯（www.forbes.com）、市场观察网（www.marketwatch.com）以及 CNN 财经报道（moneu.cnn.com），都将息税折旧摊销前利润（EBITDA）单列在利润表中。这在你分析企业财务能力时（见第 10 章）是非常有利的。

晨星是我找到的唯一一家显示过去 12 个月（TTM）经营现金流的网站。这是我们在分析现金消耗时所需要一个数字。

与 GAAP 的对比

美国证券交易委员会和财经网站所披露的利润表、资产负债表和现金流量表等财务报表均遵从 GAAP。

　　然而，许多公司会在季度财报发布会上，重点强调预计结果。起初，预计意味着"如果"，主要用于展现有新并购的企业的情况，使它们看起来好像从来都是一个公司一样。现如今，企业用预计结果表示是因为它们觉得这种报表能比 GAAP 更准确地描述公司经营情况。是否的确如此需要另做讨论，但确实很多分析师使用预计结果去规划他们的盈利预测。因此，在报告会上，预测值与预计盈利值之间的差异决定了企业经营是否达到、超越或低于分析师的预期。因为分析师的盈利预测与 GAAP 下的盈利值并不一致，你不能将预测每股收益与 GAAP 下的历史值做比较。

术 语 表

应收账款：客户收到货物或服务后还没有付给公司的钱。客户必须要为应收账款所对应的项目开具账单。

分析师：发布买入、持有或卖出建议，以及股票盈利预测的一些人。买方分析师为买方机构服务，卖方分析师为经纪商或者投资银行服务。

资产负债表：列出公司在特定日期的资产（有什么）和负债（欠了什么）的一种财务报表，通常日期是公司财报季度的最后一天。

债券：公司发行的长期本票。

债券评级：对债券质量的等级评定。AAA 通常是最高和最值得信任的等级。

账面价值：资产负债表中的股东权益除以股票总数量。

市值加权：市值最大的公司对指数等的影响最大。

资本化：建筑、设备或其他项目等使用寿命超过一年，因此被归类为需要在数年进行折旧的资产，需要资本化这些项目支出，而不是在购入当年费用化处理。

"烧钱"：一直报告经营现金流净流出的企业。

现金流：税后利润减去优先股利和普通合伙人分红，再加上折旧、减值和摊销。这大概是财经网站列出"现金流"而没有给出任何解释时，它的定义。这与经营现金流或自由现金流不同。

电话会议：在发布盈利报告后，公司很快举办的多方电话通话，主要参与者为分析师。

一致预测或评级：对分析师给出的盈利预测或买入 / 卖出评级汇总求平均。

流动比率：流动资产除以流动负债。

（长期）债务股本比：全部长期负债除以股东权益。

（总）债务股本比：短期和长期负债总和除以股东权益。

分红：支付给股东的现金或股票。通常按季度安排分红，也有些企业会按月度、半年或年度安排。

下行趋势：当股票价格越来越低时，它处于下行趋势中。

每股收益（EPS）：年度税后利润除以股票总数量。

息税折旧摊销前利润：净利润加上支付利息、税费、折旧和摊销费用。

财务年度：由企业指定的作为会计年度的特定 12 个月周期。

流通股：存量股票减去内部人士持有的股份。内部人士不能轻易地交易股票，所以流动股指可以用来交易的股票数量。

自由现金流：经营现金流减去用于购买厂房、设备和分红的现金。

合理增长：一种用来评估股票的方式。将股票 P/E 与分析师预测的年度盈利增长率进行比较。

一般公认会计原则（GAAP）：由独立的自律组织美国财务会计准则委员会发布的会计规则和程序。

毛利润：企业通过销售商品或服务取得的收入，减去生产商品或服务的直接成本，可得毛利润。

成长股投资：买入企业股票，预期企业收入和利润增长速度会超过通胀水平的人。

隐含增长率：股价 P/E 中隐含的净利润增长比率。

利润表：特定季度或年度的企业收入支出记录。

首次公开发行（IPO）：公司第一次公开出售股票。

内部人士：公司高管、总裁，或持有股票比例超过 10% 的人。

内部人士持股：由内部人士持有或控制的股票数量。

内幕交易：公司内部人士买卖股票，也指任何人根据未公开信息买卖股票。

机构持股：由年金、共同基金、银行和其他大型投资机构持有的股份，不包括对冲基金持有的股份。

存货：原材料、在建工程和尚未向顾客交付的产成品。

投资银行：某个机构，通常是股票经纪公司，同时涉及承销公司 IPO，为并购重组提供财务顾问服务，处理企业债务融资等类似业务。

垃圾债：低于投资级评级的企业债券。

大盘股：企业的股票市值高于 80 亿美元。

杠杆收购：使用借款资金完成对上市公司的收购。

流动性：每日股票换手或成交金额。

市值：最新股价乘以已发行股票数。

留言板：网站上用来讨论特定主题的区域，通常按股票或行业板块划分。讨论并非实时，一些人会发布一些信息，其他人会在数小时或数天内对其评论。

微型股：企业的股票市值小于 2 亿美元。

中盘股：企业的股票市值处于 20 ～ 80 亿美元。

动量股：高估值成长股，通常股价上涨速度很快。

最近季度（MRQ）：最近一个财报季的最后一天。

移动均价：股票特定时间段的收盘价平均值，通常是 10 日、50 日或 200 日。

净利润：考虑了所有支出后的利润。EPS 是净利润除以已发行股票数。

经营现金流：公司日常经营产生的现金盈余。

营业利润：收入减去除了所得税、利息支出、非经常性损益外的所有开支。

营业利润率：营业利润除以收入。

市盈率相对盈利增长比率（PEG）：公司的 P/E 除以预期的公司年度盈利增长速度。某些成长投资者认为当股票 P/E 与公司盈利增速相等时，其估值比较合理。

股价图：特定股票历史股价走势图。

市净率（P/B）：最新股票价格除以最新财报里的每股净资产。

市现率（P/CF）：最新股票价格除以 12 个月每股经营现金流。

市盈率（P/E）：最新股票价格除以 12 个月每股净收益。

市销率（P/S）：最新股票价格除以 12 个月每股销售收入。

净利润率：利润表最后一行（税后）净利润除以销售收入。

预计利润：不考虑非经常性支出、临时费用或企业认为不能代表正常运营情况的其他支出，得到的可能利润情况。

资产回报率（ROA）：年度税后净利润除以总资产。

资本回报率（ROC）：年度税后净利润除以股东权益与长期债务之和。

净资产收益率（ROE）：年度税后净利润除以股东权益。

收入：企业销售所得。

风险：亏损的概率。

标普 500：美国最大的 500 家公司组成的市值加权指数。

销售收入：企业卖出服务或产品的所得。销售收入和收入相同。

同店销售收入：店面成立时间超过一年以上的零售商店或餐馆的销售收入。同店销售收入增长率排除了新开店对增长率的影响。

选股：利用财经网站提供的程序来寻找满足特定要求的股票。美国个人投资者协会（AAII）也提供独立的电脑选股程序。

美国证券交易委员会（SEC）：美国证券交易委员会是管理股票市场的政府机构。

股东权益：公司资产负债表中总资产与总负债之间的差额。票面价值是股东权益除以存量股票数量。

存量股票：公司发行的全部股票数量。

小盘股：企业的股票市值小于 20 亿美元。

惊喜：财报披露的净利润与分析师一致预期之间的差值。财报净利润高于预测值是正向惊喜，财报净利润低于预测值是负向惊喜。

成交量：特定周期内股票的成交数量——通常是 1 天。

滚动 12 个月（TTM）：最近 4 个季度的财务情况。

上行趋势：当股票价格越来越高时，它处于上行趋势中。

估值比例：通过比较股票最新股价和每股净利润、销售收入、净资产、现金流等，评估股票的价值。

价值投资者：寻找不受追捧（物有所值）的股票的投资者。

营运资本：流动资产减去流动负债。

推荐阅读

序号	书号	书名	作者	定价
1	30250	江恩华尔街45年（珍藏版）	（美）威廉 D. 江恩	36.00
2	30248	如何从商品期货贸易中获利（珍藏版）	（美）威廉 D. 江恩	58.00
3	30247	漫步华尔街（原书第9版）（珍藏版）	（美）伯顿 G. 马尔基尔	48.00
4	30244	股市晴雨表（珍藏版）	（美）威廉·彼得·汉密尔顿	38.00
5	30251	以交易为生（珍藏版）	（美）亚历山大·埃尔德	36.00
6	30246	专业投机原理（珍藏版）	（美）维克托·斯波朗迪	68.00
7	30242	与天为敌：风险探索传奇（珍藏版）	（美）彼得 L. 伯恩斯坦	45.00
8	30243	投机与骗局（珍藏版）	（美）马丁 S. 弗里德森	36.00
9	30245	客户的游艇在哪里（珍藏版）	（美）小弗雷德·施韦德	25.00
10	30249	彼得·林奇的成功投资（珍藏版）	（美）彼得·林奇	38.00
11	30252	战胜华尔街（珍藏版）	（美）彼得·林奇	48.00
12	30604	投资新革命（珍藏版）	（美）彼得 L. 伯恩斯坦	36.00
13	30632	投资者的未来（珍藏版）	（美）杰里米 J.西格尔	42.00
14	30633	超级金钱（珍藏版）	（美）亚当·史密斯	36.00
15	30630	华尔街50年（珍藏版）	（美）亨利·克卢斯	38.00
16	30631	短线交易秘诀（珍藏版）	（美）拉里·威廉斯	38.00
17	30629	股市心理博弈（原书第2版）（珍藏版）	（美）约翰·迈吉	58.00
18	30835	赢得输家的游戏（原书第5版）	（美）查尔斯 D.埃利斯	36.00
19	30978	恐慌与机会	（美）史蒂芬·韦恩斯	36.00
20	30606	股市趋势技术分析（原书第9版）（珍藏版）	（美）罗伯特 D. 爱德华兹	78.00
21	31016	艾略特波浪理论：市场行为的关键（珍藏版）	（美）小罗伯特 R. 普莱切特	38.00
22	31377	解读华尔街（原书第5版）	（美）杰弗里 B. 利特尔	48.00
23	30635	蜡烛图方法：从入门到精通（珍藏版）	（美）斯蒂芬 W. 比加洛	32.00
24	29194	期权投资策略（原书第4版）	（美）劳伦斯 G. 麦克米伦	128.00
25	30628	通向财务自由之路（珍藏版）	（美）范 K. 撒普	48.00
26	32473	向最伟大的股票作手学习	（美）约翰·波伊克	36.00
27	32872	向格雷厄姆学思考，向巴菲特学投资	（美）劳伦斯 A. 坎宁安	38.00
28	33175	艾略特名著集（珍藏版）	（美）小罗伯特 R. 普莱切特	32.00
29	35212	技术分析（原书第4版）	（美）马丁 J. 普林格	65.00
30	28405	彼得·林奇教你理财	（美）彼得·林奇	36.00
31	29374	笑傲股市（原书第4版）	（美）威廉·欧奈尔	58.00
32	30024	安东尼·波顿的成功投资	（英）安东尼·波顿	28.00
33	35411	日本蜡烛图技术新解	（美）史蒂夫·尼森	38.00
34	35651	麦克米伦谈期权（珍藏版）	（美）劳伦斯 G. 麦克米伦	80.00
35	35883	股市长线法宝（原书第4版）（珍藏版）	（美）杰里米 J. 西格尔	48.00
36	37812	漫步华尔街（原书第10版）	（美）伯顿 G. 马尔基尔	56.00
37	38436	约翰·聂夫的成功投资（珍藏版）	（美）约翰·聂夫	39.00

推荐阅读

序号	书号	书名	作者	定价
38	38520	经典技术分析（上册）	（美）小查尔斯 D. 柯克帕特里克	69.00
39	38519	经典技术分析（下册）	（美）小查尔斯 D. 柯克帕特里克	69.00
40	38433	在股市大崩溃前抛出的人：巴鲁克自传（珍藏版）	（美）伯纳德·巴鲁克	56.00
41	38839	投资思想史	（美）马克·鲁宾斯坦	59.00
42	41880	超级强势股：如何投资小盘价值成长股	（美）肯尼思 L. 费雪	39.00
43	39516	股市获利倍增术（珍藏版）	（美）杰森·凯利	39.00
44	40302	投资交易心理分析	（美）布雷特 N. 斯蒂恩博格	59.00
45	40430	短线交易秘诀（原书第2版）	（美）拉里·威廉斯	49.00
46	41001	有效资产管理	（美）威廉 J. 伯恩斯坦	39.00
47	38073	股票大作手利弗莫尔回忆录	（美）埃德温·勒菲弗	39.80
48	38542	股票大作手利弗莫尔谈如何操盘	（美）杰西 L. 利弗莫尔	25.00
49	41474	逆向投资策略	（美）大卫·德雷曼	59.00
50	42022	外汇交易的10堂必修课	（美）贾里德 F. 马丁内斯	39.00
51	41935	对冲基金奇才：常胜交易员的秘籍	（美）杰克·施瓦格	80.00
52	42615	股票投资的24堂必修课	（美）威廉·欧奈尔	35.00
53	42750	投资在第二个失去的十年	（美）马丁 J. 普林格	49.00
54	44059	期权入门与精通（原书第2版）	（美）爱德华·奥姆斯特德	49.00
55	43956	以交易为生II：卖出的艺术	（美）亚历山大·埃尔德	55.00
56	43501	投资心理学（原书第5版）	（美）约翰 R. 诺夫辛格	49.00
57	44062	马丁·惠特曼的价值投资方法：回归基本面	（美）马丁·惠特曼	49.00
58	44156	巴菲特的投资组合（珍藏版）	（美）罗伯特·哈格斯特朗	35.00
59	44711	黄金屋：宏观对冲基金顶尖交易者的掘金之道	（美）史蒂文·卓布尼	59.00
60	45046	蜡烛图精解（原书第3版）	（美）格里高里·莫里斯、赖安·里奇菲尔德	60.00
61	45030	投资策略实战分析	（美）詹姆斯·奥肖内西	129.00
62	44995	走进我的交易室	（美）亚历山大·埃尔德	55.00
63	46567	证券混沌操作法	（美）比尔·威廉斯、贾丝廷·格雷戈里-威廉斯	49.00
64	47508	驾驭交易（原书第2版）	（美）约翰 F. 卡特	75.00
65	47906	赢得输家的游戏	（美）查尔斯·埃利斯	45.00
66	48513	简易期权	（美）盖伊·科恩	59.00
67	48693	跨市场交易策略	（美）约翰 J. 墨菲	49.00
68	48840	股市长线法宝	（美）杰里米 J. 西格尔	59.00
69	49259	实证技术分析	（美）戴维·阿伦森	75.00
70	49716	金融怪杰：华尔街的顶级交易员	（美）杰克 D. 施瓦格	59.00
71	49893	现代证券分析	（美）马丁 J. 惠特曼、费尔南多·迪兹	80.00
72	52433	缺口技术分析：让缺口变为股票的盈利	（美）朱丽叶 R. 达尔奎斯特、小理查德 J. 鲍尔	59.00
73	52601	技术分析（原书第5版）	（美）马丁 J. 普林格	100.00
74	54332	择时与选股	（美）拉里·威廉斯	45.00
75	54670	交易择时技术分析：RSI、波浪理论、斐波纳契预测及复合指标的综合运用（原书第2版）	（美）康斯坦丝 M. 布朗	59.00
	13303	巴菲特致股东的信		

积极投资指南

ISBN	书名	定价	作者
978-7-111-58249-6	股市趋势技术分析（原书第10版）	168.00	（美）罗伯特 D.爱德华兹 约翰.迈吉 W.H.C.巴塞蒂
978-7-111-59022-4	战胜华尔街（典藏版）	80.00	（美）彼得·林奇 约翰·罗瑟查尔德
978-7-111-59224-2	一个投资家的20年（第2版）	89.00	杨天南
978-7-111-59049-1	7分钟理财	49.00	罗元裳
978-7-111-58822-1	积极型资产配置指南：经济周期分析与六阶段投资时钟	69.00	（美）马丁 J.普林格
978-7-111-42524-3	街头智慧：罗杰斯的投资与人生	39.00	（美）吉姆·罗杰斯
978-7-111-58934-1	买入，持有，富有：一名金牛基金经理的投资之路	49.00	张可兴
978-7-111-58793-4	投资的维度：智能时代的股权投融资解析	55.00	杨文 谢艳
978-7-111-59388-1	波浪理论实战新解：股市波动原理与规律	49.00	王爽
978-7-111-58684-5	链接未来：迎接区块链与数字资产的新时代	55.00	许子敬 程剑波 魏久胜 常浩